U0330359

新时代高职产教融合路径研究

——以"入园建院、育训结合"为特征的产业学院育人模式研究

蒋新革 等 著

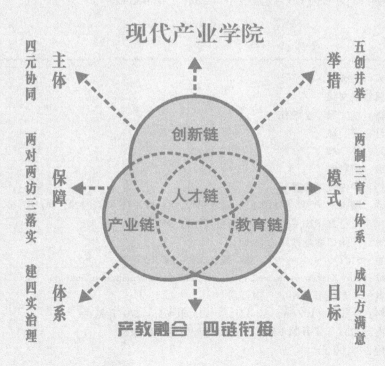

中山大学出版社
SUN YAT-SEN UNIVERSITY PRESS

·广州·

版权所有 翻印必究

图书在版编目（CIP）数据

新时代高职产教融合路径研究：以"入园建院、育训结合"为特征的产业学院育人模式研究/蒋新革等著．—广州：中山大学出版社，2021.4
ISBN 978 - 7 - 306 - 07215 - 3

Ⅰ. ①新… Ⅱ. ①蒋… Ⅲ. ①高等职业教育—产学合作—研究—中国 Ⅳ. ①G718.5

中国版本图书馆 CIP 数据核字（2021）第 085458 号

出 版 人：王天琪
策划编辑：杨文泉
责任编辑：杨文泉　金继伟
封面设计：曾　斌
责任校对：林　峥
责任技编：何雅涛
出版发行：中山大学出版社
电　　话：编辑部 020 - 84110283，84113349，84111997，84110779，84110776
　　　　　发行部 020 - 84111998，84111981，84111160
地　　址：广州市新港西路 135 号
邮　　编：510275　　　　　传　真：020 - 84036565
网　　址：http://www.zsup.com.cn　　E-mail:zdcbs@mail.sysu.edu.cn
印 刷 者：广东虎彩云印刷有限公司
规　　格：787mm×1092mm　1/16　15 印张　270 千字
版次印次：2021 年 4 月第 1 版　2023 年 6 月第 3 次印刷
定　　价：88.00 元

如发现本书因印装质量影响阅读，请与出版社发行部联系调换

序

随着中国特色社会主义进入了新时代，我国职业教育也进入了一个全新的发展时期。在"深化产教融合、校企合作"国家战略背景下，广州科技贸易职业学院院长蒋新革等人撰写的著作《新时代高职产教融合路径研究——以"入园建院、育训结合"为特征的产业学院育人模式研究》具有非同寻常的意义。

党的十八大以来，党和国家高度重视职业教育。习近平总书记对职业教育改革发展作出了一系列重要论述、批示、指示，强调在全面建设社会主义现代化国家新征程中，职业教育前途广阔、大有可为。职业院校要坚持党的领导，坚持正确办学方向，坚持立德树人，优化职业教育类型定位，深化产教融合、校企合作，深入推进育人方式、办学模式、管理体制、保障机制改革，稳步发展职业本科教育，建设一批高水平职业院校和专业，推动职普融通，增强职业教育适应性，加快构建现代职业教育体系，培养更多高素质技术技能型人才、能工巧匠、大国工匠。各级党委和政府要加大制度创新、政策供给、投入力度，弘扬工匠精神，提高技术技能人才的社会地位，为全面建设社会主义现代化国家、实现中华民族伟大复兴的中国梦提供有力的人才和技能支撑。如今，职业教育站在新的历史起点。

近年来，国家密集出台"职教二十条""双高计划""1+X""高职扩招"等相关政策，发布《国家职业教育改革实施方案》《关于深化产教融合的若干意见》《职业学校校企合作促进办法》《深化新时代职业教育"双师型"队伍建设改革实施方案》《关于职业院校专业人才培养方案制订与实施工作的指导意见》等文件，从顶层设计、产教融合、校企合作、教师队伍、教学改革等方面对职业教育，尤其是高职教育提出一系列新目标、新论断、新要求。特别是《职业教育提质培优行动计划（2020—2023年）》的贯彻实施，将加快体系建设、深化体制机制改革、加强内涵建设。

职业教育必须坚持中国特色社会主义教育发展道路，牢牢把握服务发展、促进就业的办学方向，有效对接科技发展趋势和市场需求。我国的职业教育历经了三个重要阶段：一是职业院校"工学结合、半工半读"的教育模式；二是职业院校为主、企业为辅的"校企合作、双元主体"的育人模式；三是深化产教融合、校企合作、育训结合，形成多元化办学格局。广州科技贸易职业学院紧抓机遇，在产教融合校企合作道路上勇于开拓、先行先试。2017年与广州市教育局共建"广州市产教融合示范区"，率先入驻产业园、对接产业链，以"四元协同、五创并举"的模式建设开发区科学城现代产业学院。产业学院的建设模式、治理体系和运行机制具有较强的创新性、示范性和推广性，对全国的职业院校产生较大影响，近几年来全国有100余所职业院校前来学习相关的经验和做法。

《新时代高职产教融合路径研究——以"入园建院、育训结合"为特征的产业学院育人模式研究》是广州科技贸易职业学院院长蒋新革教授及其团队历经4年在开发区建设现代产业学院的总结提炼之作，是广州科技贸易职业学院深化产教融合校企合作、实现高质量发展的重要成果，也是我国职业教育进入新时代产教融合校企合作形成新格局的标志性成果之一。现代产业学院建设成果已成为广州创建全国产教融合示范城市的一张闪亮名片，成为粤港澳大湾区职业教育现代产业学院建设一道靓丽的风景线。

这部著作阐述了新时代高职教育产教融合、校企合作的理念和路径，总结了产业学院现代治理体系和运行机制，记录了广州科技贸易职业学院开发区科学城现代产业学院的建设历程，展示了现代产业学院建设的系列重大成果：与开发区企业合作建立研究所实施技术创新获得广东省科技进步一等奖，与开发区企业首创开展省级无人机技能竞赛连续两年获得省赛第一名，联合大湾区百家职校与企业首创成立大湾区现代产业学院联盟，等等。这些骄人成绩承载了科贸人敢为人先的首创精神，凝聚着科贸人迎难而上的奋斗精神，呈现了科贸人勇于实践的务实精神。

4年来，广州科技贸易职业学院以"利益相关者理论""构建主义理论"等为理论基础，采用政府主导、市场运作的方式，按照"将产业学院建在开发区里，将专业建在产业链上"的建设理念，在广州开发区产业园区与100多家合作企业开展了"现代产业学院"的建设与探索。广州科技贸易职业学院关注当前区域经济发展和产业人才的连接，系统培养区域创新型和技术技能型人才，围绕区域产业布局和主体功能区定位对不同层次、不同类型职业人才的需求，促进教育链、人才链与产业链、创新链有机衔接。

　　这部著作视野开阔、纵横捭阖，既立足本土，又放眼世界，既审视历史，又关注当下，从理论到实践，从现状到建议，均做了深入具体的分析和论述，是目前国内关于职业院校产业学院建设论述较为全面新颖之作，可为我国高职教育产教融合及产业学院建设提供理论引导和实践方法策略的参考借鉴。当然，相对产业学院建设的丰富内涵，深化产教融合还有许多宝贵的经验有待进一步梳理和总结。尤其是当前我国已进入了以"中国智造、中国创造"为特征的发展新阶段，新经济、新技术、新业态层出不穷，在"云物大智移""5G＋"以及工业互联网等新技术已成为一种公共技术的背景下，进一步加强和完善现代产业学院建设，深化产教融合校企合作，必将成为提高学生职业素养和创新能力、全面提升职业教育人才培养质量的重要路径。

　　最后，衷心希望广州科技贸易职业学院紧抓"大改革推进大发展，用体系建设推动职业教育全面振兴"的历史机遇，努力实践职业教育适应产业转型升级的新发展理念，逐步建立高水平、高质量、特色鲜明、中高本相互衔接的职业教育新发展格局；以现代产业学院建设为基础和平台，勇于创新，锐意进取，大胆实施"三教"改革，提高人才培养质量，为双循环的地方经济发展新格局提供人力和技术支撑，在我国职业教育发展新阶段以及广东职教强省建设中做出新的更大贡献。

广东省教育研究院副院长、教授

李海东

2021 年 4 月

前　言

　　《新时代高职产教融合路径研究——以"入园建院、育训结合"为特征的产业学院育人模式研究》是广州科技贸易职业学院全体教职员工锐意进取、共同奋斗的成果之一，既承载着广州科技贸易职业学院艰苦奋斗负重前行的厚重历史，也记录着学院深化产教融合敢为人先的创新实践。

　　广州科技贸易职业学院（简称为"科贸学院"）于 1984 年创办，是经广东省人民政府批准、教育部备案的广州市属公办全日制普通高等职业院校。中国工程院院士、广州市科学技术协会原主席钟南山在此担任名誉院长。学院以毗邻广州大学城的番禺主校区为依托，服务番禺区域经济和文化建设，大力发展广州开发区产教融合基地、越秀高新技术专业培训基地，形成"一体两翼"发展格局。

　　沧桑砺洗，春华秋实。建院 37 年来，学院实现了从短期培训、成人教育至普高教育、高职教育的"四次转变"，将一所只能举办短期培训班的科技干部进修学院建设成为一所拥有在校生 9000 余人、教职员工近 500 人的高等职业技术学院，一代代科贸人不畏困难、团结拼搏、艰苦创业、自力更生，实现了从无到有、从小到大的发展。然而，正是一次次跨越式的发展，使科贸学院克服了办学条件、运行机制、办学特色等方面的先天不足和存在短板。负重前行、任重道远，这所广州市属公办高职院校，肩负着培养新时代与广州经济社会发展相适应的技术技能型人才的重要使命。站在国家大力发展职业教育新的历史起点，科贸学院只有攻坚克难、坚持不懈、勇于创新，闯出一条属于自己的路，才能进一步发展壮大。

　　凝聚科贸智慧，秉承科贸精神。我们在加强基础建设和内涵建设、谋求生存发展的同时，按照高职教育深化产教融合校企合作的发展理念独辟新径，率先进驻产业园区，争取得到政府和行业支持，与企业合作建设"开发区科学城现代产业学院"。4 年的实践和总结，凝结成这部《新时代高职产教融合路径研究——以"入园建院、育训结合"为特征的产业学院育人模式研究》专著，深感欣慰。

《新时代高职产教融合路径研究——以"入园建院、育训结合"为特征的产业学院育人模式研究》一书，用文字、图片和具体的案例记录了科贸学院开发区科学城现代产业学院建设的重要实践及成果，包括产教融合路径选择研究、现代产业学院治理体系建设、现代产业学院师资队伍建设、现代产业学院人才培养模式探索和开发区科学城现代产业学院的建设历程等内容。科贸学院开发区科学城现代产业学院建立"政企行校"协同创新体系，打造区域产业发展与职业教育深度融合的新平台、新高地。其兼顾企业经济效益与学校公益效益，搭好"五维二元融合"的建设基石、夯实"两对两访三落实"的建设工程、落实"两制三育一体系"的育人模式、实现"四地三中一品牌"的建设功能，大力推进专业建设已初步形成了现代产业学院治理体系，取得了"2个翻番、2个突破、2个首创"的良好效果：其一，产业学院规模从 2018 年最初的 11 个专业 700 余名学生到 2019 年 24 个专业 1200 余名学生，再到 2020 年 2400 余名学生；在开发区就业学生比例由 5% 到 15%，再到 30%，实现年年翻番。其二，与开发区企业合作建立研究所实施技术创新获得广东省科技进步一等奖，实现全省高职院校零的突破，智能制造技术开发及应用获全国高职院校优秀案例 20 强。其三，与开发区企业首创开展省级无人机技能竞赛连续两年获得省赛第一名，联合大湾区百家职校与企业首创成立"大湾区现代产业学院联盟"。

本书是在习近平新时代中国特色社会主义思想的指导下，结合利益相关者和构建主义理论，采取任务驱动法和项目驱动法开展研究。由于成书匆匆，理论研究的系统性和丰富性略显不足，在思路整理、结构安排、文字表达方面都有着太多不尽如人意的地方，没有达到尼采所要求的"那种能干匠人的严肃精神"而出精工细活的高度，但也正如尼采所说"书一旦脱稿之后，便以独立的生命继续生存了"。书中不足之处希望得到专家和读者批评指正。

习近平总书记指示"发展职业教育前景广阔、大有可为"。产教融合、校企合作是职业教育办学的基本模式，是培养高素质劳动者和技术技能型人才的内在要求，也是办好职业教育的关键所在。产业学院正在成为产教深度融合的新载体及新抓手，在促进教育链、人才链与产业链、创新链的有机衔接，推进人力资源供给侧结构性改革、整合校企资源、降低学校办学成本和企业人才培养成本等方面均大可作为。《新时代高职产教融合路径研究——以"入园建院、育训结合"为特征的产业学院育人模式研究》一书，由蒋新革教授负责策划、组织与主笔完成，学院相关部门郑荣奕、覃昆、曾三军、曾兰燕、王永祥、徐承亮、彭皓焱等教师参加了本书的相关研究与撰写工作。学院领导彭华国、方强、朱志坚、钱一雷等以及兄弟院校的部分专家，在本书成书过程中给予了大力支持，在此表示衷心感谢。我们希望这本书能发挥抛砖引玉的作用，引发带动关于产教融合路径的探索及对产业学院建设创新更深入的探讨和更精彩的分享。

目　　录

第一章 产教融合路径选择

高等职业技术教育不同于普通高等教育，最大的区别在于其所培养的人才属于应用型技能人才。也就是说，高等职业技术教育能够把专业知识与实际操作结合在一起，学生在校期间一方面完成理论知识的学习，另一方面在校企合作的培养方式之下进行学习、生产和服务。高等职业院校自建校以来，一直致力于开展教学与工作生产对接的人才培养模式和人才培养平台探索，逐步形成具有代表意义的、中国特色的高等职业教育工作室、特色专业学院、孵化基地、产业学院等新型的"产教融合、校企合作"建设模式，为广大高职在校生提供了一个实践与创新的平台。在新时代职业教育的发展道路之下，学习与实践结合更有利于多元化人才培养模式的拓展，以更多元的方式参与技能型人才培养，满足区域经济社会发展对技能型人才的需求，让学生在正式上岗工作之前拥有一个真实的模拟操作环境。

第一节 总 述

习近平总书记在党的十九大报告中提出"深化产教融合、校企合作"，为我国高等职业技术教育指出新的改革方向与发展目标。产教融合、校企合作办学模式为当前高职院校学生就业开辟了新的道路。各高职院校根据自身发展实际与专业办学特色，探讨新时代校企双元合作人才培养特色模式，构建中国特色的高等职业教育工作室、特色专业学院、孵化器基地、产业学院的建设平台。这对于满足学生实践锻炼与社会实际需求是一个有效方式，是一种转化生产力、合作共建、互惠互利的创新办学模式，具有很高的学术价值与应用价值。

一、新时代产教融合的背景

当前世界经济正处于大调整时期，发达国家持续占据科技要素领先位置，发展中国家承接制造业发展红利，需要进一步调整经济结构以实现可持续发展。随着生产发展的不断深入，从国家区域的规划分布来看，东部、中部与西部发展不平衡、不充分，内需不足，国内投资对于外贸经济而言不对等；工业发展的规模与质量不协调，位于第三产业的服务业也跟不上。在工业生产中资源消耗量巨大，从而造成的环境问题日益显现。贯彻绿色发展理念是"十四五"及今后很长时期的工作重心，因此在加快产业转型升级的同时还要切实打好经济社会发展全面绿色转型的攻坚战。近几年，我国相继颁布了一系列政策，如《工业和信息化部办公厅关于做好 2018 年工业质量品牌建设工作的通知》（工信厅科函〔2018〕83 号），强调注重产业供给质量水平的提升，通过专项行动保障原材料的质量；强化全国产业转型升级示范区建设以及试点城市建设。当前为我国产业发展转型升级的关键时期，在知识经济时代下，科学技术与人才成为影响区域经济发展的关键性因素。服务区域经济发展是职业院校的终极目标，也是职业教育质量提升的重要标志。职业院校是区域经济发展的重要组成部分，是提升科研成果转化率、提升区域科技水平、促进区域经济发展的重要主体。产教融合、校企合作是职业院校定位于服务区域经济发展而进行的技术技能型人才培养的新尝试，是新时代下推动区域经济健康有序发展的重要途径，以新型"产教融合、校企合作"的办学模式建设新方案来强化产业支撑，从而推动经济转型升级发展。

以产业转型升级为特征的社会发展格局是新时代的重要特征，进一步强调以技术创新和进步为核心，关注集聚、高效、协同、自主创新及开放，对高职产教融合提出了新的人才培养使命与要求。走产教融合的发展之路，与地方政府、大型企业等共建产业学院①，融入产业园区对接产业链建设专业，落实精准培育人才，促进产业园区产业转型升级实现高质量发展，促进教育链、人才链与产业链、创新链有机衔接。

2014 年 5 月，国务院发布《关于加快发展现代职业教育的决定》，确定了

---

① 李宝银、汤凤莲、郑细鸣：《产业学院的功能设计与运行模式》，载《教育评论》2015 年第 11 期，第 3 - 6 页。

职业教育使命是培养数以亿计的高素质劳动者和技术技能人才，明确了职业教育人才培养途径是深化产教融合、校企合作。为深入贯彻落实党的十九大报告明确的"完善职业教育和培训体系，深化产教融合校企合作"战略发展任务，2017年12月国务院办公厅出台《关于深化产教融合的若干意见》，指出"深化产教融合，是当前推进人力资源供给侧结构性改革的迫切要求"。2019年2月国务院发布的《国家职业教育改革实施方案》（国发〔2019〕4号）更是直接指出"进入新时代，随着我国产业升级和经济结构调整不断加快，职业教育重要地位和作用越来越凸显"。国家对职业教育的重视，进而不断发文明确深化产教融合是现代职业技术教育的必由之路，一方面缘于我国产业升级、经济结构调整的现实需要，在由传统产业转向新兴产业的过程中，传统产业要完成技术革命与生产革新，存量产业工人要完成新型技术与能力的培训，同时新出现的以云计算、物联网、大数据及人工智能为代表的新经济、新业态又要求增量产业工人去匹配；另一方面由职业教育的规律决定，姜大源先生指出倡导具有两个或两个以上学习地点的职业教育，不仅跨越了职业与教育的视域，而且跨越了企业和学校的境域，还跨越了工作与学习的界域①，基于终身学习的理念，职业教育为社会成员提供更多的职业培训机会，满足他们岗位转换、再就业、创业、提升职业技能等多种要求。② 新时代经济发展的现实为职业教育提出了新问题，即职业教育不能按老路子单独完成对技术技能人才的培养，而要融合产业与企业共同完成技术技能人才的培养。

二、新时代产教融合的内涵

为贯彻党的十九大报告提出的完善职业教育体系、深化产教融合校企合作精神，落实《国务院办公厅关于深化产教融合的若干意见》（国办发〔2017〕95号）文件要求，推进学校人才培养供给侧与产业需求侧紧密对接，广东省作为国家改革开放先行区、试验地，实时启动粤港澳大湾区国家级产教融合型示范城市试点，指导职业院校深层次开展产教融合、校企合作工作，培养符合

---

① 孟凡华：《对职业教育精要之义的思辨——姜大源论著〈职业教育要义〉评析》，载《职业技术教育》2017年第18期，第62–65页。

② 聂文俊：《中国职业教育哲学发展的历史之维与未来展望》，载《职业技术教育》2018年第19期，第6–11页。

产业高质量发展和创新需求的高素质人才。教育部、工业和信息化部结合《国家产教融合建设试点实施方案》（发改社会〔2019〕1558号），2020年出台的《现代产业学院建设指南（试行）》明确了产教融合型现代产业学院建设关键要素，强调要形成理念先进顺畅运行的管理体系、共建企业在区域产业链条中居主要地位、主要专业与区域产业发展高度契合、有丰富的教学资源及高水平教学团队。这是国家层面与时俱进、大力推进产业学院建设的指导性文件，其指导思想进一步明确以立德树人为根本任务，发挥企业重要教育主体作用，面向产业需求，完善人才培养协同机制，有效整合区域创新资源与校内教育资源，促使政校行企（政府、学校、行业、企业）等多主体价值融合、功能互补、资源共享、协同创新。[1] 深化产教融合校企合作，能实现教育链、创新链、产业链与人才链的深度衔接。

深化产教融合校企合作成为职业教育人才培养的必由之路。在国家政策及理论研究的引领下，职业院校探索的"双师型"工作室的共育路径、特色学院的特色路径、孵化基地的生产路径与产业学院的融合路径各有侧重。[2]（见表1-1）产业学院是为了服务某个特定行业或企业，与政校行企多方协同共建，采用企业化管理方式、现代化治理结构、市场化运行机制、综合化功能定位的创新型办学模式[3]，在建设内涵上突出企业主体作用、发挥企业实践育人长处、激发企业能工巧匠内在动力、提高人才培养质量，重视治理体系与治理能力现代化建设，是政校行企四方资源统筹的平台，是教育链、产业链、创新链与人才链四链衔接的平台，更是实施职业院校全面深化教育综合改革的平台。

从教育部、工业和信息化部发布的《现代产业学院建设指南（试行）》中提出的九个基本条件以及七大建设任务的视角分析，基于利益相关者理论建设的现代产业学院是职业院校提高人才培养质量、提升社会服务能力的有效载体，归纳其办学特征和内涵要素，由单一维度侧重到全流程合作的校企合作，其在治理主体上由学校邀请企业教师代表参与到组建理事会共建共治、师资队

---

① 黄彬、姚宇华：《新工科现代产业学院：逻辑与路径》，载《高等工程教育研究》2019年第6期，第37-43页。

② 蒋新革：《新时代高职产教融合路径的探索与实践》，载《职教论坛》2020年第1期，第123-127页。

③ 孙振忠、黄辉宇：《现代产业学院协同共建的新模式——以东莞理工学院先进制造学院（长安）为例》，载《高等工程教育研究》2019年第4期，第40-45页。

伍上由学校为主转为企业主体、实训基地由校内仿真模式迁移到企业产业园区、专业人才培养质量评价指挥棒由学校教师自己评价改革转变为多元化市场认可为主体、学习者定位也由被"纯学生"身份转变为企业的"准员工"、教学培养模式从校内项目拓展转变到产业园区的生产基地等。[1]

表1-1 四种类型产教融合模式与路径对比

类型	治理主体	组织者	师资队伍	实训基地	身份	质量评价	培养模式	规模
工作室	学校教师	教师	教师+工程师	实训室	学生	教师	项目教学	小组
特色专业学院	学校+企业	二级单位	教师+工匠	学校+企业	学生	学校	混合式	班级
孵化基地	企业	企业	工匠+教师	企业基地	学生+	企业	成果导向	小组
现代产业学院	理事会	理事会	工匠+教师	产业园	准员工	企业+学校	生产教学	班级

第二节 产教融合共育之路：工作室

自20世纪80年代后，工作室模式在我国高等院校的人才培养、社会服务及教师技能提升中凸显出较好的效果，继而推广到职业技术教育、基础教育领域。目前，根据相关研究显示，工作室模式在职业技术教育领域方面的研究远远多于普通高等教育领域。在职业教育新一轮发展中，提高职业教育质量是核心，产教融合、校企合作是主线，机制体制创新是重要保障。近年来，职业院校工作室建设全面铺开，并出现了教师工作室、名师工作室、大师工作室、"双师型"工作室、创新创业工作室等多种形态，且具有主体多元、模式多样、功能多维等特点，还出现了工作室建设与现代学徒制试点共融发展的新

---

① 蒋新苹：《现代产业学院建设内涵辨析与实践》，载《广东轻工职业技术学院学报》2020年第3期，第39-44页。

趋势。

一、工作室模式概述

工作室模式在职业院校通常按照"适应教师自身发展"的原则，以工作室群体智慧为依托，以"打造'双师型'团队，实现产学研合作"为目标，以自发自由组织为原则，以专业带头人、骨干教师、优秀教师为创建主体，以专业实训室为主要场地，以承接企业项目和实践教学为主要任务，以企业真实项目为载体，将教学、科研、实践和培训融为一体，培养高素质技术技能型人才，打造高素质高水平的"双师型"结构教学团队。当前，在职业院校，教师工作室、名师工作室、大师工作室、"双师型"工作室等类型工作室既是学校教师的工作室，又是专业学习的实训室；既是企业项目开发中心，又是学校教学资源的开发室；既是校企合作平台，又是教师技能提升中心。职业院校工作室的建设推动了教师积极融入校企合作、生产实践、课题研究、技能训练和技术创新，激发了企业参与职业教育的积极性，实现理论指导下的实践回归与实践探索中的理性提升。工作室不仅提升了职业院校教师的地位，并在一定程度上使职业院校教师获得了一种前所未有的学术自由主体身份认同感。此外，教师工作室能让具有共同兴趣爱好、价值取向和工作方式的教师、科研工作者、工程师、能工巧匠等进入一个他们所认同的身份团体。在工作室，不同专业背景的教师可进行相互交流、沟通和学习，取长补短，综合运用多种学科于一体，既利于教师自身的发展，也利于教师工作室的长远发展。此外，工作室为职业院校与企业合作提供了场所，使得企业的实践技术与职业院校的理论在教师工作室完美融合，实现学生、教师、企业、学校等多方共同进步与发展。

二、工作室模式发展

"工作室"最早出现在欧洲的设计人才培养领域。1919 年，在德国魏玛建立的国立包豪斯学院开创了工作室教育的先河。包豪斯设计学院的办学宗旨是使艺术和手工艺与工业社会需求相统一，培养一种具有较高艺术理论修养、同时掌握工艺技能的复合型人才。其"知识与技术并重，理论与实践同步"的运行模式至今都影响着世界教育。"工作室制"教学模式也起源于此，最初以艺术创作"作坊"的形式被提出，后来以"作坊"为雏形，更加适合创作与生产、融理论教学与技能训练为一体的"工作室制"教学模式逐渐形成并发展起来。[①] 从相关文献数据检索所获得的资料显示，美国、英国、芬兰、德国、法国等发达国家的很多大学都依据包豪斯的办学方式对自己的教学进行了调整和改革，采用"工作室制"教学模式开展教学改革，比如丹麦皇家艺术学院、意大利米兰理工大学、美国罗德岛设计学院等。"作坊训练"逐渐发展为"工厂训练"和"工作室"教学模式，"工作室制"形成了教学与现实的实践项目相结合的运行模式，由专门的技术人员负责学生技术方面的教学。欧洲设计艺术水平处于世界领先地位，得益于工作室的有效运行。"工作室"在欧洲的发展对全世界的职业教育至今都产生着重要影响，可以说，基于工作室"知识与技术并重，理论与实践同步"的核心理念至今依然对世界教育产生着深远影响。

我国最早引进"工作室制"教学模式的是本科院校的艺术设计类专业，如中央工艺美术学院、湖南大学等院校，在 20 世纪 80 年代就开始尝试基于教师工作室的教学改革。后来"工作室制"教学模式逐渐推广到近 300 所设有艺术设计专业的院校。相较而言，我国高职院校在此领域的探索起步较晚，但也取得了不菲的成绩，如湖南工艺美术职业学院构建"专业 + 项目 + 工作室"工学结合人才培养模式，上海电气李斌技师学院在数控、电工、焊接等专业应用该教学模式成效明显。此外，无锡商业职业技术学院、浙江工商职业技术学院、宁波城市职业技术学院等在教师工作室建设方面也取得了较大的成效。

在广东，尽管目前在职业教育领域政府层面的立项较少，但高职院校的实践与尝试却走在前面，如深圳职业技术学院、广州铁路职业技术学院、顺德职业技术学院、中山职业技术学院等国家示范高职院校、国家骨干高职院校纷纷推出各具特色的教师工作室，在校企合作、项目教学、社会服务等方面开展了积极有效的尝试。目前，高职院校通过成立教师工作室，承接真实项目、组织学生参与、师生共同完成项目，把真实工作任务融入日常教学，切实地提高了高端技能型人才培养质量，变革了已有教学模式，取得了较大的成效。

---

① 蒋新革等：《"学赛研培"四位一体双师工作室育人模式的研究》，科学出版社 2016 年版，第 44 – 48 页。

三、工作室模式建设策略

职业院校工作室的建设是针对人才培养与社会需求脱节、难以实现产教融合培养创新型高素质技术技能型人才的现状，通过创新管理机制，制定和完善工作室建设的长效机制，深化"产教融合"人才培养模式，推动教师借助工作室平台实践"校企合作"的创新、调动学生参与"寓学于工"的改革、激发企业参与育人的积极性，使学生在工作室完成项目学习任务。

建设职业院校工作室是学校、企业和政府培养高技能人才的一项重要工作，必须坚持育人与科研相融合的指导原则。职业院校工作室与其他工作室最根本的区别在于其"育人"的职责。职业院校以技能人才培养目标为主导，在培养过程中，尊重技能人才成长规律，将教师的技能特长、工作项目相融合，突出技能人才培养的有效性；在工作室建设和运行过程中以教学为主要目的，通过教师工作室实际工作任务来完成教学，让学生要参与有挑战性的工作，允许尝试、允许失败。同时，工作室要承担研究性工作任务，学生要参与教师的实际研究课题，承担真实的任务；要具有原创性，才能够承担科技创新、创业的目标，才能培养学生的创新精神，使其掌握创新方法。

职业院校工作室建设的核心功能定位为技术开发和技术技能人才培养，具体主要定位于四大功能。其一应作为教师的成长平台。工作室以经验丰富、德艺双馨的教师为核心，吸纳中青年骨干教师，以校企合作的形式，积极开展课程开发、教材开发及教学方法改革等工作，不断提高教学水平和质量，同时加大对中青年教师的培养力度，努力使其专业向更高层次发展，建立名教师与中青年教师合作互动的培养机制，使其成为青年教师不断成长的良好平台，形成一套完善的教师教育理论终身学习、专业技能提升、教科研能力成长方面的行动策略。其二是作为职业院校开展技术技能人才培养的平台。工作室注重加强对学生技能及创新能力的培养，结合企业生产技术的发展方向，有效地开展技能大赛、创新大赛选题及发展研究，加强对优秀学生的辅导，突出分层教学要求，为学有余力、有技能提升兴趣的学生提供更好的发展平台；同时，工作室培养方式不是规模化培养，而是导师带徒弟的一对一或一对多，相对"精雕细琢"式的个性化培养。其三为专业和课程创新提供平台。高职院校以工作室为平台，由优秀教师团队担纲，通过校本探索、校际交流、总结推广等活动，充分发挥教师的经验和水平，共同研究制定专业建设发展规划，完善人才培养模式，根据各专业的不同特点研究制定建设规划及建设方案，不断优化课程体系，适时更新调整实训课程内容，指导实训教学，开展教学成果展示，改革学业考核评价机制，建立科学评价制度。同时，在工作室教师的引领下，积极开展技能大赛相关工作的研究，强化大赛指导教师队伍建设，加强对技能大赛要求、内容、技术走向和技术标准等方面的研究，不断探讨、优化技能大赛指导、训练方法，提高效率，培养一批技能大赛优秀指导教师，进一步完善和优化竞赛选手的选拔制度，力争在竞赛项目上取得优异成绩。其四为社会服务能力提升平台。以工作室负责教师及成员为骨干力量，积极开展各类教研、科研活动，组织并带动教师开展各类课题研究、学术讨论与交流，提高教师科技创新能力，推动全校教育教学科研水平不断提高；同时强化社会服务意识，适时拓展工作室的服务功能，结合创业教育、创新教育，指导学生社团建设，利用专业优势开展面向本校学生、教师或社会的专项服务，通过工作室成员的共同努力，强化学校、教师、学生为企业提供技术研发服务的能力，提升工作室的影响力以及对周边地区的辐射功能、提高为企业提供技术研发服务的能力。

四、工作室模式建设成效

我国职业院校工作室的建设尚处于大力发展阶段，各职业院校在建设工作室过程中具有较大的自主权，使职业院校工作室的建设具有巨大的灵活性，也为职业院校教育教学、人才培养等带来了新的发展动力。在全国职业院校近2000个工作室建设实践中，工作室建设成效主要体现在创新了人才培养模式、提高了教师技术技能等。

在职业院校人才培养过程中，通过将有生产项目的企业引入学校——落实了学校有满足教学需要的企业工作项目，通过教师到企业顶岗调研及参与企业项目开发——提高了教师有驾驭工作项目的能力，通过企业参与教学资源及建设教学过程——实现了教学有机融入工作项目的内容，通过学生在企业项目中学习实习——提升了学生有操作工作项目的技能，即"双师型"工作室的建设搭建了校企合作的平台，实现了"学校有工、教师能工、教学融工、学生会工的"四有工"局面。[①] 为充分发挥工作室服务人才培养的目标，实施人才

---

① 蒋新革、牛东育：《教师工作室教学模式及管理体制创新的探索》，载《教育与职业》2014年第9期，第43-44页。

培养模式改革，将企业真实任务作为教师技术研发课题、技能竞赛培育项目、学生生产性实训内容，把学生学习过程变成完成工作任务的过程，使师生自觉接受、主动参与到人才培养的建设中，使学生的创新能力得到锻炼与提高，开创一条高技能人才培养与社会服务相结合的工作室人才培养模式。工作室教学模式为专任教师提升技能搭建了良好的平台，在明确为中小企业服务的定位下，专项投资建设集学生生产性实训教学、职业院校技能竞赛培育、企业生产项目研发及教师服务企业能力培训等功能的"四位一体"工作室，使教师与企业真实项目进行了直接对接，教师工作室管理制度将教师联系企业与工作职责、服务企业与个人业绩、成果转化与个人收入相结合，大大地激发了教师的项目研发潜能，提高了教师工作的积极性和主动性，提升了教师专业开发能力，为教师专业成长和发展提供了不竭动力。①

五、工作室模式建设的困境与思考

各地区经济发展的状况不同，相应制定的职业院校工作室管理办法不尽相同，与企业需要的或预设的教师工作室管理办法有明显的不同，各种资源的开发和利用现状，将影响当地的企业、行业发展，以及职业院校专业的发展和人才培养的规模。职业院校工作室建设项目涉及层面较多，如项目教学、人才培养、技术传承、技能攻关、专业建设、成果推广等方面，在创建过程中，遇到了诸多困惑，存在着诸多障碍和不足，主要体现在以下四个方面。

其一，缺乏企业文化氛围。每个企业都有自己鲜明的企业文化，虽然校内工作室不能算是一个非常真实的企业，但也必须营造一定的企业文化环境，有明确的企业组织结构，为工作室教学提供一个仿真的就业工作环境，使得学生在此能够体验，这是工作室建设环境中"软"的建设部分。建设在校园内的工作室需要把握好校园文化环境建设与企业文化环境建设的度，建设在校园内的工作室规模小、业务（教学）灵活，也因其不是真正意义上的企业，企业文化建设比较薄弱，导致大多数工作室在企业文化建设方面缺乏区分度。作为职业教育的重要载体，企业文化的缺席是工作室建设的硬伤。其二，缺乏完善的运行管理机制。由于没有完善的工作室管理考核制度、教师评价和学生激励

---

① 蒋新革、刘国生、陈选民、陈敏：《高职现代制造专业群"三合一"教师工作室建设实践》，载《职业技术教育》2010年第35期，第13－15页。

制度以及质量评价体系，教师在遇到节奏快、要求高的项目时，同时还有正常的教学任务，就会出现精力和时间跟不上的情况。如果开展项目，教师则需投入足够的时间和精力，并面临巨大的压力，且可能最终也没有回报。而当前的管理制度是，即使教师不开展项目，也不会违反教学制度。因此，教师投入和参与工作室团队的积极性不高，很多项目不得不偃旗息鼓，导致工作室业绩不理想，没有充分发挥其作用。其三，缺乏合格的"双师型"教师。"双师型"要求教师不仅具有雄厚的理论基础，且要求对业务流程、相应岗位要求的技术相当成熟，这样的教师群体不多，因此不能满足工作室发展的需要。过去的设计工作室往往是一种作坊式的工作模式，即一个老师带领几个学生承接一些工作项目，工作的过程中主要强调对设计思维的探讨和制作的技术提高，不注重项目主要业务流程、技术岗位和技术标准的设计和管理，工作方式较随意，不能实现企业化的运作。在这种环境下培养的学生到了工作岗位以后往往不能适应企业的工作要求，同时出现工作效率不高、业务和技术对接不畅、文本和业务档案不规范等问题。良好的工作室教学模式，对指导老师的要求很高：首先要求老师必须有项目实战经验，对企业的运作方式和工艺流程非常清楚；其次要求老师具有组建项目团队、控制项目的进度和质量，引导项目小组间的分工合作和竞争的能力；最后要求老师有较高的教学能力水平和过硬的专业技能、项目开发能力。目前专业教师工作室大部分指导老师缺乏企业实践项目管理经验。其四，缺乏企业行业专家的指导。工作室要深入推进校企合作，就要注重发挥企业的人才与资源优势，实现校企双方的优势互补、资源共享、风险共担、利益双赢。同时，要求学校和企业各司其职、共同进行项目教学。为保证每个项目能按时保质保量完成，企业必须至少派出一个专家到学校工作室进行指导。此外，在工作室的教学中，应以"工作室"为项目承接平台，课程负责人作为"工作室"主持人，企业专家参与教学过程，在企业专家与专任教师的带领下，再指导学生进行真项目的实践训练。

第三节　产教融合特色之路：特色专业学院

高职教育是我国向高等教育大众化阶段迈进的一个重要组成部分，在近几年的教育发展中以其强大的创新力和蓬勃的生命力，创造了我国高等教育的新辉煌。但是，在发展过程中也出现了一系列问题，如不少高等职业院校的专业设置和结构不合理，比如办学同质化异常严重、投入严重不足、实行学科本位的育人模式、"双师型"教师缺乏、与行业企业互利共生的运行机制尚未真正形成等，学生的实践和创新精神有待加强，教育教学质量还不能完全适应经济社会发展的需要。究其主要原因，是专业建设缺少学校层面的顶层设计，专业特色不够鲜明。经过资料检索，相关文献多集中在特色课程、特色专业或特色专业群的建设方面，这些研究没有从更高层面来考虑，即从学校层面，从课程、专业、专业群的建设与支撑体——学校层面来考虑。特色专业学院的建设有利于学校针对区域产业链准确定位，有利于院校之间的错位发展，有利于提高政府投资的效率。

2014 年 6 月，全国职业教育工作会议在北京召开。习近平总书记作出"职业教育要营造人人皆可成才、人人尽展其才的良好环境"的重要指示。高等职业教育在整个职业教育体系中应该起到引领和推动作用，地方高职院校为了进一步满足服务区域经济社会发展和产业转型升级的需要，必须在新型城市化发展道路中找准定位和目标，校企合作实施现代学徒制试点工作，全面推进高等职业教育特色发展，提升高职教育对产业发展的促进和带动作用。[①] 高职院校只有坚持以政府、学校、行业及企业四方协同发展为引领，以提高职业教育质量为生命线，大力实施"特色发展战略"，全面深化教育教学改革，大力推动特色专业学院建设工程，积极推进现代学徒制试点改革，提升学院人才培养、科学研究、社会服务和文化传承创新能力，才能不断增强学院的核心竞争力，打造高职教育品牌。[②]

一、特色专业学院模式概述

建设特色专业学院是广州市高等职业教育体制机制综合改革的独特做法。政校行企共建特色专业学院是为主动适应高等职业教育发展的新形势，发挥国家中心城市职业教育示范作用，引导不同类型院校进一步明确办学定位，以有深厚行业背景优势的职业院校依托，借政企之力，创新体制机制，促进校企深

---

① 教育部：《教育部关于开展现代学徒制试点工作的意见》，2014 年 8 月 5 日，第 18 - 19 页。
② 陈爽：《四方联动共筑中国特色现代学徒制》，载《广州职业教育论坛》2014 年第 1 期，第 1 - 4 页、第 26 页。

度合作，发挥专业优势，办出专业特色，实现软硬教育资源的效率最大化，为同类高校专业建设和改革发挥示范和带动作用。

按照广东省政府《关于深化教育领域综合改革的实施意见》（粤府〔2015〕20号）提出的"试点设立本科层次特色学院"和广州市人民政府《关于贯彻落实国务院关于加快发展现代职业教育的决定的实施意见》中"特色专业学院建设"的要求，以建设广州现代职教体系为契机，不断深化教育教学改革，进一步以挖掘和培植学校特色为目标，大力实施"学校特色发展战略"，依托各校自身多年建设的优势，创新体制机制，凸显学校特色，建成"领导班子好、师资队伍好、学生培养好、学院资源好及生态环境好"五好特色专业学院，弘扬劳动光荣、技能宝贵、创造伟大的时代风尚，推进特色强校，切实提高高校的人才培养质量和办学水平。

高等职业院校通过构建政校行企共建共享运行机制，面向区域发展产业，重点建设紧贴产业发展需求、产教深度融合、专业群特色鲜明、人才培养质量高、社会服务成效显著、社会认可度高的特色专业群，以服务产业链为目标，组建特色专业及专业群建设委员会，构建协同校内外优质教育资源共同开展专业及专业群建设的长效机制，引导高等职业院校进一步明确办学定位，发挥特色专业优势，借政企之力，促进校企深度合作，打造"领导班子、师资队伍、学生培养、学院资源及生态环境"五好的特色专业学院，建成与区域发展产业对接的人才培养基地、科技创新基地、文化传播基地、师资提升基地和社会服务培训基地。

（一）特色专业研究界定

特色专业反映了专业与其他专业存在的不同个性特征和独特的竞争力，特色专业是一所学校办学综合实力的主要因素之一。高职院校面对日益加剧的市场经济竞争新形势，进一步加强特色专业建设是获得可持续性发展的战略手段。教育部制定的高等职业院校人才培养工作评估方案就是从建设目标、培养模式、师资队伍、课程体系与教学内容、教学设计与教学方法、实践教学、社会服务等方面对特色专业进行考核的，这为高职院校加强特色专业内涵建设明确了方向。[①] 具体而言，高职院校的特色专业是在明确的办学思想指导下及长

---

① 汪源浩、季舒鸿：《基于中外合作办学的高职特色专业建设探索》，载《教育探索》2013年第2期，第54-56页。

期的教育教学实践中逐步形成的，对进一步提高高职院校人才培养质量起到重要作用。被行业、企业、社会及学校一致认可的具有鲜明特色的专业，是指学校代表专业在培养目标、课程内容及课程体系、"双师型"团队及培养质量等方面，具有较高的办学质量和鲜明的办学特色，具有较好的社会影响和办学效益，是一种高水平、高标准、高质量的专业，是"人无我有、人有我优、人优我新"的优质专业。

高职院校开展特色专业建设的目的是满足国家经济社会发展对高素质技术技能型人才的需求，是为了引导各高职院校对接区域经济发展需要、依据自身的办学定位，确定学校个性化的发展目标，发挥学校特有的专业优势，办出学校特有的专业特色，带动学院相关专业及专业群建设的整体水平，提升学校整体办学实力、提高人才培养质量，促进学校特色化发展，使学校在社会竞争中获得持续优势能力。[①]

（二）特色专业学院的界定

特色专业学院特指在现有高职院校办学体制下，通过构建政校行企共建共享管理体系，对接区域支柱产业的发展组建特色专业及专业群建设决策委员会，协同校内外优质教育资源共同开展专业及专业群建设的长效机制的构建，在人才培养目标、专业布局、课程体系、教学团队、教学条件及国际化合作等方面协同创新，拥有较高的办学定位、较好的社会效益和鲜明的办学特色与校园文化，具有一定的前瞻性并能充分体现学院办学定位，获得行业、企业和社会认同并具有较高社会声誉的学校二级教学单位（学院或系）。

特色专业学院建设立足于协同创新视域，坚持"不求所有、但求所用，不为独享、但为共赢"的原则，通过建立教学管理工作组协同校内外优质教学资源开展人才培养、社会服务、就业创业等工作，建立专业建设工作组完成专业及专业群的建设、评价及预测退出机制，保障办学目标的实现。特色专业学院的标志性属性是有良好的行业和企业合作关系、学院管理体系有力支撑特色专业及专业群建设、特色专业及专业群支持区域支柱产业和产业链转型升级与发展、学院是政校行企多方协同创新支撑平台。（见图1-1）

学者吴文盛在《普通高校特色专业群形成机制研究》一文中指出，特色

---

① 蒋新革、蔡勤生、段艳：《政校行企协同共建特色专业学院的实践探索》，载《广州职业教育论坛》2015年第1期，第51-55页。

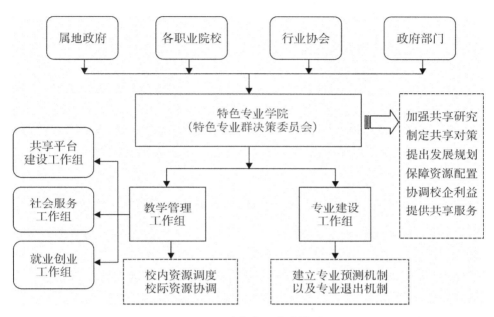

图 1 - 1　特色专业学院模型

专业群是指以一个或多个主干特色专业为中心，以支撑特色专业和关联特色专业为辅助，具有相同的学科知识基础，可以服务相关领域或行业，在同类院校中具有鲜明特色的多个专业群落的总称。从特色专业到特色专业群，从单一层次特色专业群到多层次特色专业群的发展，是普通高校专业发展的客观规律。加强特色专业群建设，有利于避免我国高校普遍存在着专业设置雷同、缺乏特色与优势的现象，对提高高等学校核心竞争力的优势，具有重要的战略意义和现实意义。[①] 学者周寅在《对接地方优势产业群　构建职教特色专业群》中强调，职业院校应该积极依据地方优势产业群，依托本校优势专业，构建适应于本地产业群的特色专业群。并在构建专业群时，在实训基地、基础课程、教师队伍、教学资源库建设中注意校企合作和资源共享，有利于增强专业办学实

---

① 吴文盛：《普通高校特色专业群形成机制研究》，载《中国地质教育》2012 年第 2 期，第 33 - 37 页。

力，有利于形成学院专业特色和品牌优势。①

二、特色专业学院建设核心要素

围绕"特色引领、需求对接、创新体制、共创一流"的协同发展思路，构建政校行企管理体制，多方共同开展教学与研发、共建共享产学研实训基地、形成开放共享的网络教学资源，协同培养支持支柱产业的高素质人才，完善特色专业学院长效运作机制，深化和拓展校企合作深度和广度，以提高人才培养质量。

（一）以特色专业学院建设为载体，建立协同创新特区

特色专业学院建设主要实施"特区"式协同创新机制体制建设，按照"开放、共享、流动"的建设理念，实施政校行企协同共建共享的董事会（理事会）管理模式，以协同创新理念激发调动属地政府、支柱产业行业协会及优势企业参与的积极性，探索与企业合作举办混合所有制性质的特色专业学院，增强政校行企各方在职业教育人才培养模式、教学管理机制、运行经费保障、现代职教体系及校园文化等方面的参与动力，建立校企双方专业人员互兼互派、双向挂职机制，引导和激励校企双方将人才培养、技术研发及社会服务紧密结合，使特色专业学院成为行业企业员工培训基地、企业产业发展研究基地，打造"人才培养、就业创业、社会服务及教师提升"四位一体的特色专业学院长效运作管理机制，落实政校行企合作协议、管理制度、绩效考核机制等，促进校企深度合作，增强办学活力，提高高等职业教育服务区域经济社会发展的能力。②

（二）以优化人才培养模式为重点，推进综合改革试点

特色专业学院立足深化产教融合的人才培养模式改革，探索实践基于教育制度和劳动制度相结合的"现代学徒制"人才培养模式，引入行业企业技术

---

① 周寅：《对接地方优势产业群　构建职教特色专业群》，载《科技创业月》2012年第11期，第111－113页。

② 蒋新革、刘国生：《"产教一体、寓学于工"人才培养模式的思与行》，载《教育与职业》2010年第35期，第26－28页。

标准乃至国际认可的职业资格标准开发专业课程，建设优质专业核心课程；根据职业岗位和人才培养需要，对接行业企业特性推行的多学期、分段式的教学组织；通过与属地政府、行业协会、优势企业等合作，利用现代信息技术开发虚拟生产过程的数字化教学资源，建设图纸、声像、文字、动画等多种形式的网络教学素材库，搭建校企数字传输课程，形成开放共享的网络教学资源库；引入第三方评价，构建政校行企多方评价参与的监督体系，提高人才培养的质量，实现校企人才培养与企业员工培训、职业终身教育一体贯通。

（三）以校园文化为平台，加强校企文化融合

高职院校利用校企合作的平台将优秀的企业文化融合到校园文化建设中，推进大学的精神文化、物质文化、制度文化建设，在教学、制度和氛围上形成一种师生共同的精神追求，推动文化建设与人才培养的有机结合，建设特征鲜明的专业应用性、职业选定性和行业指向性的特色校园文化。校园文化建设须突出职业技能和职业素养的培育，具有行业指向属性的特色文化，以突出自身鲜明的个性，为培养高素质技术技能型人才创造优质教育环境，为实现学生高质量上岗就业做好充分的职前文化储备，达到提升高职院校综合竞争力、促进高职院校长远发展的目的。

三、特色专业学院模式发展

围绕"特色引领、需求对接、创新机制、成果共享"的协同发展思路，以特色专业学院建设为契机，政校行企在人才培养模式、教学管理机制、运行经费保障、现代职教体系及校园文化等方面协同创新，构建政校行企管理体制，协同培养技术技能型人才，构建终身教育体系，打造特色专业学院长效运作机制，进一步深化和拓展校企合作的深度与广度，提高技术技能型人才培养的效果。高校主动适应区域产业结构转型升级需要，须聚焦区域发展现代服务业、先进制造业、高新技术产业等重点支柱产业布局，进一步调整和优化专业结构，建设特色专业学院，以提高高等院校服务区域经济社会发展的能力。

（一）以领导班子建设为引领，营造协同氛围

建设政校行企共同参与、协同创新意识强、发展思路明确、行业影响力大、专业水平高的领导班子，激发属地政府、行业协会、优势企业参与特色专

业学院建设的积极性，引导和激励校企双方将人才培养、技术研发及社会服务紧密结合，共建政校行企协同发展的运行机制，使特色专业学院成为行业企业"人才培养基地、科技创新基地、文化传播基地、师资提升基地和社会服务培训基地"五合一的高地，促进校企深度合作，增强办学活力。

（二）以师资队伍建设为保障，促进产教融合

校企合作、产教融合是地方高校培养适应社会、企业职业岗位需求人才的关键，实施人才培养的保障是教师。通过产学携手合作，共同打造具备高水平教学能力、实践操作能力、融入企业文化能力、应用技术研发能力的"双师型"队伍。为推进校企在实施产教结合上高效有序地协同运行，建立校企双方专业人员互兼互派、双向挂职的对接与联动机制，加大引进行业专家、企业骨干等优秀、富有行业经验的技能型人才，优化"双师型"教师队伍。通过改革教师评审指标体系，鼓励教师参加行业学术交流、赴企业实践或挂职锻炼，引导教师重视应用型技术研发，推动教师实践能力的持续发展和提升。

（三）以学生培养为核心，打通成才大门

深化校企合作、工学结合的多样化人才培养模式改革，积极探索实践现代学徒制试点；引入行业企业技术标准以及国际认可的职业资格标准开发专业课程，建设优质专业核心课程；根据职业岗位和人才培养需要，试行更加灵活的多学期、分段式教学组织；完善政校行企多方参与的人才培养质量监控体系；实现校企联合教学，提高人才培养的质量，实现校企人才培养与企业员工培训、职业终身教育一体贯通。

（四）以学院资源建设为根本，夯实教育基础

发挥政府推动高等教育发展的责任主体功能，加强顶层设计，多方共同开展教学与研发、共建共享产学研实训基地；通过与广州属地政府、行业协会、优势企业等合作，充分利用现代信息技术和通信技术，开发虚拟生产过程的数字化教学资源，建设图纸、声像、文字、动画等多种形式的网络教学素材库，搭建校企数字传输课程，形成开放共享的网络教学资源库，形成开放共享教学资源；统筹经费、师资、校舍等资源，切实加强学校基础能力建设。坚持改革，调动政校行企参与高等教育的积极性，齐抓共管、形成合力、协同创新，突出职业技能的训练和职业素养的培育。

（五）以生态环境建设为基础，营造人人皆可成才的环境

坚持产教融合、校企合作，坚持工学结合、知行合一，引导社会各界特别是行业企业积极支持高校发展。适应学生个性化发展，统筹建设上下畅通、横向衔接、立体多元的人才培养体系，努力让每个人都有人生出彩的机会。建立弘扬劳动光荣、技能宝贵的政策导向，加快构建现代职业教育体系框架。利用校企合作的通道将行业企业文化融合到校园文化建设中，建设鲜明特征的专业应用性、职业选定性和行业指向性的特色校园文化。从教学、科研、服务社会、文化传承和党的建设等方面推进学校内部治理体系和治理能力现代化，形成科学治校、民主治校和依法办学的良好环境。探索教授治学、坚守学术自由，建立和完善以学术委员会为核心的学术权力体系，营造良好的学术氛围。统筹招生、教学、管理、就业等，推进学校内部治理体系和治理能力现代化，在教学、制度和氛围上形成一种师生共同的精神追求，推动文化建设与人才培养的有机结合，为培养高级技术技能型人才创造良好环境。

四、特色专业学院建设成效

根据区域经济社会发展规划以及区域重点产业发展行动，建立以服务经济为主体、现代服务业为主导，结合现代服务业、战略性新兴产业与先进制造业有机融合、互动发展的现代产业体系的要求，统筹建设紧贴区域支柱产业发展需求、校企深度融合、专业群特色鲜明、人才培养质量优、社会认可度高、社会服务成效显著的特色专业学院，引导高职院校进一步明确办学定位，发挥特色品牌专业优势，借政企之力，创新体制机制，建立利于专业建设的"特区"，促进校企深度合作，打造"人才培养、就业创业、社会服务"三位一体的特色专业学院，实现区域教育资源应用效率的最大化。广州市共有7所市属高职院校，分别由教育局、体育局、科协及总工会等主管，由于历史的原因，在办学定位及内涵建设上存在较大差别。2012年，广州市启动实施高等职业教育体制机制综合改革，统筹广州市属高职院校主动适应广州市产业结构调整升级需要，聚焦广州战略性新兴产业发展布局，抓住广州建设教育城的契机，坚持理论与实践相结合、政校行企协同推进建设特色专业学院，重点发展现代物流、轨道交通、商务旅游、信息服务、文化创意、服务外包等；对接先进制造类特色专业学院，重点建设化工、数控、汽车、造船、轨道装备；对接高新

技术产业建特色专业学院，重点发展电子信息、生物医药、环保新能源等，形成一院一特色，进一步调整和优化高职专业布局。

2012年以来，广州市教育局先后制定出台特色专业学院建设规划、管理制度、遴选指标（见表1-2）及评价验收指标（见表1-3）等管理办法。2013年，在全市高职院校中正式启动特色专业学院建设工作，各院校通过专业特色凝练、学院特色提升两个环节后，经过两轮严格遴选，先后历时10年建设5批22个特色专业学院，取得显著建设成效。特色专业学院建设主要实施"特区"特殊的协同创新机制体制，探索与企业合作举办混合所有制性质的特色专业学院。按照"共享、开放、流动"的建设理念，创新人事用人模式，对接国际惯例，协同跨单位人才聘用，人才流动不调动，建立人才选聘机制、管理机制、评价机制、激励机制和流动机制，以协同创新理念调动属地政府、支柱产业、行业协会及优势企业参与的积极性，激发协同企业主动参与职业教育提升人才培养质量，激发高职院校积极参与服务企业技术研发，提高办学效益，增强政校行企各方在职业教育人才培养模式、教学管理机制、运行经费保障、现代职教体系及校园文化建设等方面的参与动力，推动广州高职院校整体改革发展，提高高等职业教育服务本市经济社会发展的能力。（见图1-2）

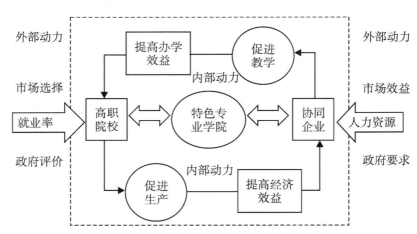

图1-2 特色专业学院协同创新动力机制模型

如广州铁路职业技术学院对接广州轨道交通大发展需求，立项建设的轨道交通特色专业学院，合作方广州铁路集团公司、广州地下铁路总公司、湖南铁路联创技术发展中心、广州南车城市轨道装备有限公司等区域轨道交通产业链规模企业与学院分别签订订单培养协议，组建了广铁集团、广州地铁、深圳地铁、香港地铁、湖南联创、广州南车等企业冠名订单班，形成依订单招生、按需求培养，以"人才共育、过程共管、成果共享、责任共担"为特征的订单培养模式。近年共完成轨道交通专业订单，学生还未入校，广州、深圳、东莞、佛山地铁等单位已提前预订，提前实现对口预就业。学校轨道交通特色学院现已成为粤港澳大湾区高速铁路、城际轨道、城市地铁等行业企业高素质技术技能型专门人才的定点培养单位。[①]

表1-2 高等职业教育特色专业学院遴选指标

一级指标	二级指标	评价内容
总体情况（20分）	办学思路（4分）	特色专业群构建思路清晰，面向特定的"服务域"，符合区域支柱产业发展，体现学院的专业优势
	专业结构（4分）	围绕区域经济支柱产业形成从开发、生产、营销到服务的1个或多个特色专业群，引领辐射作用大，服务社会能力强
	竞争力（12分）	主干专业具有明显的区位优势，与骨干企业有长期合作，规模与质量位居区域一流，改革力度大，有高水平的管理队伍，结构合理、创新意识强、行业影响力大、专业水平高
建设基础（20分）	课程建设（5分）	对应职业资格标准，合理设置课程体系，改革成果突出，有工学结合优质专业核心课程，并建立了较高水平的信息化教学环境
	实训基地（5分）	有省级认证的、能满足教学需要的校内外生产性实训基地，有较强的社会服务能力，且运行状态良好
建设基础（20分）	师资队伍（10分）	教师队伍结构合理，兼职教师来自对接产业中优势企业，承担教学任务占专业课时的比例≥40%，有高水平的专业带头人，并取得显性成果

---

① 蒋新革、蔡勤生、段艳：《政校行企协同共建特色专业学院的实践探索》，载《广州职业教育论坛》2015年第1期，第51-55页。

续表 1 - 2

一级指标	二级指标	评价内容
建设内容 (40 分)	建设目标 (4 分)	建设思路清晰,目标明确,内容设计明细可测且措施具体,政校行企协同创新体制机制建设适应特色专业学院发展,能发挥辐射效应
	体制机制 (10 分)	创新管理体制,建立共建共管的董事会(理事会)模式,形成校企双方双向挂职机制,探索中高本研相衔接的现代职教体系长效机制,构建"人才培养、行业培训、产业发展研究"三位一体运作机制
	培养模式 (10 分)	深化工学结合人才培养模式改革,形成符合专业领域职业岗位的任职要求并具有鲜明特色专业群特色的课程体系,与行业企业合作进行课程开发与设计,有明确的开发目标与措施
	资源建设 (4 分)	建设涵盖教学设计、教学实施、教学评价的数字化特色专业教学资源库,建立虚拟企业、虚拟场景、虚拟设备以及虚拟实训项目等,积累优秀的数字化媒体素材与优秀教学案例等教学基本素材
	实训建设 (5 分)	满足特色专业群实践训练需求,能促进优质资源高效共享,加强实训项目与一体化教学项目的开发,注重校企合作共建实训基地,并结合校外实习开发企业课程,使教学过程和企业的生产过程紧密结合
	教学团队 (5 分)	优化师资队伍结构,重视专业带头人培养与骨干教师、兼职教师队伍建设,有计划地安排青年教师实践锻炼,提升教师教学创新与技术创新能力
	服务能力 (2 分)	建立提升社会服务能力的相关工作管理机制,社会培训、社会服务收入较高,取得省级以上科技项目或专利项目

续表1-2

一级指标	二级指标	评价内容
保障措施（20分）	组织管理（5分）	建立政校行企协同创新的体制机制，管理队伍结构合理，校企双方人员共同参与、分工合理。责任明确，落实到人
	进度安排（5分）	建设方案安排具体，各阶段任务明确、具体，建设经费充足、合理、有保障，建设进度计划合理，符合项目建设要求
	经费使用（5分）	财政专项建设资金使用科学合理规范，合作企业支持建设力度大，学校有1:1或以上的配套建设经费
	政策措施（5分）	制定相关政策措施，建立第三方参与评价机制，开展毕业生培养质量跟踪调查，监督、检查、考核机制健全，执行有力，奖惩措施落实到位
附加分（50分）	特色与创新（50分）	在"领导班子、师资队伍、学生培养、基础建设和生态环境"等若干个方面的特色与创新

表1-3 高等职业教育特色专业学院评价验收指标

一级指标	二级指标	评价内容
领导班子（15分）	结构素质（5分）	党政领导班子结构合理，改革思路清晰，拓展有创新、有特色、有成效的建设载体，有完善的单位学习研讨、考核机制
	定位思路（10分）	专业群对接产业链设置，建设内容设计明细可测且措施具体，能切实强化专业群对接产业链的特色培育，符合广州重点产业发展规划，带头专业对群内专业的引领辐射作用大，体现学校的特色优势
师资队伍（20分）	培养举措（5分）	师资建设规划明确、制度完善，重视专兼职教师队伍建设，建立工作室，整合师资资源，发挥不同专业背景和工作经历教师的优势
	队伍结构（10分）	教师队伍结构合理，各专业有高水平的专业带头人，主持有省级教科研究项目，兼职教师队伍数量充足，兼职教师来自对接产业中的优势企业，所承担教学任务占专业课技能课时的比例≥50%
	服务能力（5分）	建立提升社会服务能力的相关工作管理机制，每年承担社会培训，社会服务收入较大

续表1-3

一级指标	二级指标	评价内容
学生培养 （30分）	培养方案 （10分）	制订科学、规范的专业人才培养方案，注重人文社会科学与技术教育融合，重视与行业企业合作进行课程、实训项目与一体化教学项目的开发，评价制度多元，校企共同开展人才培养质量评估
	培养途径 （10分）	注重产学研合作教育，有专业指导委员会，试行灵活的分段式的教学组织，重视信息化教学手段与课程项目化考核，有良好参加竞赛机制，以赛促学成为常态，学生技能竞赛参与度高
	培养质量 （10分）	学生就业率、对口率、平均薪酬位列全省前列，以赛促学效果明显，获得省市竞赛奖多，用人单位评价高、社会声誉好
基础建设 （15分）	基本条件 （10分）	各专业有若干个深度合作的规模企业，开发优秀数字化教学资源，建立虚拟企业、场景以及虚拟生产过程的实训项目等。有互聘互派教师交流、学生互访互学，开展中高本研衔接培养
	竞争力 （5分）	带头专业和主干专业具有明显的行业优势，有获得省市级专业建设与教学改革荣誉、奖励与立项，第一志愿报考率＞100%，新生报到率＞90%，年培训及鉴定人数达到在校生的2倍
生态环境 （20分）	体制机制 （10分）	政府在规划和政策中支持学院特色发展、支持经费充足，建立校企共建的董（理）事会管理模式，构建培养、培训、服务一体化管理机制，形成校企专业人员双向挂职机制，建立和完善学术权力体系
	管理保障 （5分）	建设方案具体，进度合理，责任明确，机制健全，奖惩措施落实到位，建立第三方参与评价机制，有专项建设保障经费
	文化建设 （5分）	将社会主义核心价值观融入教学全过程，校企共同开展文化实践活动，建设具有专业应用性、职业选定性和行业指向性的校园文化

特色专业学院使专业人才培养成为企业的分内工作，校企双方共同保障顶岗实习的各个环节，由此形成了顶岗实习"五项统一"、实习就业"二位一体"。轨道交通特色专业学院与广铁集团共同建立的顶岗实习"五项统一"保障机制为：一是由广铁集团统一将学生接送到32个站段参加实训；二是集团下文统一给实习生新员工待遇，落实学生实习岗位就是今后就业岗位；三是针对实习岗位统一安排课程，在实习岗位上共同穿插完成针对实习岗位开发的课

程，保障实践与理论相协调；四是统一为学生购买实习责任险、开展不间断的安全教育，保障了学生参加企业实践的权益；五是企业与学校共同出资建设学生实习生活区，统一负责保障学生的食宿①，解决各方后顾之忧。通过顶岗实习，学生较好地对接就业岗位，实现了实习与就业"二位一体"的无缝对接。

五、特色专业学院建设的对策建议

随着经济社会发展和产业转型升级对人才需求的不断加大，职业院校与企业合作开展人才培养工作也逐渐显露出机制不完善、合作难以深入等问题。从企业角度来看，职业教育培养的学生与企业目标岗位要求差距较大，满足不了企业"短、平、快"的效益追求。从职业学校层面来讲，教学资源的建设需要现代化的企业管理制度，而学校资源整合能力不够、技术服务能力偏弱，从而导致校企合作无法深入，企业参与技能型人才培养的基本动力不足，使校企合作流于表面。②

在校企合作过程中，对于企业方，追求经济效益、提升生产效率是其追求的主要目标，校企合作的主要动力是对高质量技术技能型人才的需求以及为学校提供技术创新支撑。但是，学校设置的课程存在重理论、轻实践的现象，学科划分比较明显，学生所学的知识内容紧紧围绕书本或实训手册，而这些多与企业生产实际相脱节。欠缺实际工作经验的在校学生，企业通常安排其参与一些生产性活动或者是无技术要求的操作活动。对于学校方，追求社会公益、提升教学质量是其永恒的主题，校企合作的积极性来源于迫切需要企业参与人才培养教学资源的专业建设、课程开发、专业能力、师资建设及实习实训管理等方面。为有效解决以上问题，特色专业学院需要强化四方面工作。

（一）强化政府主导作用，建立政校行企四方协同合作机制

职业院校与企业的合作实际上是学校与企业之间的一种资源交换与共享，是涉及学校与企业不同实体之间的全方位合作。解决职业院校与企业合作的瓶

---

① 赖红英：《"高铁"开进校园 教师"嫁给"企业——广铁职院广接地气立体育人》，载《中国教育报》2014年5月5日第5版。

② 卞钦、孙林：《新时代职业教育产教融合育人新模式实践探索——以宜兴高等职业技术学校"产教融合园"为例》，载《河南教育（职成教）》2020年第11期，第24–27页。

颈问题就是要建立校企合作的长效合作机制，单纯依靠学校或者企业无法解决问题，还需要充分发挥政府在宏观调控、政策引导及财政资金扶持等方面的主导作用。通过特色专业学院项目建设，实现政府、学校、行业、企业四方办学组织管理协同、"双师型"队伍建设协同、人才培养协同、技术开发协同和资源成果协同，促进政校、行校、企校、校校以及与国际优势核心创新要素的深度融合，建立开发、共享、高效的协同创新育人新模式。

政府主导作用在政策引领、管理规范和协调统筹三个方面得以发挥，政府通过政策引导和财政经费支持来调动行业发挥指导作用、激励企业参与人才培养的积极性。[①] 一是建立强化政校行企协同创新各方功能的组织，政府发挥应有主导作用，牵头成立职业院校人才协同创新培养指导委员会，建立政府、行业、企业和学校共同参与、协同推动的成效运行机制，落实职业院校人才协同创新培养的规划，加强产业发展与人才培养信息引导和服务，搭建政校行企四方协同对接的平台。二是政府制定鼓励行业企业参与职业院校人才培养激励政策，明确政府、行业、企业和职业院校在人才培养方面具体的责任与权益，落实政府财政资金扶持政策的具体措施，激励行业、企业主动承担人才培养任务，积极参与人才培养全过程，促进高职院校校企合作制度化。三是出台规范政校行企协同创新的长效运行的保障文件，明确政府主导和行业指导地位，落实政校行企各方按照法律法规的相关要求，签署协同协议，规范合作行为，保障各方在协同创新中的合法权益，达到实现政校行企四方协同创新的效果。[②]

（二）建立多权力中心的特色专业建设公共治理机构

根据利益相关者理论，对特色专业学院建设的 4 个利益相关者：政府、学校、行业、企业实施多元化管理主体的合作过程，从而建立起调节 4 个利益相关者利益关系的新机制，形成一种联合 4 个利益相关者利益的有力机制。从公共治理理论出发，对于特色专业学院合作体制机制的治理而言，在治理的主体上强调合作的多管理主体，应突破政校行企合作组织治理的范围，特色专业学院的主体可以由来自政府、学校、行业、企业等不同领域、不同层级的组织或个人组成；在治理目标上，以互补、互信、互利、相互依存为基础，通过持续

---

① 王向岭：《政校行企四方联动模式下校企合作长效机制的模型构建与战略思考》，载《南方职业教育学刊》2012 年第 4 期，第 104－108 页。

② 耿洁：《职业教育校企合作体制机制研究》，天津大学 2011 年博士学位论文。

不断地协调政校行企各方利益，求同存异，最终实现经济社会发展和公共利益的最大化；在治理方式上，提倡"建设—培养/服务—实施"等多层级、"政府—学校—行业—企业"等多权力中心的网络化管理，把政府与学校及行业企业等合作组织的关系由传统的单向直线控制关系转变为指导、平等合作的关系，使行业企业能够参与到特色专业学院的管理和决策中。政校行企4个利益相关者在不同建设内容上扮演不同角色，如在实践教学基地建设中，校内基地可由学校实施主导权，校外基地由企业实施主导权，人才培养方案由校行企组成的专业指导委员会制定。实施层多权力中心的政校行企共建网络组织模型结构。（见图1-3）

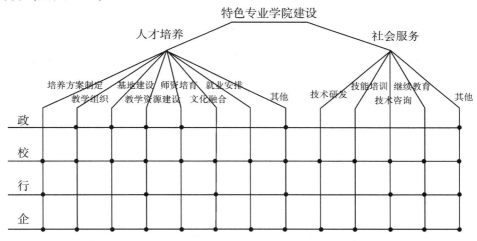

图1-3　政校行企共建特色专业学院实施层网络组织模型

（三）建立贯通一体的特色专业学院校企合作文化

企业与职业院校不同的社会功能决定了其价值取向、文化内涵各有自己特殊的属性。职业院校校园文化是一种教育文化，其目标是利用各类社会资源培养高素质的劳动者和技术技能型人才；而企业文化则是一种经营文化，其目标是为社会提供优质服务的同时追求企业利益的最大化。从某种意义上讲，职业院校校园文化是一种使命文化，而企业文化则是一种责任文化，通过企业文化进课堂、进社团、进教学活动，以及进学生宿舍等模式，使企业文化与职业院校校园文化融合起来将更有利于职业院校为企业、为社会培养更多更好的高素质人才。

校园文化和企业文化的交流和融合，需要深入把握职业院校校园文化的特征，积极吸收优秀企业的文化精髓，以校企合作共育人才为目标、学校教学活动为载体、师生教风学风建设为重点，以制度文化、物质文化、精神文化建设为切入点全面展开。依托深厚行业背景而发展的特色专业学院，需要大力发挥专业与产业对接、师生与员工对接的优势，将优秀企业的竞争意识、创新意识、敬业精神、团队精神融入人才培养中，使学院的教学活动与企业的生产过程相对接，将企业的安全意识、质量文化、竞争文化、诚信文化融入具体教学案例中，在具体的教学活动中宣传企业的创业史、展示企业的竞争优势、传颂企业的精髓文化，用企业的核心价值观与优秀企业文化培养学生的职业操守和职业道德，使学生尽快地融入企业文化、适应企业职业工作要求，形成校企文化贯通一体的特色专业学院特色校园文化，大力提升学生的就业竞争力，提高学生的就业质量。

以专业群为载体建设的特色专业学院，在建设思路上，将携手行业、企业、中职学校全面参与建设方案确定、教学内容实施，充分体现职业教育的校企合作特色；在教育教学改革上，积极探索实践现代学徒制试点，深化产教融合，将教育制度与劳动制度有效地结合，营造人人皆可成才、人人尽展其才的良好环境；在建设模式上体现以重点专业为龙头、相关专业为支撑的政校行企协同建设；在建设内容上，将从体制机制、教学团队建设、人才培养模式及校园文化等方面，围绕"特色"做文章，以特色专业学院的建设促进特色专业及特色专业群内其他专业的发展，凸显学校办学特色，实现专业、教学团队及校企各方的协同发展，提升专业整体竞争力。通过特色专业学院的建设和示范引领，全面推进高等职业教育特色化发展，提升高职教育对产业发展的促进和带动作用，全面提高人才培养质量。

第四节　产教融合之路：现代产业学院

2017年，党的十九大报告提出"深化产教融合、校企合作"的国家战略。同年12月，国务院办公厅发布落实党的十九大报告的具体文件《关于深化产教融合的若干意见》（国办发〔2017〕95号）指出"深化产教融合，促进教育链、人才链与产业链、创新链有机衔接，……引导职业教育资源逐步向产业和人口集聚区集中，校企合作设立产业学院"，明确了职业教育对接产业需求、校企合作提升人才培养质量的目标和方向。在党中央、国务院的指引下，各省为深化产教融合、校企合作纷纷出台系列落实政策和举措，广东省人民政府办公厅于 2018 年 8 月发布《关于深化产教融合的实施意见》（粤府办〔2018〕40 号），要求深化全日制职业院校办学体制改革，推进职业院校与企业、行业、园区联合，出台支持产业学院建设的政策措施，根据行业产业需求整合相关学科专业，组建跨学科、跨专业的产业学院。进一步确定了深化产教融合为现代职业技术教育的必由之路，产业学院建设是实现产教融合的重要载体，是中国进入新时代推动产业转型升级的新举措。开展融入产业聚集开发区、实施职业教育产业学院治理体系建设，对推动产教融合、提高人才培养质量和社会服务水平具有重要意义。

产业学院是以提升高校服务特定产业能力为目标，整合高校、政府、行业、企业资源，建立以应用型人才培养为主，兼有学生创业就业、技术创新、科技服务、继续教育等多功能的、多主体深度融合的新型实体性办学机构。产业学院从早期建设发展至今，不断开拓新功能，扩大服务范围。通过梳理文献，可将产业学院主要的功能概括为以下几个方面：一是促进高校专业建设与产业紧密对接，创新协同育人培养方式，提高学生的就业能力，改善实践教学环境，培养应用型师资队伍；二是服务区域经济、科技建设，促进产教融合；三是服务企业，进行员工培训、技术创新并提供对口人才。调查显示，广东高职院校的产业学院已经投入运行，通过产业学院把生产链和专业群结合在一起，校企共同开发课程、共同育人。[①] 从产业学院功能定位上看，其具有服务区域产业、汇聚各方资源，促进产业园区产业转型升级实现高质量发展，促进教育链、人才链与产业链、创新链有机衔接的重要价值。广东高职院校在政府的主导下，借助地域优势，对接经济开发区产业发展需求与地方政府、行业、大型企业等共建产业学院，兼顾学校、企业、学生、教师以及企业投资方、家长、政府、行业等各方利益，开展产业学院的研究与实践。截至 2020 年，广东各高职院积极借鉴英国"产业大学"建设模式，全省建成切合中国国情、独具特色的产业学院超过 200 个，覆盖 20 多个产业领域。

---

① 陈子季：《以大改革促进大发展推动职业教育全面振兴》，载《中国职业技术教育》2020 年第 1 期，第 5 – 11 页。

一、产业学院研究综述

从《国家中长期教育改革与发展规划纲要（2010—2020）》出台，到各项关于指导和推动政行校企合作的国家相关政策，表明产教深度融合已经上升为国家教育改革与人才资源开发的基本制度安排。产业学院作为运行实体，随着国家相关教育改革政策的不断推演，其在政行校企合作培养人才过程中逐渐成为多功能集合体，其构成要素、运行机制与功能定位成为研究者深入探索的聚焦点。[①] 从知网检索结果来看，到 2020 年以"产业学院"为"主要主题名"共发表学术论文 168 篇，其中 2017 年 12 月以前发表论文达 32 篇，之后呈增长态势，2018 年发表 24 篇，2019 年发表 35 篇，2020 年发表 77 篇（见图 1 - 4）。通过整理这些文献发现，诸多学者对产业学院提出了不同的定义。一是功能性的定义，立足于人才培养的中心目标，产业学院为政府、高校、行业、企业等各主体，以及区域经济发展带来利益与效用。较早的有学者徐秋儿在2007 年发文将产业学院定义为高校为提升人才培养质量、促进工学结合而进行的一种积极探索，是在与企业深度合作基础上建立的以教学为主体的实践教学基地，[②] 强调了产业学院在提高企业生产能力与效益以及培养素质技能型人才方面发挥的作用。在此基础上，2015 年，学者李宝银发文，进一步丰富了产业学院的功能范围并将产业学院限定在高校组织机构当中，即"直接服务于产业和社会发展需要，高校与行业、企业、地方政府等用人单位或组织融合资金、专业、平台、基地、人才、管理等多种合作资源及要素，以行业专门人才培养、企业员工培训、科技研发、文化传承等为共同目标指向而构建的全程融入行业、企业元素的二级学院或以二级学院机制运作的办学机构"[③]。二是组织性定义，将关注的重点聚焦于产业学院本身的组织结构和运行机制方面，是关于产业学院本身是什么的定义。学者朱为鸿在 2018 年发文认为，产业学院是"以资源共享与合作共赢为目标，依托高校建立的具有健全的独立运行

---

① 李艳、王继水：《我国产业学院研究：进程与趋势——基于 CNKI 近 10 年核心期刊的文献研究》，载《中国职业技术教育》2020 年第 3 期，第 22 - 27 页。

② 徐秋儿：《产业学院：高职院校实施工学结合的有效探索》，载《中国高教研究》2007 年第 10 期，第 72 - 73 页。

③ 李宝银、汤凤莲、郑细鸣：《产业学院的功能设计与运行模式》，载《教育评论》2015 年第 11 期，第 3 - 6 页。

机制，服务于某个行业企业的新型办学机构"①，突出了产业学院的独立运行机制、独特的治理结构，并且提出了产业学院分为实体组织与虚拟组织两种办机构，丰富了产业学院的内涵界定。此外，高职院校还有一些学者对产业学院进行狭义性定义，其中中山职业技术学院万伟平对产业学院建设实践进行了较为深刻的研究。他认为，基于区域经济转型和产业升级需要，依托学校重点专业群和特色专业群，与专业镇（区）政府、企业、行业合作，以镇区产业链的人才需求为出发点，有效整合政府的行政资源、行业的信息资源、企业的生产资源、校内的教学科研资源，在专业镇产业园区创建了产业学院。产业学院建设紧紧抓住专业镇的产业特色，将教育资源、办学空间延伸至镇区，将专业办到产业园区，集学历教育、社会培训、技术研发与服务等功能于一体，在企业门口培养高级技术技能人才和提供多种服务，为校企合作办学、合作育人、合作就业、合作发展提供了有效实践平台，为解决学生顶岗实习、就业和兼职教师聘任与管理等问题提供了有效途径。这种合作办学模式也是提高职业院校技能人才培养质量、提升职业教育服务产业能力的一种有益尝试。②

综合学者的观点，将产业学院看作不同主体为了实现各自利益而组成的共生体，基于构成主体的不同作用方式而形成各类运行模式，为紧密对接区域经济发展与地方产业发挥功能，促进政校行企各方资源深度融合，推动多方共建共赢。这些学院是教育实体机构，在进行学历教育的同时，还履行技术研发、员工培训等社会服务职能，这些学院和某一产业或行业高度契合，故称之为"产业学院"③。

二、产业学院模式发展概述

从词源追溯，产业学院最早出现于 1998 年英国教育与就业部策划的产业大学，主要目的是利用现代化的网络技术向企业和个人提供开放式的远程学习

---

① 朱为鸿、彭百飞：《新工科背景下地方本科院校产业学院建设研究》，载《高校教育管理》2018 年第 2 期，第 30 – 37 页。

② 鲍计国：《建立产业学院的必要性研究》，载《天津中德应用技术大学学报》2020 年第 5 期，第 33 – 38 页。

③ 万伟平：《基于产教融合的"镇校企行"合作办学模式实证研究——以中山职院专业镇产业学院建设为例》，载《职教论坛》2015 年第 27 期，第 80 – 84 页。

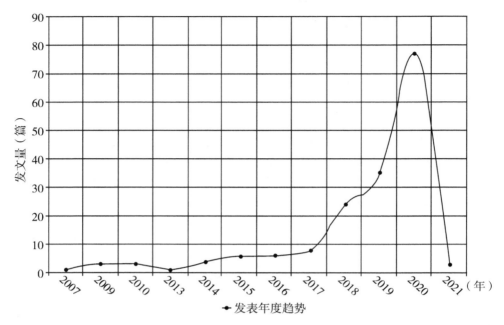

图 1 - 4　CNKI 近 10 年核心期刊发表"产业学院"相关论文数量趋势

方式，提高企业的生产力与个人的就业能力。① 类似于我国高校中的网络教育学院或者广播电视大学，将各利益群体聚集在一起，包括学校、公司、图书馆、零售业、培训与企业理事等，刺激相关部门与组织机构开发各类学习产品，相对普通教育机构而言，其提供的教育产品更为丰富，服务群体更为广泛，基于此，诸多学者将其作为研究我国产业学院的开端和起源。但究其本质，产业大学指向终身教育理念，并且逐渐向着商业机构性质运行发展，而我国产业学院作为新生事物，还尚未脱离其教育"胚胎"的诸多痕迹，虽在服务地方产业发展、对接区域经济共生、提供企业所需产品等方面与产业大学有诸多共同点，但我国的产业学院植根于不同类别高校与在中国特色社会主义市场经济的大背景之下，其目的在于培养适应产业发展、促进产业发展需求的高质量人才。

　　不同的协同育人主体、投资方式和运行管理机制造就了类别多样的产业学

---

　　① 郑琦：《产业学院：一种利益相关者共同治理的高职办学模式》，载《成人教育》2014 年第 3 期，第 62 - 64 页。

院，按照层次、内容、体制等作为划分依据，产业学院展现多类型运行模式。学者李宝银依据不同合作主体在 2015 年发文提出：校企综合型、校企订单型、校行合作型、校地合作型、校会联合型五种产业学院组建方式，是对 2007 年以来零星出现的产业学院研究的理论性总结，成为研究产业学院分类发展的重要文献，具有节点性意义；学者朱为鸿等人在 2018 年则发文从产业学院的功能（资源共享型、产业引领型、共同发展型）、合作要素（集成式、连锁式、多点集成式）、高校类型（高职院校、地方本科院校、研究型高校）等进行产业学院多维度类型划分，归纳出产业学院的不同组合类型和运行模式。综上所述，相关学者对于产业学院类型划分主要包括以下几种方式：一是按照办学层次分为研究型高校、本科产业学院及高职产业学院，第三种在文献中所占比重较大，这几类产业学院的不同定位与运行机制造就产业学院迥异的发展方式。二是基于产业学院的构成主体分类。政府由于参与主体不同可以分为省市层面、县级政府、乡镇政府，镇政府与高职院校有着较为天然的合作优势，因此"专业镇"式产业学院建设实践较为丰富；高校这一主体分为学校、二级学院、专业群、专业四种主要类别，其中老牌产业学院以挂牌于高校原有二级学院较常见；企业这一主体可划分为单个企业、多个企业、龙头企业、产业园区，其中龙头企业和高校龙头专业的"强强联合"常见于有丰富校企合作历史的高校，而近几年成立的新兴产业学院则直接迁至产业园区，具有主动寻求与企业、研究机构等合作的地理优势。三是基于不同领域、产业或专业的分类。建设产业学院的主要领域有旅游类、文化服装类、艺术设计类、农业类、畜牧类、文化艺术类、财务会计类、经济贸易类、机械设计类、食品工业类、电子信息类、计算机类等。四是基于组建的动力来源不同。一种是外发式主导的政府资助类型，例如县域、镇域式产业学院中，政府对产业学院的资金来源、场地设置、专业设置起主导作用；另一种是内发式主导的产业学院，例如由龙头企业资助的应用型本科高校所设置的产业学院，是高校与企业自发合作而组建。这种分类方式是基于不同所有制（是否具有独立法人地位）而进行划分。一类是混合所有制产业学院，由公有资本、产业资本、集体资本、私有资本、外资中两种或两种以上进行投资办学，以服务特定产业为主旨，市场在专业设置与资源配置中占据主导作用；另一类是学校为办学主体，企业参与学院建设与运行，但产业学院仍保持高校二级学院的运行方式。

本科院校建设产业学院，多以"新工科"为背景，立足工程教育自身特点，在相关理论支撑下实施新工科类产业学院运作模式、人才培养、功能创新等内容建设。学者焦以璇在 2018 年以东莞理工学院为例探讨了 4 种产业学院建立与运行模式，归纳出 9 个特色产业学院所形成的产教协同育人新模式；学者李伟等人发文以佛山科技学院为例探讨了"3＋1"工科人才培养模式[①]；学者范立南在 2018 年发文对新工科背景下多方协同进行产业学院的发展机制进行了研究。[②] 另外普通本科高校向应用型高校转变的背景下，将产业学院作为其转型建设主要平台。学者李宝银等人在 2017 年发文提出，产业学院是应用型本科院校转型发展深入探索的结果和关键环节，并从建立组织机构与管理机制、明确建设目标与培养定位、构建育人模式与课程体系等方面阐明应用型本科院校产业学院的建设任务和内容。[③] 学者孙柏璋在 2018 年发文提出，产业学院是应用型本科高校转型发展与行业企业参与高校办学相结合的新型载体。[④]

高职院校为深化产教融合校企合作，积极推进产业学院建设。根据知网文献检索主要以广东省、福建省、浙江省、江苏省等沿海省市的高职院校为重点，其中以广东省的中山职业技术学院为实践案例进行产业学院研究的文献位于各职业院校首位，是排在第二位学校的 4 倍，说明广东省中山职业技术学院的"一镇一品"模式在全国已形成特色品牌，但另一方面也表明我国的产业学院仍处于起步探索阶段，其相关的理论研究与实践建设急需加强。

高职院校产业学院的研究与实践多是基于利益相关者多方协同视角，对政校行企等多方协同的合作机制进行研究，如产业学院运行模式、产业学院中各合作主体所承担的职责定位等进行研究。例如，郑琦在 2014 年以中山职业技术学院为例总结产业学院由中山职业技术学院和产业集聚区政府共同投资创办，形成二元投资启动机制；引入产业企业投入资金或设备形成多元投资主体；签订校企合作协议，以契约精神形成协同育人机制；实施理事会领导下的

① 李伟、叶树林、华蕊：《地方本科院校"3＋1"工科人才培养模式探索》，载《高教论坛》2017 年第 10 期，第 58－61 页。

② 范立南、李佳洋：《新工科视域下多方协同产业学院的共建共管机制研究》，载《教育现代化》2018 年第 1 期，第 129－131、143 页。

③ 李宝银、陈荔、陈美荣：《转型发展中应用型本科院校产业学院建设探究》，载《教育评论》2017 年第 12 期，第 3－6 页。

④ 孙柏璋：《转型发展视阈下福建高校产业学院改革试点研究》，载《教育评论》2018 年第 7 期，第 19－22 页。

院长负责制，形成共同治理运行机制。① 窦小勇在 2020 年以江苏农牧科技职业学院探索产业学院建设为例，提出以学生为中心、产教融合育人，实现学生优质就业自由创业；学校主动对接产业、调整办学思路、完成教书育人使命；企业全程积极参与、创新合作机制、保障自身合理的利益诉求；政府制定专项政策、完善评价激励机制、引导激励校企良性互动。② 明确利益相关者各方责权利。蒋新革在 2020 年以广州科技贸易职业学院（简称为"学院"）为例，总结产业学院运作模式让企业人员成为学校人才培养的主体，直接实施专业建设和学校人才从计划、招生、培养到考核的全过程，通过政府指导和市场调节，以缔结理事会章程，构建校企利益共同体，形成稳定互惠的协同育人运行机制，促进校企紧密联结，实现产业学院的成功组建与运行。③ 姚奇富基于宁波校企合作实践，于 2016 年发文提出，由于组织方式和行为方式的不同组合，高职院校与县域发展形成的共生关系模式表现为多种共生状态，对称互惠一体化共生状态是高职院校与县域共生发展良性共生关系，这一形成过程也是深化"县校协同创新"的过程。④ 另一方面，高职院校对产业学院的专业、课程以及教学方面的研究，多以某一高校具体专业为例，对高职产业学院课程与教学现状进行调查分析，并提出改进措施及建议。例如，唐正玲在 2016 年提出在高职产业学院建设背景下，集系统性、独立性、指向性、开放性等特点于一体的课程群建设方式较大程度上满足了产业学院对明确的产业服务面向、灵敏的市场需求跟进、高效的资源配置与利用、产业服务综合性功能发挥等需求。⑤ 吴湘频以广州科技贸易职业学院通过校企共建"亚马逊跨境电商产业学院"为例，提出产业学院提供教学及实训场地、设备设施、师生资源，跨境电商行业与企业提供企业产品、平台账户、企业导师等实现资源共享，并通过校企合

① 郑琦：《产业学院：一种利益相关者共同治理的高职办学模式》，载《成人教育》2014 年第 3 期，第 62 – 64 页。

② 窦小勇、梁晓军、周斌：《高职院校产业学院建设与发展路径研究——基于利益相关者理论》，载《产业科技创新》2020 年第 28 期，第 110 – 112 页。

③ 蒋新革：《新时代高职产教融合路径的探索与实践》，载《职教论坛》2020 年第 1 期，第 123 – 127 页。

④ 姚奇富、熊惠平、郑琼鸽：《高职教育"县校合作"协同创新机制探析》，载《高等工程教育研究》2016 年第 2 期，第 153 – 157 页。

⑤ 唐正玲：《课程群建设：产业学院建设背景下的课程改革策略》，载《职教通讯》2016 年第 18 期，第 16 – 19 页。

作开发新课程、形成产业学院课程体系的方式，进行深度产教融合。[①] 李燕娥探究了广州城市职业学院高水平专业群建设、企业技术研发和产品升级服务等途径建设推动教育教学高质量发展。[②]此外，还有部分学者对产业学院的师资建设、创新创业建设现状和发展对策进行了分析，例如江门职业技术学院的伍百军在 2020 年发文，在分析产业学院师资特点和困境的基础上，提出了树立人本理念、组建结构合理的师资队伍等产业学院加强师资管理的四个突破点，以实现高职院校产业学院师资可持续发展。[③] 常州工业职业技术学院夏月梅对高职院校创新创业教育教学现状进行了分析，并基于产业学院提出了创新创业教育教学的实践路径：构建分层递进、知行合一的创新创业教育课程体系和实践体系，打造一支过硬的创新创业师资队伍，构建与专业课程相匹配的创新创业课程等。[④]

综上所述，产业学院作为深化产教融合校企合作的新生组织，以个案调查与案例介绍成为主要的研究方式，具体到某一产业学院的实证研究；个案研究占绝大部分，相较于建设实践的介绍，理论研究数量较少且内容多集中于产业学院功能、运行模式、制度逻辑、政策意义、办学体制机制的创新、办学模式、人才培养模式等；经验性的总结较多，但是基于多个院校的综合性宏观性论证和抽象比较少；对产业学院的整体逻辑和规律探究不多；关乎产业学院建设所遵循的共性规律缺乏相应的理论探究。产业学院研究与实践质量有待继续加强，特别是对实践过程中不断出现的热点和难点，要坚持以促进产业学院高质量发展为出发点，结合当前经济社会发展现状，对产业学院的组建、管理与运行等进行研究与实践探讨。

三、产业学院模式建设实践

检索我国产业学院建设历程与现状，可以将产业学院建设分为三个阶段。

[①] 吴湘频：《产教融合培养跨境电商人才的探索与实践——以亚马逊跨境电商产业学院为例》，载《经济师》2019 年第 2 期，第 173 – 174 页。

[②] 李艳娥：《依托产业学院，推动职业教育高质量发展》，载《广州城市职业学院学报》2019 年第 2 期，第 5 – 8 页。

[③] 伍百军：《高职院校产业学院师资管理：困境与突破》，载《职业教育研究》2020 年第 10 期，第 48 – 52 页。

[④] 夏月梅：《基于产业学院的高职院校创新创业教育实践探索》，载《文教资料》2020 年第 21 期，第 145 – 146 页。

一是萌芽起步阶段，大致可以从早期 2003 年知网上第一次出现产业学院报道开始，到 2013 年广东中山职业技术学院与中山市产业镇联合建立四个产业学院。这一阶段产业学院概念在我国尚处于雏形，是基于实践经验的产业学院刚刚起步阶段，主要在长三角与珠三角区域经济发展较快的浙江省与广东省开展，主要探索以地方高职院校与地方企业集团合作，建立二级办学机构，对应企业需求开展人才适应性人才培养。二是探索成长阶段，自 2013 年到 2017 年阶段。这一阶段本科院校及高职院校纷纷开展产业学院建设研究与实践，多是高等院校主动与政府、企业、行业合作，积极开展基于实践经验基础的产业学院办学模式机制保障、产权构成、育人模式等深层次问题探索实践，仍然局限于长三角和珠三角经济发达的浙江与广东区域。三是蓬勃发展阶段，是以党的十九大召开为标志。党的十九大报告提出"深化产教融合、校企合作"，从国家战略明确职业教育发展定位，全面推动产教融合路径探索建设。同年，国务院《关于深化产教融合的若干意见》对职业教育未来发展的路径给出清晰指示，明确校企联合设立产业学院，落实产业链、教育链、人才链与创新链的有效衔接。2020 年 8 月，教育部办公厅、工业和信息化部办公厅联合印发《现代产业学院建设指南（试行）》，明确提出以区域产业发展急需为牵引，面向行业特色鲜明、与产业联系紧密的高校，重点是应用型高校，建设一批现代产业学院。国家系列文件的出台，在全国形成产业学院建设的大好氛围及积极发展态势，全面促使了产业学院进入蓬勃发展的新阶段。

广东积极响应对接国家方针政策，围绕广东战略性产业集群发展需求，2018 年出台《广东省人民政府办公厅关于深化产教融合的实施意见》，明确要求及时出台支持产业学院建设的政策措施，推动新工科建设再发展、再深化，培养适应和引领现代产业发展的高素质应用型、复合型、创新型人才，支撑广东在全面建设社会主义现代化国家新征程中走在全国前列。同年，广州市出台《"广州市产教融合示范区"建设方案（2018—2020 年)》，明确组建若干产业学院的工作任务，推动市属高等院校积极探索大力开展产业学院建设。

（一）广东省本科院校产业学院试点成效

广东本科院校已有 130 多个产业学院挂牌，并分两批次、高标准遴选出 26 个省级示范性产业学院。广东现代产业学院建设经验被教育部收录为全国本科教育优秀案例，被誉为新工科建设的"广东方案"。

1. 华南理工大学微电子学院

该学院成立于 2018 年，遵循一切服务于产业的基本方针，坚持从产业中来，到产业中去，面向粤港澳大湾区电子信息技术发展需求，采用"双院同岗"的建设模式，实现微电子学院在产学深度融合、人才培养架构、师资队伍建设、大湾区微电子关键技术服务平台等方面的示范性和引领性，为实现国家集成电路发展战略提供人才保障，培养具有创新能力和实践能力的高素质人才，建设集成电路及微电子领域世界一流水平的创新高地和人才培养基地。2019 年，微电子学院入选广东省首批示范性产业学院。

微电子学院在产学研合作方面，建设校企合作的有效机制，采用面向企业需要的工程应用型人才课程体系与培养架构，开设企业专家讲堂，建设校企合作课程，形成学生、学校、企业三赢模式的人才培养模式。在师资队伍建设中以产学研为桥梁，建立教师与企业专家的互通机制，建成 1/3 的教师是国际化高层次人才引进的学者，1/3 的教师是从知名龙头企业聘请的高级技术专家，1/3 的教师来源于学校培养的现有教师。在构建关键技术服务平台上，联合大湾区龙头企业、相关专业优势高校，建设有集成电路产学研融合协同育人建有 2 个国家级、5 个省级工程中心、研究中心和实验室，覆盖了"设计—制造—封测—整机"集成电路全产业链。为创新团队、创新项目孵化提供软硬件平台及场地支持，发挥大湾区微电子关键技术发展的平台纽带作用。

2. 华南农业大学—温氏集团产业学院

该学院成立于 2016 年，旨在培养畜牧业发展急需的高素质创新人才，温氏集团每年为学院投入 80 万元，并提供场地、设备、人员等支持，实行"独立招生、独立授课、独立教学计划、独立教学大纲"，创立了一套成熟的"六共同"培养模式，包括共同制订和实施人才培养方案、共同使用学术资源、共同承担课程教学、共同实施"学校课程学习＋企业课程学习＋公司实习"三位一体联动机制、共同创立奖教助学制度、共同实施双评价质量监控，合作成效得到社会广泛认可。2019 年，获批广东省首批示范性产业学院。

3. 东莞理工学院粤港机器人学院

该学院成立于 2015 年 9 月，是顺应智能制造对机器人高级应用人才的巨大需求，与东莞松山湖国际机器人产业基地、香港科技大学、广东工业大学联合创办的一所集新工科人才培养、科技研发、社会服务、创新创业等功能于一体的现代产业学院（见图 1 - 5）。2019 年，学院入选广东省首批示范性产业学院。

粤港机器人学院立足跨境跨校组建，将机械设计制造及其自动化、自动化、电子信息工程、软件工程等专业交叉融合起来，精选精增特色领域课程，引入案例式、研讨式、理实结合情境式等教学方法，鼓励学生到基地和企业调研、实习，培养学生实际动手能力，建有 2 个省级、6 个校级学生创新中心、研究中心和实验室。在全国大学生 RoboCon（RC）机器人大赛总决赛中学生连续三年获得国家一等奖，2018 年更是斩获全国季军。

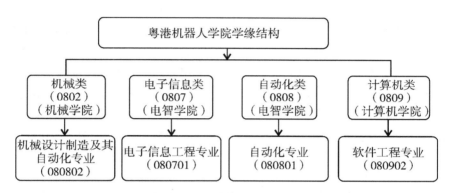

图 1 - 5　东莞理工学院粤港机器人学院学缘结构

（二）广东省职业院校产业学院试点成效

广东省职业院校产业学院建设起步较早，成效显著，有的高职院校在地方政府支持下对接地方产业融入企业建设产业学院，如中山职业技术学院对接中山市产业镇建设 4 家产业学院，促进了更深层次的校企合作；有的高职院校引进优质企业到学校共建产业学院，如广东轻工职业技术学院，注重提升服务能力；也有的高职院校主动融入产业园区对接产业链建设产业学院，如广州市属公办院校对接广州市国家经济开发区产业园区建设 7 家产业学院，助力产业转型升级。广东省高职院校产业学院多年建设实践，形成了"匹配区域产业发展需求是产业学院建设运行的前提，创新职业教育人才培养模式是产业学院的必然追求，以产业为纽带的产教融合是产业学院建设的基本途径"。产业学院有效利用产业园区企业资源，实现"双师型"素质队伍的建设及工匠精神的养成，全面缩短各方的"时空距离"和"心理距离"，实现"精准育人"，为加快建设实体经济、科技创新、现代金融、人力资源协同发展的产业体系夯基强体。

1. 中山职业技术学院产业学院

中山职业技术学院与地方政府合作，在镇区共建了 4 所校企合作的专业镇产业学院，学校和镇（区）政府是专业镇产业学院的主导力量，第三方办学主体为镇（区）政府的"1 + N"，其中"1"为镇（区）行会或龙头企业，"N"为众多参与的中小微企业，大大促进了学校与区域经济的匹配，以及工学结合人才培养模式的创新。中山职业技术学院与镇（区）共建专业镇产业学院的探索实践引起了《中国教育报》《南方日报》及人民网、中国高职高专教育网等各级媒体的广泛关注，多次予以报道。在数年的专业镇产业学院办学实践中，学校产生了一批研究成果，其创新探索实践在客观上为相关专业的教改提供了一种校企合作的新平台、新动能、新模式，在一定程度上破解了新办高职院校校企合作难的局面。①

中山职业技术学院深入镇区在校企合作企业里建设的 4 个专业镇产业学院，分布在最具有产业代表性的小榄镇、古镇镇、沙溪镇和南区街道，在镇（区）政府的有效介入下，逐步构建了长效运行机制，深化了校企合作的层次，提升了学生学习质量。进入产业学院的学生，在协议单位参加顶岗实习，由于政府的有效介入而得到较好的顶岗实习机会及锻炼。参与产业学院建设的企业接纳实习生的成本降低，愿意接纳在产业学院学习过的学生在相应岗位顶岗实习，学生在顶岗实习的待遇水平上有了较大提升。其结果使得企业在学生顶岗实习阶段给予了保障，学生更换单位的比例只有 13.2%，远低于全国的平均水平，学校、企业和学生的利益都得到了保障。②

2. 广东轻工职业技术学院产业学院

广东轻工职业技术学院联合广东轻工职教集团、广东省教育厅、麦可思教育研究院等加强了对行业企业发展趋势的研究，对接广东省现代服务业、佛山市和南海高端制造业及其未来发展，积极探索校企混合所有办学模式，多管齐下推进"一群一院一联盟"产业学院建设，推动产教共享资源、共建师资、共育人才，为企业提供技术服务和培养创新型技术技能人才，为行业提供在岗

---

① 刘启意、陈志峰：《基于多元办学主体的专业镇产业学院可持续发展研究——以中山职院专业镇产业学院为例》，载《教育科学论坛》2020 年第 36 期，第 29 – 33 页。

② 欧阳育良、吴晓志：《政府有效介入下职业教育校企合作长效机制创新实践》，载《中国职业技术教育》2015 年第 30 期，第 64 – 69 页。

人员培训。行业型产业学院往往不局限于某个企业，而是面向行业会员企业，为其提供人才培养和输送、技术服务、员工培训等行业技术技能人力资源提升的整套解决方案。打造了校企互通的师资队伍，创新了育训结合的学徒制人才培养模式，建立了适合"工学结合"的教学管理制度和校企合作机制，为企业培养了一批优秀员工。广东轻工职业技术学院获得国家教学成果二等奖。①

广东轻工职业技术学院以服务轻工行业、广东相关产业集群发展为宗旨，立足轻工，面向生活产业，对接现代服务业、先进制造业、高端新型电子信息、生物医药等支柱产业以及节能环保、新能源等优势产业，大刀阔斧进行院（系）设置调整，撤销原有系，建立轻化工技术学院、机电技术学院等多个二级学院，依托二级学院中的优势专业（专业群），瞄准世界 500 强企业，与各领域的龙头企业合作，大力推动专业的交叉融合发展，打造并形成轻化工技术、机电技术、食品与生物技术等专业群，紧密对接产业群、产业链，实施引企入校、人财事权下放，带动相关专业产教融合的发展，由此打造"专业—产业学院—专业群"紧密对接产业群的良性链条，如依托机电一体化、电气自动化技术等优势专业，与广州达意隆包装机械股份有限公司达成建立达意隆智能装备产业学院，开展现代学徒制及共建国家级工程中心和国家级实验室方面的合作协议；依托食品与生物技术等专业建设 SGS 测试学院；带动学校建筑装饰材料及检测、工业分析技术、环境监测与治理技术等专业的加入与发展等，通过优势专业（群）对接产业群，先后成立化妆品学院、雷诺钟表学院、SGS 测试学院、白天鹅学院等 10 个产业学院，促进跨界深度融合，增强了办学活力，逐步改造专业教学及人才培养、供应的整个链条。②

3. 广州科技贸易职业学院产业学院

学院积极探索产教融合建设路径，推动产业学院的建设，2018 年依托广州市教育局与广州市开发区共建"产教融合示范区"的契机，主动融入开发区产业园区实时开展"动漫游戏产业学院、开发区科学城产业学院"建设。其依托"将产业学院建在产业园区，将专业群建在产业链上"建设理念，采取"四元协同、五创并举"建设模式，实施"两对接两访问三落实"建设举

① 李国杰：《多元主体参与办学模式下产业学院内部运作机制研究》，载《教育科学论坛》2020年第 18 期，第 37 - 40 页。

② 卢坤建、周红莉、李作为：《产业学院推进产教深度融合的实践探索——以广东轻工职业技术学院为例》，载《职业技术教育》2017 年第 23 期，第 14 - 17 页。

措，构建"四实"治理体系，建立"两制三育一体系"教学组织，形成"1+X"育训融合培养模式，2020年获得企业2000余万元设备投入，取得了2个连番2个突破2个首创的良好效果。其一，产业学院规模从2018年最初的11个专业789名学生到2019年24个专业1200名，再到2020年2400余名学生，在开发区就业学生比例由5%到15%，再到30%，实现年年翻番；其二，与开发区企业合作建立研究所实施技术创新获得广东省科技进步一等奖，首次实现广东省高职院校在此奖项上零的突破，智能制造技术开发与应用获全国高职院校优秀案例20强；其三，与开发区企业首创开展省级无人机技能竞赛且连续两年获得省赛第一名，联合大湾区百家职校与企业首创成立"大湾区现代产业学院联盟"。

为加快现代职业教育体系建设，2017年，广州市面向黄埔开发区启动"广州市高等职业教育产教融合示范区建设项目"，布局建设若干紧密对接开发区支柱产业和优势企业需求的产业学院，深化产教融合、校企合作，更好地发挥广州市属公办高职院校服务地方经济社会发展的作用。2018年5月，广州科技贸易职业学院立足高起点高质量建产业学院，经过对广州市黄埔开发区行业企业调研，依据自有专业特点，坚持有所为有所不为原则，决定对接开发区科学城的产业布局、按照全产业链的思路建设开发区科学城产业学院。遵循利益相关者理论，构建了受章程约束的政府、学校、企业及社会专家等利益相关者参加的"理事会"共同治理组织构架及内部机制，对接科学城产业链上游产品创意设计行业设置艺术设计类专业群、对接产业链中游产品制作行业设置智能制作专业群、对接产业链下游产品的营销服务行业设置商贸管理类专业群，企业人员成为学校人才培养的主体，将产业学院建设成产业园与学校二元主体建设、二级学院与企业二元管理、企业师傅与学校专任教师二元教学以及学生与员工二元身份衔接的四维二元相融合校企产学研育人基地，直接实施专业建设和从计划、招生、培养到考核的全过程，构建"两制三育一体系"改革教学组织模式，大力开展现代学徒制、学分制改革，促进学生素质教育、创新教育、技术教育"三育"能力提升，构建政校行企多方、多元人才培养质量评价体系，形成同步运转、相互支撑的运行机制，极大地丰富了产教融合内涵；通过政府指导和市场调节，促进校企紧密联结，实现产业学院的成功组建与运行，全面提高产教融合成效（见图1-6）。广州科技贸易职业技术学院现代产业学院的建设实践，得到了国家发改委、社科院及兄弟省份的关注并组团到产教融合示范区及产学院开展调研及交流，在全国产生了较好的示范效果，为产教融合基地建设奠定了坚实的基础。

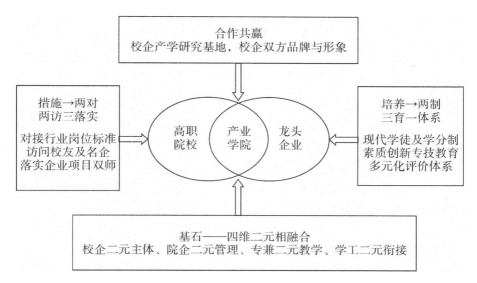

图 1-6　产业学院建设策略

产业学院是校企合作、产教融合的重要模式。在产业学院建设过程中，匹配区域产业发展需求是产业学院建设运行的前提，创新职业教育人才培养模式是产业学院的必然追求，以产业为纽带的产教融合是产业学院建设基本途径。产业学院有效利用产业园区企业资源，实现"双师型"素质队伍的建设及工匠精神的养成，全面缩短各方的"时空距离"和"心理距离"，实现"精准育人"。创新教育组织形态建设产业学院，形成政府、企业、学校、行业、社会协同推进的工作格局，为加快建设实体经济、科技创新、现代金融、人力资源协同发展的产业体系，增强了产业核心竞争力，提高了人才培养质量。在对高等职业教育发展进程梳理的基础上，对比分析高等职业院校探索产教融合、校企合作的路径，"双师型"工作室共育路径、特色学院特色路径及产业学院融合路径等不同类型产教融合发展路径，基于利益相关者理论形成新时代高职深化产教融合的产业学院建设路径，为高等职业技术教育提供有益经验。①

---

① 蒋新革：《新时代高职产教融合路径的探索与实践》，载《职教论坛》2020 年第 1 期，第 123-127 页。

附录　产教融合路径研究成果*
——新时代高职产教融合路径的探索与实践

[摘　要] 新时代产业发展正处于产业转型升级的战略机遇期，对高职产教融合提出了新的人才培养使命与要求。在对高等职业教育发展进程梳理的基础上，对比分析高等职业院校探索产教融合、校企合作的路径，"双师型"工作室共育路径，特色学院特色路径，专业学院多元路径，以及产业学院融合路径等不同类型产教融合发展路径，基于利益相关者理论形成新时代高职深化产教融合的产业学院建设路径，为高等职业技术教育提供有益经验。

[关键词] 高职院校　产教融合　工作室　特色学院　专业学院　产业学院

以产业转型升级为特征的社会发展格局是新时代的重要特征，进一步强调技术创新和进步为核心，关注集聚、高效、协同、自主创新及开放，对高职产教融合提出了新的人才培养使命与要求。走产教融合的发展之路，与地方政府、行业、大型企业等共建产业学院[1]，兼顾学校、企业、学生、教师，以及企业投资方、家长、政府、行业等各方利益，融入产业园区对接产业链建设专业，落实精准培育人才，促进产业园区产业转型升级实现高质量发展，促进教育链、人才链与产业链、创新链有机衔接。广州科技贸易职业学院借助地域优势，依托珠江三角洲完整的产业链条与优质合作企业，面向粤港澳大湾区建设，在产教融合的路径研究与实践上积极探索，为职业教育写下奋进之笔。

---

* 本文发表在《职教论坛》2020 年第 1 期第 123 – 127 页。国家社会科学基金"十三五"规划 2018 年度教育学一般课题"产教融合视阈下产业学院育人模式研究"（编号：BJA180105）。本文作者蒋新革（1967—），男，江苏泰兴人，广州科技贸易职业学院院长、教授、硕士生导师，研究方向为高等职业教育、计算机应用技术。

一、深化产教融合是高等职业技术教育发展的必由之路

2014 年 5 月，国家发布《关于加快发展现代职业教育的决定》，确定了职业教育使命是培养数以亿计的高素质劳动者和技术技能人才，明确了职业教育人才培养途径是深化产教融合、校企合作。2017 年 12 月，为深入贯彻落实第十九届代表大会报告明确的"完善职业教育和培训体系，深化产教融合校企合作"战略发展任务，国家及时出台《国务院办公厅关于深化产教融合的若干意见》，其中指出"深化产教融合，是当前推进人力资源供给侧结构性改革的迫切要求"。2019 年 1 月发布的《国家职业教育改革实施方案》（国发 2019 年 4 号）更是直接指出"进入新时代，随时我国产业升级和经济结构调整不断加快，职业教育重要地位和作用越来越凸显"。国家对职业教育的重视，进而不断发文明确深化产教融合是现代职业技术教育的必由之路，一方面缘于我国产业升级、经济结构调整的现实需要，在由传统产业转向新兴产业的过程中，传统产业要完成技术革命与生产革新，存量产业工人要完成新型技术与能力的培训，同时新出现的以云计算、物联网、大数据及人工智能为代表的新经济、新业态又要求增量产业工人去匹配。另一方面由职业教育的规律决定，姜大源先生指出倡导具有两个或两个以上学习地点的职业教育，不仅跨越了职业与教育的视域，而且跨越了企业和学校的境域，还跨越了工作与学习的界域[2]，基于终身学习的理念，职业教育为社会成员提供更多的职业培训机会，满足他们岗位转换、再就业、创业、提升职业技能等多种要求。[3]新时代经济发展的现实为职业教育提出了新问题，即职业教育不能按老路子单独完成对技术技能人才的培养，而要融合产业与企业共同完成技术技能人才的培养。

二、高等职业教育深化产教融合的探索

产教融合校企合作是高等职业教育发展和改革的基本理念，落实深化产教融合、校企合作需要高职院校在办学模式、人才培养模式、技术服务模式等方面进行系统改革[4]，实现政校行企共同育人的体制机制创新。在政府层面，要求完善法律法规体系，建立政府资源平台；在企业层面，要求确定行业标准与岗位标准，落实培养开发学生岗位能力的职责；在学校层面，要完善服务对接制度，协调落实共建措施，稳步推进育人措施落地，实现精准培养人才。改

革开放以来，我国职业院校遵循产业发展规律与技术技能人才培养内在规律，通过政校行企协同育人机制创新与改革，在职业教育的不同阶段，实现了产教融合的不同类型的路径研究与实践，即"双师型"工作室的共育路径、特色学院的特色路径、专业学院的多元路径与产业学院的融合路径。

（一）"双师型"工作室——产教融合的共育路径

工作室教学模式起源于1919年成立于德国的包豪斯设计学院，先是为我国艺术类本科院校引入，其后为东部沿海地区职业院校相继引入。职业院校以自有实训室为依托，通过建立工作室激发教师引入企业真实工作项目实现"做中学"，激发教师与学生的教学积极性，对职业教育人才培养质量的提升起到积极作用。职业院校学生进校后经过一学期或一年初步课程学习，通过双向选择进入工作室，在工作室中一面学习理论课，一面按照作坊式项目学习手工艺，期满开展项目式考试。进入工作室学习的师生不以"老师、学生"称呼，而是互称"师傅、技工、学徒"，学习过程就是生产过程，学生的作品就是作坊的产品。

在我国近20年职教改革中工作室模式备受关注，国家骨干高职院校——广州铁路职业技术学院借鉴工作室理念，2009年率先打破内部实验室管理模式局限，以专业实训室为依托，校企联合共建"学校名师"与"企业工程师"双冠名的"双师型"工作室，搭建校企深度合作平台。在"双师型"工作室建设及运营过程中，构建了产教融合共育人才路径，形成"学生专业训练、技能大赛培育、企业技术开发和教师培训"四位一体的协同育人新模式，探索实践了创新型人才培养与社会服务相结合的"双师型"工作室协同育人新体系。[5]

（二）特色专业学院——产教融合的特色路径

我国高等职业教育随着新中国经济社会的发展逐步发展起来，特别是经过改革开放40年建设得到快速发展，有力支持国民经济发展。自20世纪80年代国家通过"三改一补"支持高等职业教育快步发展以来，短短几十年时间，高职院校快速扩展至1400余所，在校生规模占据高等教育半壁江山，为国家经济社会发展起到巨大支撑作用。在高职院校发展的同时，学校专业建设的趋同问题愈加突出，对此部分省市及时出台相应策略，引导高职院校创新机制体制差异化、特色化发展。

2012 年，广州市根据国民经济和社会发展规划纲要以及产业体系的要求，教育局牵头统筹广州市属高职院校主动适应广州市产业结构调整升级需要，联合行业企业对接产业建设特色学院，形成一学院对应一产业，借政企之力，建立有利于专业群特色发展的"职业教育特区"，促进校企深度合作，开启产教融合的特色探索，实施"特区"特殊的协同创新机制体制建设，打造"人才培养、就业创业、社会服务"三位一体的特色专业学院，调动政府、行业及企业参与的积极性，激发企业主动参与人才培养质量，激发学校积极参与服务企业技术研发，提高高等职业教育服务本市经济社会发展的能力。[6]

（三）专业学院——产教融合的多元路径

为配合国家产业升级战略及国际经济外向发展战略，升级的产业技术技能人才与外向经济发展要求的国际人才储备成为必然，2019 年国家及时确定国家战略：高等职业技术教育扩招 100 万。[7]国家，省、自治区、直辖市等各级政府出台的高等职业技术教育扩招工作方案明确要求，本次高职扩招关注生源实施差异化录取方式，强化教师团队落实因材施教，创新人才培养模式，深化产教融合，夯实人才培养质量。广东省结合区域产业发展、面向粤港澳大湾区建设需求，充分发挥公办高职院校的力量，及时出台激励措施，采取高职院校与中职院校联合合作企业一起组建专业学院，统筹各方资源积极承担百万扩招战略任务，取到较好成效。

广东省结合自身特点，由 47 所公办高职院校会同办学水平及社会认可度较高的国家或省级示范性中专学校试点，采取"推荐 + 测试"自主招生方式试点。百万高职扩招根据生源特点，采取春季与秋季两季招生、两季入学的差异化方式进行，扩招生源包括普通高中毕业生、中职生、退役军人、下岗职工、农民工等群体，基本涵盖了我国当前劳动力市场方方面面，为进一步提升劳动力市场人才质量奠定了全面的基础。针对专业学院多元化生源情况，各高职院充分发挥多年办学经验与特色，积极搭建中职、高职与企业合作联盟，通过组建职教集团、共建共享职教基地、与合作企业一起构建多元师资团队，将有企业工作经历的技术技能突出的实践型教师充实到教学团队中来，建立能工巧匠及企业大师引领的"双师型"素质团队统筹各方教育资源，夯实校企合作、深化产教融合，积极以开展现代学徒制试点、"1 + X"证书、学分制银行等人才培养模式改革为抓手，实现面向市场和社会、进行工学交替的产教融合型人才培养路径。

（四）产业学院——产教融合的融合路径

梳理职业教育发展进程，由于受体制机制等多种因素影响，学校培养的人才与企业产业需求人才存在较大不同，"两张皮"问题仍然存在。2017 年，国务院出台的《关于深化产教融合的若干意见》对职业教育未来发展的路径给出清晰指示，明确校企联合设立产业学院；2018 年，广东省颁发《关于深化产教融合的实施意见》，要求及时出台支持产业学院建设的政策措施；同年，广州市出台《产教融合示范区建设方案》，明确组建若干产业学院的工作任务。上述三者已形成了一个完整的"产教融合、校企合作"逻辑链。

在产业结构的转型升级与优化的国家战略背景与政策背景下，融入产业园区对接产业链建设产业学院成为高职教育实现产教融合的重要载体，是当前推进人力资源供给侧结构性改革的迫切要求，更是完成教育链、产业链、创新链与人才链的链接途径，其特征都源于产业学院位于产业链、教育链与创新链三链重叠区（见图 1-7）。

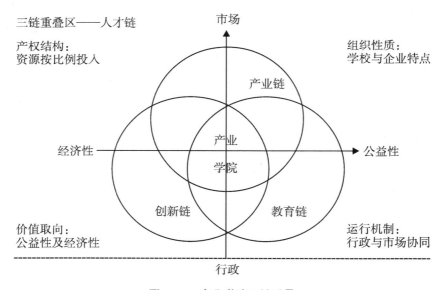

图 1-7　产业学院三链重叠

图 1-7 中重叠区域实现知识流、信息流、资源流的高度集成，体现产业学院具有学校与企业的多元产权结构、教育机构与企业特点的双重组织性质、

教育公益性与企业经济效益的双重价值取向、行政管理与市场管理双轨运行机制的特征，对新形势下全面提高教育质量、推进经济转型升级、培育经济发展新动能具有重要意义[8]。国外有英国的产业大学，其在 1998 年开始策划和酝酿，2000 年正式运营；国内的有浙江经济职业技术学院的物流产业学院，其实现生产、培训、研发、生活四大功能；上海工艺美术职业学院市场营销传播学院，与 WPP 集团实行双主体体制办学；中山职业技术学院的古镇灯饰学院、沙溪服装学院、南区电梯学院和小榄工商学院，采取"三位一体、全程互动"模式建产业学院，实现"一镇一品一专业"；广东轻工职业技术学院的化妆品学院、雷诺钟表学院，面向生活产业，把人财事权下放，创新产业学院建设模式。一系列的实践探索为建设产业学院、实现产教融合，提供人才培养质量进行了各种有益的实践探索。

校企合作、产教融合成为高职教育人才培养的必由之路，在国家政策及理论研究的引领下，职业院校探索的"双师型"工作室的共育路径、特色学院的特色路径、专业学院的多元路径与产业学院的融合路径各有侧重（见表 1 - 4），综合比较产业学院由单一动作到全流程合作的校企合作，其在实施主体、师资、场地等 6 个维度上突出企业主体作用、发挥企业实践育人长处、激发企业能工巧匠内在动力、落实人才培养质量，逐渐成为校企合作、产教融合人才培养模式的积极实践。

表 1 - 4　四种产教融合路径对比

路径	实施主体	师资	场地	身份	评价主体	特征
工作室	学校＋企业	教师＋工程师	实训室	学生＋	教师	项目
特色学院	学校＋企业	教师＋工匠	学校＋企业	学生＋	学校	混合式
专业学院	高中职＋企业	教师＋工匠	学校＋企业	学生＋	学校	混合式
产业学院	企业＋学校	师傅＋教师	产业园	学生＋员工	企业＋学校	生产

三、广州科技贸易职业学院产业学院建设实践

国家中心城市、粤港澳大湾区建设核心城市广州市，为加快现代职业教育体系建设，2018 年面向开发区启动"广州市高等职业教育产教融合示范区建

设项目"，布局建设若干紧密对接开发区支柱产业和优势企业需求的产业学院，深化产教融合、校企合作，更好地发挥广州市属公办高职院校服务地方经济社会发展的作用。2018年5月，广州科技贸易职业学院产业学院获批立项，成为进入"产教融合示范区"的广州市产业学院重点建设项目之一。

（一）产业学院建设思路

按照"把学校建在产业园区、把专业建在产业链上"的理念，立足高起点高质量建产业学院，经过对广州市开发区行业企业调研，学校依据自有专业特点，按照有所为有所不为原则，决定对接开发区科学城产业布局、按照全产业链的思路建设开发区科学城产业学院。开发区科学城产业学院对接科学城产业链上游产品创意设计行业设置艺术设计类专业群、对接产业链中游产品制作行业设置智能制作专业群、对接产业链下游产品的营销服务行业设置商贸管理类专业群。开发区科学城产业学院建设理论基础依托美国学者弗里曼（Freeman）的利益相关者理论（Stakeholder Corporate Governance Theory），构建了受章程约束的政府、学校、企业及社会专家等利益相关者参加组织的"理事会"共同治理[9]，设计并实现产业学院的组织构架及内部机制的创新（见图1 - 8）。产业学院运作模式让企业人员成为学校人才培养的主体，直接实施专业建设和学校人才从计划、招生、培养到考核的全过程，通过政府指导和市场调节，以缔结理事会章程构建校企利益共同体，形成稳定互惠的协同育人运行机制，促进校企紧密联结，实现产业学院的成功组建与运行。

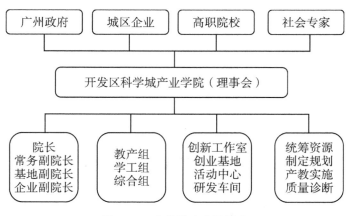

图1-8　产业学院建设思路

（二）产业学院建设策略

学院把专业建在产业链上、把学校建在产业园区的产业学院本着深化产教融合的建设目标，在所有入园专业中开展"两对两访三落实"活动与"两制三育一体系"改革，将产业学院建设成产业园与学校二元主体建设、二级学院与企业二元管理、企业师傅与学校专任教师二元教学，以及学生与员工二元身份衔接的四维二元相融合校企产学研育人基地。"两对两访三落实"活动通过制定方案要求专业教师带着专业建设目标和方案访问开发区优质合作企业与学校优秀毕业生校友，基于访问企业与校友合作制定专业对接行业标准、课程对接岗位标准，进而将企业优质资源、项目开发任务、产业岗位技术师傅等落实在人才培养的教学活动中，学校采取服务共建、成本补偿、宣传表彰等做法积极推进政策的制定。产业学院立足全面提高产教融合成效，构建"两制三育一体系"改革教学组织模式，大力开展现代学徒制、学分制改革，促进学生素质、创新、技术"三育"能力提升，构建政校行企多方、多元人才培养质量评价体系，形成同步运转、相互支撑的运行机制，极大地丰富了校企融合内涵，明确了高职人才培养模式改革的方向。

2019年，产业学院"两对两访三落实"活动访问企业87家、访问校友103位，对接行业标准24个、岗位标准63个，落实合作企业32家、真实项目51个、企业教师65位，表彰优秀合作企业7家，建成省级协同创新中心和科研创新团队各1个：产业学院成为华南师范大学职业教育教师培训基地，其打造的校企产学研基地可较好提升校企双方品牌与形象。产业学院电子信息工程专业教学团队在与企业合作的项目中荣获2018年度广东省科技创新一等奖，实现校企合作共赢。

四、结束语

产业学院是校企合作、产教融合的重要模式。在产业学院建设过程中，匹配区域产业发展需求是产业学院建设运行的前提，创新职业教育人才培养模式是产业学院的必然追求，以产业为纽带的产教融合是产业学院建设基本途径。产业学院有效利用产业园区企业资源，实现"双师型"素质队伍的建设及工匠精神的养成，全面缩短各方的"时空距离"和"心理距离"，实现"精准育人"，为加快建设实体经济、科技创新、现代金融、人力资源协同发展的产业体系，增强了产业核心竞争力。创新教育组织形态建设产业学院，形成政府、企业、学校、行业、社会协同推进的工作格局，提高了人才培养质量。

参考文献

[1] 李宝银，汤凤莲，郑细鸣. 产业学院的功能设计与运行模式 [J]. 教育评论，2015 (11)：3 – 6.

[2] 孟凡华. 对职业教育精要之义的思辨——姜大源论著《职业教育要义》评析 [J]. 职业技术教育，2017 (18)：62 – 65.

[3] 聂文俊. 中国职业教育哲学发展的历史之维与未来展望 [J]. 职业技术教育，2018 (19)：6 – 11.

[4] 李小娃. 新时代高职院校发展的模式转型与路径建构 [J]. 高等职业教育探索，2019 (6)：29 – 33.

[5] 蒋新萃，牛东育. "学赛研培" 四位一体的双师工作室协同育人模式研究 [J]. 中国职业技术教育，2016 (26)：44 – 48.

[6] 蒋新萃，李营，苏丹. 协同创新视域下的特色专业学院的研究与实践 [J]. 职教论坛，2015 (12)：76 – 80.

[7] 余祖光. 以改革促发展的思路为高扩招做好必要准备 [J]. 教育与职业，2019 (16)：5 – 9.

[8] 胡文龙. 论产业学院组织制度创新的逻辑：三链融合的视角 [J]. 高等工程教育研究，2018 (3)：13 – 17.

[9] 焦磊. 高等教育利益相关者理论研究的进路 [J]. 高教发展与评估，2018 (4)：1 – 8.

第二章 现代产业学院治理体系建设

高职教育产教融合路径随着我国产业发展对人才需求的变化而不断演进，并在职业教育现代化的过程中遵循职业教育的内在规律升级演进。现代产业学院是职业教育产教融合的现代组织形态，与其他的产教融合路径相比不仅表现在外在组织结构上的差异，更多地表现在其内在的治理体系及由此决定的运行机制的不同。

第一节 治理体系综述

一、治理体系内涵

党的十八届三中全会《中共中央关于全面深化改革若干重大问题的决定》提出："全面深化改革的总目标是完善和发展中国特色社会主义制度，推进国家治理体系和治理能力现代化"①，习近平总书记重要讲话中对此有较全面论述：国家治理体系和治理能力，是一个国家制度和制度执行能力的集中体现，国家治理体系是在党领导下管理国家的制度体系，包括经济、政治、文化、社会、生态文明和党的建设等各领域的体制机制、法律法规安排，是一整套紧密相连、相互协调的国家制度；国家治理能力则是运用国家制度管理社会各方面事务的能力，包括改革发展稳定、内政外交、国防、治党治国治军等各个方面；这二者是一个内外联系的整体，互相影响，治理体系安排并落实好了，治理能力一定会得到提高，治理能力提高了，治理体系又会进一步完善，并充分

---

① 《中共中央关于全面深化改革若干重大问题的决定》，载《求是》2013 年第 22 期。

发挥效能。所以说国家治理体系是源头，由其派生出各级社会组织及机构的治理体系并决定各级组织与机构的治理水平。现代产业学院是一个产教融合型的组织，其治理体系及其治理水平皆源自国家及社会的治理体系及治理水平的现代化。

（一）"治理"的内涵

治理的概念是由美国学者在 20 世纪 80 年代较为系统地提出和慢慢发展起来的，主要是针对政府的统治行为权及社会管理权，并由此产生的对国家与社会有效统治与管理而形成的国家统治与管理模式。长期以来，我国虽然没有形成"国家治理体系"相关理论体系，可是国家治理的具体要求实践、具体政策及具体实施还是存在的。传统的国家治理是分散的、非系统的、非制度化的，而且是以首长个人意志统治和行政命令性、强制性为主要特征的，以发起运动、执行活动和召开会议等形式为主要载体。在治理体系现代化的过程中，无论是哪一种治国行为或哪一个党派上台执政治理，都希望自己的行政与国家治理有良好的水平，国家治理体系的现代化就是要打破传统习惯，打破人治思维方式，形成以制度化、体系化、系统化为其外在表现，以法治化、法治中国为其核心内容的，逐步破除运动式、活动式、会议式的治理范式的治国理政的总的制度体系。①

（二）"治理体系"现代化

就目前国家与社会发展的趋势来看，治理这一概念经历了从传统的统治、管理到治理等名称不断演化的过程，并且随着我国整体现代化而渐进到治理体系的阶段，进而这个词成了国家与社会全面深化改革的思维体系和制度体系中的中心概念，并预示着在推进我国社会主义制度现代化，推进国家治理体系和治理能力现代化方面，将实现具有革命性的变革，从而把中国带入全面发展的新阶段。②"所谓治理体系现代化，是指发展中国家为了获得发达国家工业社会所具有的一些特点，而经历的文化与社会变迁及包容一切的全球化过程。近代以来，由于许多国家都以西欧及北美等国家近现代以来形成的价值为目标，

---

① 王征国：《国家治理体系现代化研究》，载《贵州师范大学学报（社会科学版）》2014 年第 3 期。

② 王征国：《国家治理体系现代化研究》，载《贵州师范大学学报（社会科学版）》2014 年第 3 期。

寻求以工业化为新出路，因此它常与西方化的内涵相近。"① 我国治理体系现代化，就是要推动并建设具有中国特色的社会主义制度趋于稳定并成熟，为党的建设、国家的执政、社会事业发展及社会稳定和谐、人民幸福生活、国家繁荣昌盛及长期有效发展提供一整套理论完备、体系稳定、运行有效的制度体系与保障要求。这要求在经济建设方面进一步完善社会主义基本经济运行制度和经济财富分配制度，完善社会主义市场经济体制及国家经济发展与世界经济的关系；要求在政治建设方面持续安全稳妥地推进政治体制改革，全面完善人民代表大会制度，健全中国特色社会主义民主协商制度，全面建设基层民主制度，建立中国特色社会主义法律制度体系及实现以法治国；要求在文化建设方面深化中国特色社会主义文化的体制与内涵，确立社会主义文化引领，实现文化强国的目的；要求在社会建设方面围绕构建中国特色社会主义和谐治理体系，加快形成党委领导、政府主体、社会参与、公众分担、法治保障的社会治理体系，并强化社会领域公平制度的建设，完善社会保障制度；要求在生态文明建设方面加强生态文明制度建设与生态文明措施的实施；要求在党的建设方面强化党管一切的制度设计，加强党员干部联系群众的路线安排，深化党内民主改革，保障党员民主权利，改革党的代表大会制度，实现党内选举制度，推进党内干部人事制度改革及权利监督制度改革等。

二、产业学院治理体系内涵

产业学院以服务区域经济社会发展中特定产业能力为目标，并通过提升服务能力来提高产业学院的人才培养水平与综合实力。由此，产业学院是聚合政府、高校、行业、企业及社会各项资源的建设平台，建立以技术技能实践型人才培养为主，兼有学生创新创业、高质量就业、技术创新与研发、科技发展与服务、社会培训与继续教育等多功能的、多治理主体深度融合的实体性办学组织。它具有学校与企业的共建双主体、教育单位与企业性质的双重组织性质、教育社会性与企业经济性的双重价值取向、行政管理与市场管理双轨运行机制的特征。产业学院是产业发展的最前沿，是职业院校、行业企业在产业的叠交地带，是学生在技术技能型人才培养过程中的学徒阶段。产业学院的治理要实现教育和产业融合、学校和企业融合、工作和学习融合，实现协同育人、复合

---

① 王征国：《国家治理体系现代化研究》，载《贵州师范大学学报（社会科学版）》2014 年第 3 期。

育人、文化育人，构建"共设专业、共建基地、共培团队、共享资源、共创成果、共育人才"的"六共"多元治理主体的协同育人运行体系。产业学院治理体系内涵如图 2 – 1 所示。

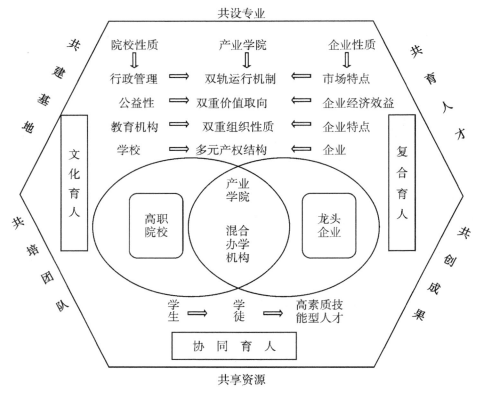

图 2 – 1　产业学院治理体系内涵

（一）产业学院治理体系理论基础

产业学院治理体系建设的理论基础是依托斯坦福大学研究所在 1963 年由美国学者弗里曼提出的利益相关者理论。[①] 弗里曼认为："利益相关者是指那

----

① ［美］爱德华·弗里曼、杰弗里·哈里森、安德鲁·威克斯等：《利益相关者理论：现状与展望》，知识产权出版社 2013 年版。

些可以影响组织目标实现的任何个人和群体，或者是在组织目标实现过程中影响的任何个人和群体。"产业学院是政府、高职院校、行业、企业及社会专家等利益相关者参与的体现各方利益的多元办学组织。不同利益相关者对人才培养及教育质量的理解不同，因此，不同利益相关者对产业学院的运行与治理有着不一致的利益关注点。不同的利益相关者建设相关的运行与治理机构并参与治理，形成了多元治理主体构成的相互关联的网络，最终寻求并实现利益共生点。产业学院多元治理主体关系如图 2-2 所示。

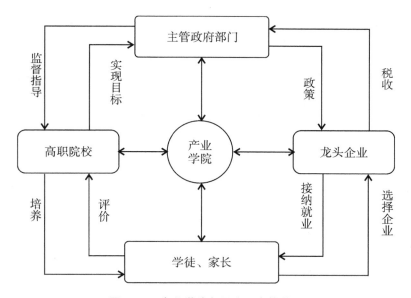

图 2-2　产业学院多元治理主体关系

产业学院在建设过程以及利益分配过程中所涉利益相关主体主要有政府、行业、企业、学校、学生（学徒）、教师、师傅等。在产业学院运行与治理过程中，最大化实现产业学院利益相关主体的目标一致是推动利益相关方开展合作的动力源泉。产业学院作为产教融合最现代的组织形态是各利益相关主体基于自身的利益在特定工作场景中相互博弈并共建的结果，是各相关主体利益的暂时妥协与均衡，当外在环境及内生要素发生变化时，其中某个主体对原妥协结果有不满足时，产业学院各主体就会重新构建它们之间的利益关系，以实现利益协调与重新分配。学校输出的结果，包括合作的研究项目及合作培养的人才等是否符合企业的要求，因此重要利益关系决定了校企合作成败的关键。企业是理性的经济人，以追求成本节约、资本增值为目的，因而忽视企业追求利润目的的合作是不可长久的、没有生命力的，产业学院的长久持续发展，须把保障企业自身利益放在第一位。企业在保障自身利益的同时，势必会想方设法保障学生或学徒的利益，学生（学徒）在产业学院中的学习不同于在其他普通学校的学习，他们更多地依靠企业的岗位与技术，在工作中学习、在学习中工作，并从中获益，这无形中促进了校企精准合作，达到精准育人的效果。因此，学校实现了培养社会需要的人才之教育使命，行业企业也获得了事业发展的持续人力资源与技术创新等重大资源，政府也实现了促进经济社会全面发展的伟大目标。产业学院各利益相关者诉求如图2-3所示。

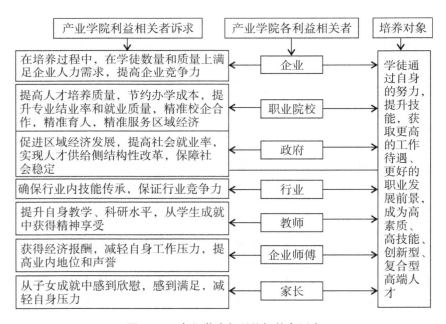

图2-3 产业学院各利益相关者诉求

（二）产业学院治理体系现代化内涵

产业学院治理体系是在产业学院进行共建共治的治理过程中逐渐形成的一种基本结构，它强调治理主体的多元性以及多元治理主体间的平等性、民主性及协同性。产业学院的治理体系包括外部的治理体系和内部的治理体系，是外部、内部治理体系的有机结合体。从外部层面看，外部治理体系的关系结构是政府、社会、市场和产业学院自身等治理主体在对产业学院进行共建共治过程中逐渐形成的，核心的治理关系是政府与产业之间的关系；从内部层面看，产业内部治理体系的关系结构是学术组织、行政组织、教师、学生以及行政管理人员等治理主体或在对产业学院进行共建共治共享过程中逐渐形成的，核心的治理关系是产业学院内部各组织各机构之间的关系。

产业学院治理体系现代化是过程与结果的统一。当看作过程时，实现产业学院治理体系现代化不是一蹴而就的，而是一个逐步完成、慢慢实现的过程，是一个按事物发展之循环上升永无止境的过程；当看成结果时，因为产业学院治理体系现代化特征具有某个阶段的相对性和某个时期的先进性与现代性，在某个特定的产业学院发展阶段和特定的时空范围内，它就会表现为某种特定的相对先进而可描述的治理体系现状。产业学院治理体系现代化，从过程上是要追求产业学院内、外部治理体系自身，以及内、外部治理体系之间体系不断优化、效率不断提升的过程，更是追求产业学院内部外部各要素更好地能维护和保障产业学院多元治理主体达成各自最优目标的过程；产业学院治理体系现代化，从结果上就是要求产业学院追求其外部内部治理体系自身，以及相互之间运行与输出相对优化与高效的静态结果，这也是产业学院治理体系能够维护和保障产业学院多元治理主体各方利益与目标实现均衡的结果。

（三）产业学院治理体系现代化建设

产业学院治理体系现代化建设需要与时俱进，从建设先进性、科学性、民主性、和谐性、文化性、均衡性，以及进入信息化时代的相关方面统筹考虑。

1. 治理理念的先进性要求

产业学院需要实行多元主体共同建设共同治理。共建共治是一种公共的治理理念，也是实现产业学院治理体系现代化的一条重要路径。多元治理是一种围绕目标、识别治理系统中各主体关联性的系统思维，是符合职业教育发展规律的系统思维。共建共治理念也是一种协商治理理念，即按照产业各主体的权利与义务构建整体的权利与义务架构，多元治理利益主体明确各自的权利、义务与责任，形成一个责任、权利与义务明确的治理系统。产业学院是学校、政府、行业、企业、学生、家长等利益相关者交集的组织，要秉持高度开放多元参与的产业学院治理理念，在这个多元共建共治的混合体系里面协调，努力寻找各方利益最大化，遵循"资源汇聚、搭建平台、理性协商、共同决策、有序执行"的逻辑关系构建产业学院治理体系现代化的路径。

2. 治理体系的科学性要求

产业学院治理体系要遵守守常与变革、坚持与创新的基本逻辑，既要有系统性的变革和创新，又要有体系的基本原则、价值理念和先进做法的追求，遵循"稳中求变，变中突破"的逻辑法则，建立多利益相关主体深度协同、全面配合的工作机制，推动产业学院治理体系科学有效、全面发展。产业学院是职业院校和行业企业之间的交叉地带，是从学校的学生到产业学院的学徒再到企业高素质高创新技术技能人才培养全过程的公有领地，产业学院在此领地内要妥善处理好决策权力、管理权力、学术权力、民主权力等权力之间的分配关系与使用边界，协调各治理主体方的地位和功能，形成相互补充、协调、制衡的局面，最终形成科学化的内部治理机制，即理事会领导、院长负责、教授治学、共建共管的产业学院的内部治理机制。

3. 治理过程的民主性要求

如前所述，产业学院具有学校与企业的双元主体特征、教育单位与企业性质的双重组织特征、教育社会性与企业经济性的双重价值取向特征、行政管理与市场管理的双重管理机制特征。这决定了产业学院在内部治理过程中，必须关注多元治理主体的利益诉求、尊重多元主体的合法权利与行为动力、充分调动各自的内在动力、释放各自的全部活力，使他们主动参与产业学院的人才培养工作，提高人才培养质量及产业学院的社会服务能力。

4. 治理文化的和谐性要求

治理文化指的是产业学院多元治理主体借助一定的手段对产业学院内部进行治理，共同确定产业学院精神追求、价值目标、价值观念与管理理念等文化要素，达到共建共治共享的一种文化认同与墨守，治理文化的基本要求是和谐。产业学院多元治理主体必然出现多元治理文化，多元治理文化存在差异与矛盾，必然会碰撞，这要求产业学院文化在此过程中完成融合最终达到和谐统一，并在产业学院内部共生共长。产业学院文化是学校、企业等思想与精神的共同融合后的新观念、新价值、新制度、新物质，具有稳定性、恒一性、传导性等特征，在产业学院日常治理过程中将多元治理主体的价值观、理念、思想、精神等渗透到治理措施与治理政策中去，借用产业学院各管理节点形成具体化、物质化、制度化的文化体系与内涵。治理文化的现代化深深地影响着产业学院内部治理体系建设，引领着治理体系的建设，两者相互依存、相互交融、相互影响。治理文化的和谐性要求培育出和谐的治理文化，为治理体系建设营造健康的生态环境。围绕产教融合的人才培养理念确定与之相匹配的治理文化内容，创新产业学院治理文化，培育出产业学院新的工匠文化，创新产业学院校企文化，创新产业学院生态文化，推动产业学院内部治理体系工作的顺利开展，实现治理现代化的最佳效果。

5.治理结构的均衡性要求

治理结构是产业学院内部治理体系现代化建设的核心要素，有着举足轻重的作用。产业学院是一个典型的利益共同体组织，多元主体间利益息息相关，多元治理主体间的利益诉求是不同的，甚至是冲突的，要谋求产业学院各主体的利益共生点并非易事。为此，在产业学院治理结构的设计与建设上，要去除产业学院行政化要素，抛弃传统的行政级别观念，实施企业扁平化管理结构；协调产业学院外部资源的聚集过程中各主体的决策权力、管理权力及执行权力之间的合理结构，同时实现产业学院内部各机构各组织各人员之间的权力与利益的相互均衡，建立起系统的和谐有效的产业学院治理结构，推进多元主体治理，实现共同治理。

6.治理过程信息化要求

产业学院要按照共同认可的办学理念和产教融合发展的战略规划，结合区域经济及社会发展的实际情况，规划产业学院的建设，对接和辐射周边产业，形成与企业的就近合作、学生就近就业的模式。在此过程中，要将各类产业学院聚集的资源按信息管理优化原则，用最现代的信息化管理平台处理人才培养过程与人才就业结果之间的资源对接，使产业学院管理高效，使产业学院的规划建设将企业用人需求与学校的专业群建设相结合，同时学校根据信息化管理要求及时动态地调整专业建设和人才培养方案等。

三、产业学院治理体系现代化实现路径

现代产业学院治理体系现代化实现路径可以遵循"资源汇聚、搭建平台、理性协商、共同决策、有序执行"的共建共治逻辑展开。

（一）汇聚社会各方资源

资源指产业学院各主体按各自优势在共建产业学院过程中介入的各种产业学院建设因素，是各种能够物化的社会能量。政府、企业、行业组织、职业院

校以不同的资源要素禀赋,按照一定比率实现相互之间的转化,以便确定各主体在产业学院共建共治秩序中的位置。产业学院治理体系有外部和内部之分,对于外部治理,利益相关者被分为政治资源、文化资源和经济资源三种资源。其中,政府相关管理部门代表的是政治资源,当然政府不可能在其中独揽全部的治理责任;职业院校与培训组织代表的是文化资源,赋予职业教育与培训的实施者身份;企业和行业组织代表的是经济与社会资源,其进入教育治理体系是由职业教育与产业紧密联系的属性所决定。对于产业学院内部治理,利益相关者被分为政治资源、行政资源和学术资源这三种资源,代表政府的党委领导是政治资源;以校长为中心的行政部门是行政资源;从事技术技能型人才培养的教师群体是学术资源。以上各方资源是产业学院建设的基础,也是产业学院共建共治的内容,将以上资源聚拢并产生符合各主体的利益目标就是产业学院治理体系现代化的出发点,也是归宿点。

(二)搭建共建共治平台

搭建平台即创设共建共治平台。从治理的不同层次来看,人与人之间的沟通与对话是产业学院有效治理的核心构成。从外部系统与内部系统来看,外部治理平台主要包括以下几种类型:一是产业学院联席会议、产业学院联盟等。不同政府部门以及企业、行业组织代表一起共同制定产业学院发展的政策法规等,构成了产业学院治理的外部治理平台。二是产业学院与行业的组织平台,如产业学院行业标准平台等。行业组织通过此平台进行人才需求预测、职业标准制订以及专业群建设、专业设置、教学组织活动与教材建设等,参与指导职业教育实践活动。三是职教集团(联盟)借助行业性、区域性职教集团(联盟)平台去实现产教深度融合与校企合作。内部治理平台主要包括:一是产业学院设立的理事会,理事会中成员中大多数成员要来自学校、企业、行业和社区,理事会成员有来自人才培养单位,也有来自用人单位。这些成员组成的理事会是产业学院治理的核心,是产业学院治理的决策机构。二是产业学院的院务办公机构,通常由产业学院院长主持并执行理事会的决议,是重要的执行平台。三是来自学校、行业、企业等职业教育的理论与实践专家组成的专家委员会,在此平台上专家们共同研讨,为专业群建设、专业建设和课程建设等提供重要建议与意见。专家们的献言献策,突出了产业学院治理体系的共建共治特性。

（三）构建理性协商平台

理性协商是基于共建产业学院外部与内部平台基础上共同商议与研讨，这是产业学院实现共建共治的必然步骤。共建共治的治理体系需要通过对话平台让多方协商讨论，将各主体的个性想法进行表达并将其传达到其他主体，从而达到信息共享，改变信息不完全的局面，进而改变各利益主体的单方面利益诉求从而达成利益的基本共识。各利益相关者平等协商的关键点在于明确各主体的资源与权利边界，清楚自身的职责和角色，同时也必须要清楚其他利益主体的资源与权利边界，他人的职责和角色。各种利益主体都在治理体系内找准自己的位置，这些位置是由单个利益主体在争夺各种权力或资源分配中所处的地位决定的，同时进入治理体系的各主体被要求接受共同的价值理念与精神追求，在协商与明确的规则下展开有效的工作。

（四）创建民主决策生态

民主决策是在各主体协商的基础上完成的，这是产业学院治理体系建设中的重要环节。民主决策中要关注三点：第一，决策权限。通过民主协商，确定各治理主体的权限边界，在民主决策过程中以各主体的资源优势决定其在自身所属空间内权限的大小。第二，民主决策的目的是将协商的过程变为规则形成这个重要结果。在共建共治的治理过程中，经过民主决策，原来讨论出来的共识、建议变成了刚性的、强制性的政策、决议及制度。第三，民主决策要注重程序公开透明，这是产业学院治理体系有效运行的保障。民主决策需要按照规定的基本运行程序实施，需要各方认真遵循决策环节的程序，此时多元共建共治精神在产业学院民主决策中得以体现，是产业学院治理体系现代化的重要表征。

产业学院治理体系现代化是要将治理过程中协商及民主决策后先进的、高效率的、具有现代意义的规则、制度等得到有效执行，并对产业学院的良性发展产生意义。规则与制度是一种理性的观念存在，具有不以人的意志为转移的客观实在性，这就决定了协商治理的过程具有一定自主性与独立性，依据自身内在逻辑来转化来自外部的影响。在规则与制度体系内，通过协调各利益主体，将原来各自的子系统按照一定的联系规则进行再分解、再创造性的整合。各种利益主体形成一个完整利益链条链，通过它们之间相互依赖的关系不断地转变，从而改变它们自身以及整个链条链的外形，逐渐显现出共建共治的治理体系的真内涵。产业学院的共同的价值、文化、规则、理念等最后都要通过共建共治的现代化治理体系有序地执行，以实现将各利益主体融合为产业学院治理的命运共同体，通过各利益主体的利益融合、文化融合及价值融合，推动产业学院治理体系的现代化。①

第二节　现代产业学院治理体系发展概述

职业教育治理体系和治理能力现代化是国家治理体系和治理能力现代化总目标在职业教育领域的延伸，产业学院治理体系现代化是职业教育治理体系和治理能力现代化的重要组成部分。现代职业教育治理体系如何构建、表现为何种类型，既是职业教育治理体系研究必须重视的理论问题，也是影响职业教育治理体系和治理能力现代化改革成效的关键所在，对以上问题的追问有必要概述职业教育治理相关问题，其中，概述职业教育现代组织形态即产业学院治理体系在国内外理论研究的现状显得更有意义。

一、产业学院治理体系主要结构

产业学院是职业教育治理体系的重要部分，在目前学界尚未有比较明晰和权威的界定。"体系"一词本是一个物理学的概念，是指一定范围内或同类的事物按照一定的逻辑与秩序按照彼此之间的联系经过组合而成的整体。具体到"治理体系"，职业教育界学者存在诸多的看法：有学者将其看作规范权力运行和维护秩序的一系列制度和程序，强调体系的制度规制性；也有学者将其看作管理体系，是与相关利益主体管理其共同事务相关的互相联系的事物或意识构成的整体，强调体系的结构性。② 按此分析，产业学院职业教育治理体系本质是产业学院的各利益相关主体围绕着技术技能应用型人才培养这一共同目标

---

① 肖凤翔、贾旻：《协商治理：现代职业教育治理体系现代化的路径探析》，载《中国职业技术教育》2016 年第 3 期，第 5 – 10 页。

② 肖凤翔：《2014 年度教育部哲学研究重大课题项目"现代职业教育治理体系与治理能力现代化"开题报告书》，2015 年。

达成的结构化利益平衡系统，其本质强调的是一个结构体系，是在正式与非正式制度规则约束下，围绕产业学院各教育资源配置而展开的一系列理念、精神、制度及管理权力的理性协商、民主决策与执行。基于产业学院治理体系是一个结构体系的分析，从产业学院内外部各机构各组织如何分配教育资源并运行各项治理管理权力的角度看，国内外职业教育界将产业学院治理体系基本上分为分层结构、分权结构与共建共治结构三种主要形式。

（一）分层结构治理体系

按照产业学院资源配置权限及其对应的治理逻辑按层级构建起来，分为上层、中层与下层三个层面，形成传统高校常见的三层次治理结构。层级治理体系是我国职业教育治理及产业学院治理的传统的表现形式，但是由于此治理体系没有关注到产业学院建设主体的多元性，对其运行与治理过程中涉及的多方诉求难以周全，且其权力过度集中、官僚化严重及其效率低下等弊端，一直为人们所责备。随着国际国内职业教育的发展，产教整合的大方向要求产业学院建设的现代化。此分层级结构治理体系目前仍多存在于职业教育欠发达的地区，产业与职业教育联接不紧密，与未来产业学院的治理体系发展方向格格不入。

（二）分权结构治理体系

从产业学院的治理权限运行方向上进行构建，其遵循治理权限的分配原则。此结构将产业学院治理体系看作一个大系统，各产业学院利益主体就是若干子系统，各子系统通过在产业学院中设立的机构、组织及各治理平台，表达各自的诉求，实现各自的治理权限。一般认为，在产业学院存在多元子系统与多种不同权力，有政府产业发展方面的领导系统及决策权力，有行业标准、企业岗位标准及人才使用方面的牵引系统及需求权力，有职业院校专业发展、学院整体实力提升等方面的主导系统与人才供给权力等。各子系统之间相互存在一定矛盾与冲突，让产业学院大系统和子系统得以链接、相互渗透、相互适应与共存，各个子系统之间一直处于产业学院内部治理运行过程的协调与平衡中。治理体系从一开始就处于一个动态调整的过程，它们不断趋向均衡而又偏离均衡，这种动态均衡所形成的力量不断推动着产业学院治理体系朝现代化前行。从国内外产业学院治理体系现状看，分权结构治理体系更多地体现在市场化程度较高及契约度较高的我国民办高职院校与其他主体建设的产业学院中。

（三）共建共治结构治理体系

综合分层结构治理体系与分权结构治理体系的构建逻辑，体现治理权限的分配逻辑，也体现治理权限的组织科层，各利益主体在产业学院建设中明确各自的权利和责任，形成共建共治的结构系统。产业学院开展的职业教育从来不是孤立存在的，对技术技能型人才的培养也不是职业教育的学校、企业等产业学院建设个体单独能够完成的。各利益相关者拥有不同资源，在治理体系里妥协、协调、共荣、共生，努力寻找满足各方利益最大化的交集，从而形成结构化的治理体系，它不是一个同质化实体，而是异体存在的最大公约数体系，造成内在规定的治理过程中利益相关者的责任及其边界。

用产业学院治理体系现代化的衡量标准审视分层结构、分权结构与共建共治结构这三种治理体系，从中我们发现共建共治结构是现代职业教育治理体系及产业学院治理体系的理想类型选择。

1. 产业学院共建共治结构治理体系体现了治理体系现代化的结构和谐性标准

首先，共建共治结构治理体系是否反映了公共治理理论的最新成果。由于产业学院治理在职业教育中具有"准公共品"属性，其治理体系现代化进程反映了公共产品的属性且与公共治理理论变化趋势相吻合。其次，共建共治结构治理体系反映了结构主义理论思想及发展趋势。共建共治结构治理体系是一种社会结构，反映出一定历史时期人们对结构的认知规律，符合结构主义理论要求。最后，共建共治结构治理体系的构建呈现了冲突与和谐理论的辩证统一。"矛盾是普遍存在的，各主体的冲突与矛盾因其根源的多因性、双重性与相互关联性而显得更加错综复杂，社会组织不能一味寻求均衡的社会系统，而是需要强制性地协调联合体，这与中国传统文化和而不同的儒家思想不约而合。强调共同建设、共同治理、共同享有产业学院共建共治结构治理体系与我国传统与现实实现了统一，按此治理体系进行产业学院建设与治理定会结出产教融合的硕果。"[①]

2. 产业学院共建共治结构治理体系体现了传承与发展的现代化标准

国家治理体系现代化的衡量标准对此具有喻示意义。俞可平教授认为，从

---

① 肖凤翔、贾旻：《协商治理：现代职业教育治理体系现代化的路径探析》，载《中国职业技术教育》2016 年第 3 期，第 5 – 10 页。

国家治理层面，民主政体的建构与多元共治的机制是现代化国家治理体系最基本的显示指标，依此提出了衡量国家治理体系现代化的 5 个标准：公共权力运行的制度化和规范化、民主化、法治、效率、协调。用这 5 个标准来衡量产业学院治理体系现代化：制度化与规范化，既指产业学院建设过程中依据国家及上级政府的文件而制定的正式制度和规则，也指基于产业学院各主体的共同利益和价值的非正式制度安排等，这在产业学院治理体系建设中是放在重要位置的；法治，是要求产业学院治理体系是一种基于法制的民主协商的理性治理，各利益相关者在规则、制度及法律面前人人平等，从而构建起产业学院治理与发展的长效机制；效率，要求各利益相关主体按照一定的程序就职业教育中产业学院治理相关问题达成共识并各自积极实施，其中尊重产业学院议事规则，遵循产业发展规律与职业教育规律高效地开展各项工作；协调，要求产业学院治理体系是一个精神、价值、制度与物质生态系统，需要产业学院各建设方的积极参与、良性互动。产业学院发展具有地域性、成长性、创新性等多项特征，产业学院治理体系现代化的标准，既要包含前期进入现代化治理行列的发达国家起示范作用的指标内容，又要包含我国产业学院治理体系构建过程中的本土性与成长性、创新性特征，体现着新时代职业教育中产业学院治理不断演进的丰富内涵。

3. 产业学院共建共治结构治理体系体现了现代化治理体系的科学内涵

共建共治式治理体系在实践活动中表现为各利益主体协商治理，而协商治理的理论来源于协商民主。"20 世纪 90 年代初，西方政治学界兴起了协商民主，学者们将其界定为民主的决策体制或者是理性的决策形式。deliberative 原意是深思熟虑的、慎重的、审议的，具有一种公民理性参与的特征，在理性讨论和协商中做出具有集体约束力的决策，形成了协商治理这种新型治理范式。"[1] 协商治理一般通过自由平等的对话方式，让各利益相关者充分表达理性诉求，形成利益化最大化的交集，从而产生产业学院各项治理决定。"协商治理已经成为全球意义的典型治理范式，在美国的大学治理中已多有成功经验，为大学发展建构良好的组织架构，为美国成为高等教育强国提供制度保

---

[1]　Hajer M. A Frame in the Fields：Policy Making and the Reinvention of Politics. Cambridge：Cambridge University Press，2003：88 – 110.

证。"① 从治理体系现代化的科学内涵看：首先，共建共治是一种新型的公共治理范式，是实现产业学院治理体系现代化的一条重要路径选择。协商民主为产业学院共建共治治理体系提供了合法性，展示了治理的有效性基础。其次，借助共建共治治理体系，现代产业学院治理体系由此构建了一种关于实践的结构理论，解决了结构与行动对立的二元论问题，为治理提供了一个总体性的可操作远景，象征着产业学院治理体系的未来发展。再次，共建共治治理体系是矛盾不断解决又不断产生再不断解决这样一个螺旋上升的循环过程，通过共建共治，可以协调当前产业学院发展所面临整体性与分散化资源配置的基本矛盾，协调解决政府、院校、企业、行业组织、社会公民等利益主体基于其所拥有资源而产生的不同权力需求乃至冲突，从而更好地服务技术技能型人才培养目标的实现。最后，共建共治治理体系深刻体现着科学标准兼顾的优越性。共建共治治理体系从民主逻辑出发，行业、企业、社会公民等不再是单纯的顾客或者是被服务者，而是主权者，是产业学院决策的制定者、参与者与监督者、执行者；共建共治发生在由正式制度与非正式制度共同组成的制度框架体系内，兼顾了制度的刚性与灵活性，产业学院在治理过程中各利益相关主体、治理事项是不确定的、是与时俱进的、是依据治理事项或决策层级的变化而变化的，这就意味着除了坚守刚性制度，还需要柔性的、生成约定的一系列非正式的制度；产业学院共建共治治理体系围绕着技术技能型人才培养这个中心任务，借助民主协商平台，统一各利益相关者诉求，形成公共理性的统一，提高治理的行政效率和经济效益；政府、院校、企业、行业组织、社会公民等利益相关方参与、互动，形成协调共治的职业教育命运共同体。多元利益主体的共建共治协调了职业院校与企业、政府与行业组织在治理体系中的关系，企业和行业组织不再是消极的旁观者，并游离于职业教育改革和发展过程之外，而变成产业学院与职业教育的积极建设者。②

产业学院共建共治治理结构是现代职业教育治理体系及产业学院治理体系的理想类型，代表了未来产业学院的现代化方向。在现实运作过程中，产业化程度较高的经济发达地区较多地应用了这一种治理结构，通过产业学院外部治

---

① 孟倩、许晓东、林静：《美国大学协商治理机制及其挑战》，载《复旦教育论坛》2014 年第 4 期，第 103 – 107 页。

② 肖凤翔、贾旻：《协商治理：现代职业教育治理体系现代化的路径探析》，载《中国职业技术教育》2016 年第 3 期，第 5 – 10 页。

理体系的建设如产业学院联盟的构建，带动产业学院内部治理体系的建设如产业学院理事会等构建，形成产业学院内涵丰富的治理体系格局。

二、英国"产业大学"治理体系

产业学院与英国的"产业大学"相关，此概念是 1996 年由英国独立的民间研究机构公共政策研究所在其发表的《产业大学：创建全国学习网》报告书中首次提出的，次年英国财政大臣戈登·布朗将"产业大学"这一新概念运用于政府工作报告中，在教育界和企业界引起了较大反响。1998 年，英国政府发表了《学习的时代：一个新的不列颠的复兴计划》绿皮书，提出了创建"产业大学"的构想，英国的"教育与就业部"进而拟定了《英国的产业大学——使人人都参与终身学习》，对产业大学的设立进行了全面而具体的规划。至此，英国的产业大学开始由理论转化为现实，由机构的试点研究转化为政府的全国推广。实际上，英国的产业大学是"由公共部门和私人部门共同创造的，通过现代化的网络和通信技术，向社会提供高质量的学习产品及服务的开放式远程学习组织，是学习者和学习产品之间的中介机构"[1]。它具有如下鲜明的特征：其一，教育供给的整体性。产业大学将教育作为一种产业，利用现代化信息与通信手段将各教育机构联系起来，建立了完备的教育供给体系。在产业大学中，学习产品和教育服务的供给者既可以是大学院校，也可以是图书馆，甚至是各类私营培训机构。其二，教育对象的职业性。产业大学的受众以成人和职业群体为主，其学习的范围从基本的职业综合素质培养到职业技能训练等环节都有职业属性的安排。产业大学旨在通过与职业对接的知识传授和实践练习，提高劳动者的就业能力与职业素养，提升企业的竞争力。其三，教育资本的混合性。产业大学的资本，前期主要由政府公共部门提供，建成后的产业大学积极与社会资本开展合作。由此可见，产业大学既非公立亦非私立，而是具有混合所有制特征的新型教育组织机构。其四，教育资源的市场性。产业大学运用市场营销策略按市场规律拉动市场中潜在的学习需求，再根据市场学习需求有针对性地开发学习课程和学习服务。这种遵循市场导向合理配置教育资源的运作方式，不仅保证了教育资源的有效利用，也使产业大学与

---

[1]　洪明：《英国终身学习的新变革——"产业大学"的理念与实践》，载《比较教育研究》2001年第 4 期，第 18 - 19 页。

教育产业链上的各参与主体依据市场需要结成了战略合作伙伴。①

英国产业大学是英国政府及民众在终身教育理念下，为促进成年人继续学习，尤其是继续提高职业技能水平而搭建的推行开放教育和远程学习的组织。在创办产业大学之前，英国政府出台了一系列与终生教育和终生学习相关的政策法规，如《学习时代》绿皮书、《学习成功》白皮书、《学习与技能法》等；英国实施了个人学习账户制，对学习者给予财政上的支持；建立了开放的国家职业资格证书体系；英国政府通过政策法规、财政支持、资格证书等的设立，为产业大学的创办营造了学习型社会的氛围。民间和政府的教育组织机构则通过资源的共享与整合为产业大学的发展提供了持久的智力支撑。因此，英国产业大学是在政府和各教育组织机构共同努力下借助网络信息技术的普及而发展起来的。英国产业大学与我国产业学院在治理运营方面呈现出风格迥异的发展态势，英国产业大学的管理分为总部、管理中心、学习中心三级管理，其组织机构包括首席执行官（负责整个公司的运营情况和协调各部门的工作）、副总裁（负责制定策略和计划及联系各个股东之间的关系），以及财务部、产品和市场部、人力资源开发部、技术部、运营部、商业开发部等各部门。产业大学各职能部门之间各有分工、各司其职，相互协作又相互制约。这样既保证产业大学运营的效率，也方便产业大学的管理。②

三、现代产业学院治理模式发展趋势

由于混合所有制产业学院的投入主体多元，且不同的产权交叉融合，使其治理问题更为复杂。内部治理是混合所有制产业学院改革的核心，主要指产业学院在改革过程中，各利益相关者共同管理产业学院内部事务的诸多方式的总和；它是产业学院内部运行的一种制度架构，包括正式和非正式地引领产业学院发展的各种制度安排。大多数高职院校在探索发展混合所有制产业学院的过程中都建立起董事会（理事会）领导下的院长负责制，且设立了董事会（理事会）、监事会，有的甚至设立了股东会及各委员会，然而这些组织机构作用

---

① 张艳芳、雷世平：《英国产业大学与我国产业学院的比较及启示》，载《职业教育研究》2020年第1期，第85-90页。

② 张艳芳、雷世平：《英国产业大学与我国产业学院的比较及启示》，载《职业教育研究》2020年第1期，第85-90页。

的发挥不一定充分，各组织机构成员构成的科学性与合理性还需完善，且这些组织机构的运行及各组织机构之间关系的协调需要相应的运行保障机制，董事会（理事会）、监事会的成员主要来自举办方，教师代表几乎没有或是缺乏代表性。另外，混合所有制产业学院办学体制的探索，相关运行保障机制，如人事制度、民主协商制度、财务管理制度、进退出机制、激励约束机制等的建设还有待完善，所以，混合所有制产业学院代表未来产业学院的发展方向，在实践中还有较长的路要走。

首先，混合所有制产业学院内部治理结构的完善不仅仅是成立股东、董事会、监事会，还在于如何处理好这些组织机构、党委及职业校长（院长）等之间的关系。在产业学院内部要形成两级治理架构：一方面，职业校长（院长）与董事会（理事会）之间形成互信关系，并充分发挥监事会的监督作用，实行董事会决策、院长执行、监事会监督"三驾马车"齐头并进的一级治理架构。另一方面，在以产业学院院长为代表的管理团队带领下，下设相应的专业委员会，以实现产业学院层面的二级治理。

其次，混合所有制产业学院内部治理结构的完善还要通过召开董事会（理事会）、院长会、院务会、教职工代表大会、学生代表大会等畅通上下级各部门之间的沟通机制，使得基层的声音能够及时反馈到上级主管部门，并推动上级决策更好地得到贯彻、执行，这样有助于形成网状的、能够相互制衡的内部治理架构。

最后，混合所有制产业学院运行机制要健全并进一步完善，各产业学院要根据当前混合所有制探索的实际情况及时建立、修订和完善相关章程，如学校章程及董事会（理事会）章程，并以此作为产业学院办学的重要依据。董事会（理事会）章程明确规定成员的数量、构成及其进退出机制、每年召开会议的次数、议事规则、董事会（理事会）的权责、院长聘任的程序及其权责等，各个组织机构严格按照章程规定执行。与此同时，各职能部门制定并完善相应的规章制度，如人事管理制度、财务管理制度、民主协商制度等制度规范。除了"硬"制度，高职院校的一些"软"制度也将得到更多关注，如学院与企业之间互动的产业学院融合文化等。以上相关制度的完善与遵循，也利于促进各组织机构之间关系的协调，从而构建有序、高效的内部治理体系。①

---

① 陈春梅：《高职院校混合所有制内部治理的发展趋势》，载《中国职业技术教育》2020年第19期，第49－53页。

第三节　国内产业学院治理体系典型模式

产业学院发端于英国，随着我国教育与产业的融合不断深入，产业学院的建设成为我国产教融合最现代的组织形态。产业学院的建设主体不同，组织机构与运营体系不同，导致国内外出现不同的产业学院治理模式。目前国内在东部沿海地区产业发展取得较好成效与区域职业教育的高质量发展密不可分，其中出现了一大批积极开展产业学院治理体系探索的高职院校，如上海工艺美术职业学院市场营销传播学院，与 WPP 集团实行"双主体运营模式"创办产业学院办学；中山职业技术学院的采取"专业镇产业学院"模式建设实现"一镇一品一专业"；广东轻工职业技术学院的"优势专业内生模式"面向生活产业创新。

一、上海工艺美术职业学院"双主体运营模式"

上海工艺美术职业学院和 WPP 集团合作举办的 WPP 学院，定位在职业教育的市场营销传播学高端，实行双主体办学，建院之初的办学目标是建成世界一流的营销策略规划与创意设计专业教育学院。上海工艺美术职业学院有 60 年办学历史，WPP 集团又是目前全球最大的市场营销传播服务企业集团，双方迅速达成培养行业急需高端人才的共同愿望并建设产业学院。WPP 作为企业方面参与产业学院教学体系的构建和教学资源的调配，专业人才培养计划与方案完全按照行业需求制作。WPP 学院提出如下教学理念：让"一天教育等同一天执业"，理论与实做结合运用；掌握本土市场特质，引进全球最新资源，中外、校企无缝接轨，均衡发展学生的创意设计、市场营销与项目执行能力；在尊重文化底蕴的充满活力的学习环境中启发每一位学生的专业精神与正直伦理，培育整合营销传播的新世纪人才。做中学，学中做，操作一个案例如同打一场战役，三年累积下来，每个学生都可能征善战。WPP 学院的理念重点就是"实用"一个词。①

二、中山职业技术学院"专业镇产业学院模式"

专业镇产业学院模式是高职院校与相关镇政府依托现有重点专业群和特色专业群，在其产业园区合作兴办的，集学历教育、社会培训、技术研发与服务等功能于一体的教育实体机构，同时，也是专业产业紧密对接的、镇校合作的高职教育发展新模式。专业镇是随着我国镇域经济的崛起，由广东学者在20世纪90年代提出的经济发展模式。目前，专业镇已由最初专业化生产的乡镇经济区域逐渐发展到由若干个相互关联的企业高度集聚、主导产业与配套产业协同发展，具有国内外产业明显竞争优势的区域，形成了一种专业化区域生产的组织模式。"一镇一品"是专业镇经济发展的基本特点，即一个专业镇拥有一个或几个优势明显、规模大、市场占有率高的支柱产业。我国专业镇多集中在珠江三角洲和长江三角洲等经济发达的沿海地带。专业镇产业学院起源于广东省中山市，其典型代表是中山职业技术学院在其"一镇一品一专业"的布局基础上，与专业镇政府合作兴办的4个产业学院：依托服装专业群，在沙溪镇全国休闲服装产业基地组建的沙溪纺织服装学院；依托灯饰专业群，在古镇国家火炬计划照明器材设计与制造产业基地组建了古镇灯饰学院；依托电梯专业群，在中山南区国家火炬计划电梯特色产业基地兴办的南区电梯学院；将工商管理类专业与小榄镇制造业和现代服务业结合成立的小榄工商学院。专业镇产业学院成了新型城镇化背景下高职教育发展的新型模式，自2011年成立第一个专业镇产业学院以来，分别服务不同的专业镇支柱产业，引起了社会各界的广泛关注。其治理模式特征如下。

（一）创新投资体制，形成了"镇校企"多元办学的治理格局

产业学院投资体制是指高职办学过程中固定资产投资活动的运行机制和规范投资者责、权、利关系的制度总和，主要包括：投资主体的确立及其行为方式、投资资金的途径、投资利益及管理权限的划分等。"专业镇产业学院"多元投资主体的形成分为两步：第一，高职院校与专业镇政府签订镇校合作办学

---

① 毛德良：《重构高职教育教学理念——上海工艺美院 WPP 学院的实践》，载《创意设计源》2013 年第 3 期，第 40 - 47 页。

协议，双方共同出资，承担产业学院基本建设和首期固定资产投资，形成了产业学院建设启动资金的二元投资体制；第二，在产业学院的运行过程中，在政府主导下，行业、企业、科研院也积极投资或捐赠，购置或更新教育教学过程中的设备、设施以及其他固定资产，形成了产业学院运营资金的镇校企多元投资格局。因此，专业镇产业学院是在镇政府主导下，由行业、企业、社区、科研院所、其他院校等多方利益主体投资形成的多元办学实体，形成多元治理格局。

（二）创新治理结构，实施董（理）事会领导下的院长负责制

与传统的政府办学校、行业企业办学校、私立学校不同，产业学院是多元合作的办学实体，多元办学主体之间存在主体目标、管理理念、组织文化等认识方面的冲突，出现不易管理、协调难度增大等问题。为实现产业学院的发展目标，提高管理效能和办学水平，专业镇产业学院大胆创新产业学院的管理体制，包括创新产业学院治理体系的组织结构和组织方式，形成规范产业学院各投资主体、各治理部门的职责、利益及其权利义务关系的制度准则，其核心内容是组织结构创新和组织制度创新。专业镇产业学院的治理结构有两种形式，即董事会领导下的院长负责制和理事会领导下的院长负责制，比如小榄工商学院实行的是董事会领导下的院长负责制，南区电梯学院、沙溪纺织服装学院、古镇灯饰学院实行的是理事会领导下的院长负责制。董事会或理事会是社会力量参与产业学院的途径和组织形式。"董事会治理结构管理具有决策力度较大、实际管理效能较强的特点，能保障产业学院办学资金的持续注入和社会需求的有效反馈，而理事会治理结构更多表现为专业领域的决策、咨询与指导等综合职能，各理事会成员之间的联系比较松散。"[1] "专业镇产业学院良好地实现了专业与产业、课程与岗位、教室与车间、教师与技师、实习与就业、学生与员工的 6 个对接，有效践行了'工学结合'的人才培养模式，提升技术技能型人才培养质量，专业镇产业学院校企协同育人的实践经验能为其他职业院校提供一定的借鉴。所以，专业镇产业学院是政校企合作的有效载体，是学院校企深度、紧密、长期合作的实践平台，也是高职院校在发展过程中与本科院

---

① 易雪玲、邓志高：《高职教育"专业镇产业学院"发展模式研究》，载《广东技术师范学院学报（社会科学版）》2014 年第 10 期，第 85 - 89 页。

校错位发展的理性选择之一。"①

三、广东轻工职业技术学院"优势专业内生模式"

广东省轻工职业技术学院以服务广东轻工行业为宗旨，学院围绕轻工产业集群设置院系有轻化工技术学院、机电技术学院、食品与生物技术学院、生态环境技术学院等多个二级学院，依托二级学院中的优势专业（专业群），聚焦世界 500 强企业，与 SGS 公司、鼎湖山泉公司、白天鹅酒店、瀚蓝环境公司、华为公司、达意隆公司、雷诺公司等各领域的龙头企业进行校企合作，先后成立化妆品学院、雷诺钟表学院、SGS 测试学院、白天鹅学院等多个产业学院。广东轻工职业技术学院各产业学院的专业设置，重点对接现代服务业、先进制造业、新型电子信息、先进生物医药等支柱产业及节能环保、新能源等优势产业，推动专业的交叉融合发展，打造轻化工技术、机电技术、食品与生物技术等专业群。以优势专业为基础建立产业学院，带动相关专业发展，由此打造专业与产业发展之间的良性发展联接，如依托机电一体化、电气自动化技术等优势专业与广州达意隆包装机械股份有限公司建立达意隆智能装备产业学院，开展现代学徒制及共建国家级工程中心和国家级实验室方面的合作，依托食品与生物技术等专业建设 SGS 测试学院，带动学校建筑装饰材料及检测、工业分析技术、环境监测与治理技术等专业的加入与发展等。同时，在二级学院的框架下，利用其中特色明显、专业实力较强的专业开办二级学院下的三级产业学院。广东省轻工职业技术学院各产业学院实施理事会领导下的院长负责制，构建利益相关各方"人才共育、过程共管、成果共享、责任共担"的紧密型校企合作长效机制。学院创新性地打造"学校层面、二级学院、产业学院"梯级治理权限下沉体系，开展具有实效性、创新性与监控性的动态治理体系。广东省轻工职业技术学院各产业学院开展绩效工资制度改革、建立项目驱动型人才管理模式、实行现代学徒制和弹性学制、制定"三三制"（三性——文明性、创造性、技能性；三会——学会做人、学会做事、学会做好；三育——通识教育、创新教育、专业教育）创新性人才培养方案、建立健全专业人才培

---

① 易雪玲、邓志高：《高职教育"专业镇产业学院"发展模式研究》，载《广东技术师范学院学报（社会科学版）》2014 年第 10 期，第 85－89 页。

养质量监督机制等。①

四、中山火炬职业技术学院"院园融合模式"

根据中山市《把推进新型专业镇发展作为中山落实主题主线的主战场》的精神，即新型专业镇发展要在技术、商业模式、产业组织、要素资源和产城融合等方面实施系列的创新工程，推动传统产业向现代产业迈进、由传统产业体系向现代产业体系迈进。② 中山火炬职业技术学院依托中山火炬开发区，服务于工业园区内的行业、企业，全面深化高职教育改革，高职教育与工业园区深度融合，形成了以"院（学院）园（工业园区）融合"为抓手的高职教育综合改革的中山火炬模式，在服务产业升级、创新人才培养、增强校企合作、技术服务、深化培养改革等方面取得了成效。③

中山火炬高技术产业开发区拥有国家健康科技产业基地、中国包装印刷生产基地、国家火炬计划装备制造中山（临海）基地等 8 个国家级基地，还拥有装备制造、节能和新能源、微电子和通信、生物科技四大新兴产业。开发区实行的是园区总（集团）公司管理体制，成立了 10 个总（集团）公司代理执行政府职能。中山火炬职业技术学院坐落在火炬区腹地，拥有独一无二的先天职业教育区位优势和产业优势。在管理体制上，学院成立了"政府—学校—企业"三方参与的董事会，区管委会主任兼任董事长。火炬区 10 个总（集团）公司董事长全部为学校董事会成员，在顶层架构的设计上形成了"院园融合"的治理体制，订立了董事会章程。董事会下设校企合作指导委员会、专业建设指导委员会、就业创业指导委员会、第三方评价委员会 4 个委员会，与学院教学系部、专业（群）对接，各系部根据人才培养和专业建设的学院成立分会，与董事会下设的 4 个委员会对接，将"院园融合"治理架构延伸到课程建设和专业（群）教学层面，形成了基于火炬区"一总公司、一基地、

① 卢坤建、周红莉、李作为：《产业学院推进产教深度融合的实践探索——以广东轻工职业技术学院为例》，载《职业技术教育》2017 年第 23 期，第 14－17 页。

② 《学院科技服务项目助推专业镇企业转型升级，校企合作研发十种新产品，填补国内生鱼和鱼骨加工产品空白》，见 http：//www. zstp. cn/site/news/mynews/2016/ 0428/12766. html。

③ 王继辉、张杰、赵伦芬、赫崇飞：《以"院园融合"为抓手的高职教育 综合改革模式的实践探索——以中山火炬职业技术学院为例》，载《广东技术师范学院学报（社会科学版）》2016 年第 12 期，第 81－84 页。

一园区、一产业（群）"的经济发展格局，构建了"学院对接区属总公司、教学系部对接工业园区、专业（群）对接产业（群）"的对应合作关系，实现了发展规划、专业设置、培养模式、人才规格、教学组织、顶岗实习、师资队伍、技术研发、继续教育、文化建设 10 个维度的全面深入合作。[①]

五、广州科技贸易职业学院"对接产业链模式"

按照"把学校建在产业园区、把专业（群）建在产业链上"的理念，立足高起点高质量建设产业学院，经过对广州市开发区行业企业调研，学校依据自有专业特点，按照有所为有所不为原则，对接开发区科学城产业布局、按照全产业链的思路建设开发区科学城产业学院。开发区科学城产业学院对接科学城产业链上游产品创意设计行业设置艺术设计类专业群、对接产业链中游产品制作行业设置智能制作专业群、对接产业链下游产品的营销服务行业设置商务服务类专业群。其多元治理主体三领域三育人模式如图 2-4 所示。[②]

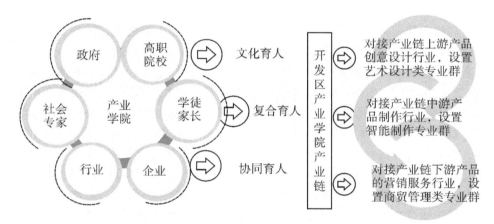

图 2-4　多元治理主体三领域三育人模式

---

① 王春旭、李衡、王龙、陈新：《院园融合现代学徒制人才培养机制创新实践研究》，载《中国职业技术教育》2016 年第 31 期，第 131-136 页。

② 蒋新革：《新时代高职产教融合路径的探索与实践》，载《职教论坛》2020 年第 1 期，第 125-126 页。

第四节　广州科技贸易职业学院产业学院
治理体系探索实践

为深入贯彻党的十九大和十九届二中、三中、四中、五中全会精神，全面落实全国教育大会精神和《中国教育现代化 2035》，培养适应和引领现代产业发展的高素质应用型、复合型、创新型人才，教育部办公厅、工业和信息化部办公厅印发了《现代产业建设指南（试行）》的通知（教高厅函〔2020〕16号），提出高校要以立德树人为根本任务，以学生发展为中心，突破传统路径依赖，充分发挥产业优势，发挥企业重要教育主体作用，深化产教融合，推动高校探索现代产业学院建设模式，建强优势特色专业，完善人才培养协同机制，全面提高人才培养能力。高校要建设若干与地方政府、行业企业等多主体共建共管共享的现代产业学院。

广州科技贸易职业学院积极探索产教融合、校企合作之路，推动产业学院的建设。2017 年开始，学院积极响应国家关于加强产教融合、校企合作，推进职业教育人才培养模式改革的号召，积极研究并探索现代产业学院的建设之路；2018 年 5 月，广州市教育局与广州市开发区合作共建了"产教融合示范区"，学院申报了广州市产业学院，广州科技贸易职业学院"动漫游戏产业学院"获得立项；2018 年 9 月，学院 11 个专业 733 名学生进驻产教融合示范区，成为了首批进驻"产教融合示范区"建设产业学院的职业院校；2019 年，学院围绕"广州市产教融合示范区"的建设要求，将产业学院建在开发区里，将专业建在产业链上，学院与开发区科学城光宝科技园签订了合作协议；2019 年 8 月正式成立了广州科技贸易职业学院"开发区科学城产业学院"，学院学生近 1200 人进入了该产业学院；2020 年 9 月，学院依托开发区科学城产业学院，通过"两对两访三落实"，构建"两制三育一体系"，即通过各专业对接行业及岗位标准，访问校友及名企，落实合作企业、真实项目、"双师型"团队，大力开展现代学徒制、学分制改革，加大产教融合、校企合作的力度，促进学生素质、创新、技术能力提升，构建多元评价体系，探索现代产业学院的治理体系，全面提升现代产业学院建设内涵，将产业学院建设规模扩大至 2400 人，在现代产业学院建设路径探索及产业学院治理体系建设工作中书写新时代产教融合的奋进之笔。

一、开发区科学城产业学院治理体系建设目标

2019 年 7 月 24 日，习近平总书记主持召开中央全面深化改革委员会第九次会议，审议通过了《国家产教融合建设试点实施方案》（以下简称《实施方案》），并于同年 10 月 10 日公开发布。《实施方案》指出，深化产教融合，促进教育链、人才链与产业链、创新链有机衔接，是推动教育优先发展、人才引领发展、产业创新发展、经济高质量发展相互贯通、相互协同、相互促进的战略性举措。开展国家产教融合建设试点，要坚持以习近平新时代中国特色社会主义思想为指导，深入贯彻全国教育大会精神，坚持新发展理念，坚持发展是第一要务、人才是第一资源、创新是第一动力，把深化产教融合改革作为推进人力人才资源供给侧结构性改革的战略性任务，以制度创新为目标，平台建设为抓手，推动建立城市为节点、行业为支点、企业为重点的改革推进机制，促进教育和产业体系人才、智力、技术、资本、管理等资源要素集聚融合、优势互补，打造支撑高质量发展的新引擎。《实施方案》明确，通过 5 年左右的努力，试点布局 50 个左右产教融合型城市，在全国建设培育 1 万家以上的产教融合型企业，建立产教融合型企业制度和组合式激励政策体系。

从 2019 年起，国家在部分省、自治区、直辖市以及计划单列市，试点建设首批 20 个左右产教融合型城市，广州作为国家教育强市，位列其中。广州作为首批产教融合型试点城市之一，其目标是力争用 3～5 年时间，基本建立具有广州特色的产教融合发展制度体系和组合式激励政策体系，到 2025 年建设 5 个以上产教融合型行业和 200 家以上的产教融合型企业，基本形成教育和产业统筹融合、良性互动的发展格局，建成立足国家重要中心城市、面向粤港澳大湾区的国家级产教融合型示范城市。在广州市产教融合试点城市实施方案规划中，提出了从 6 个方面着手，规划和解决广州产教融合所面临的问题。这 6 个方面的问题包括：产教资源空间布局缺乏统筹，产教资源布局相对分离；企业主体作用尚未凸显，"引企入教""引教入园"改革有待深化；教育体制改革进入深水区，人才培养模式亟待创新；产教双向对接渠道不顺畅，产教融合服务体系尚不健全；产教融合实训基地建设缺乏企业参与，高层次产教融合创新平台共建机制尚未建立；开放合作优势尚未充分发挥，活力尚未有效激发等。在广州市建设国家产教融合型城市试点方案中，广州市将全力打造"四

源一体"的广州市产教融合示范区，统筹广州市产教融合发展资源，引领产教融合重大平台载体项目。

（一）开发区科学城产业学院治理体系建设思路

广州市产教融合示范基地全面服务广州市产业，实现教育链、产业链、创新链与人才链的全链接，积极践行国家产业升级战略与产教融合教育改革使命，意义重大。其建设的总体思路是在广州市政府及发改委的大力支持下，由广州市教育局及广州市开发区牵头，组织市属各高职院校、各企业、相关园区及产教融合服务机构，总体规划，统筹建设，形成较好的产教深度融治理体系创新，按"1+1+N"的模式将广州市产教融合示范基地建设成为国家级产教融合示范基地。在产业学院专业布局与产业对接上，围绕广州市开发区"高端产业"和"产业高端"，面向广州市高新技术产业链，以产品设计类专业群对接产业链上游创意设计行业、智能制造类专业群对接产业链中游产品制作行业、财经商贸类专业群对接产业链下游营销服务行业，实施依链建院、以链成院、园院融合，形成同步运转、相互支撑的运行机制，逐步构建政、校、行、企四方参与，针对产业链上中下游三区域建设对应专业群（见图 2-5），构建产业学院政校行企四元协同的利于产教融合的治理模式。

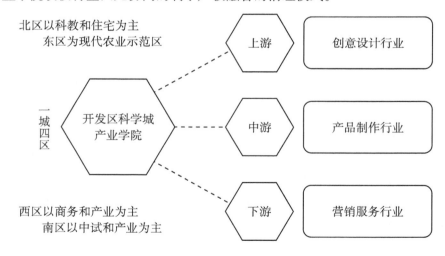

图 2-5 产业学院专业群产业链对接

开发区科学城产业学院中的各专业（群）对接广州市重点发展的新一代信息技术、数字创意、时尚创意文化、高端装备与新材料及现代商务服务等产业领域，建立了与之相适应的专业结构体系，产业学院专业与广州市开发区经济发展、产业发展高度契合，各专业依托产业学院建设，积极探索教育和教学改革，建立教育链、产业链、创新链与人才链紧密结合的可持续发展的新型教学机制，形成人才共育、过程共管、责任共担的校企合作治理体系改革模式，高度契合广州市区域产业人才培养（见表2-1）。

表2-1　开发区科学城产业学院对接广州区域重点产业情况

专业群	专业名称	专业所属大类	对接区域产业
艺术设计专业群	艺术设计、产品艺术设计	文化艺术大类	时尚创意产业
电气自动化技术专业群	电气自动化技术、机电一体化技术、工业机器人技术	装备制造大类	装备制造产业
信息技术专业群	动漫制作技术专业、云计算技术与应用、移动应用开发	电子信息大类	数字创意产业
市场营销专业群	市场营销、会展策划与管理、电子商务、物流管理	财经商贸大类	商务服务产业

（二）开发区科学城产业学院治理体系总体目标

按照学院"十四五"规划的建设目标，从2020—2025年实现政校行企的多跨度合作模式，引入企业进行技术平台支撑，与开发区产业园区的龙头企业、广东网络科技股份有限公司及北斗导航高新技术股份有限公司等进行校企合作、共同开展产业学院的改革探索与实践，并通过与广州南方人才市场签订的校企共建多方合作协议，依托南方人才市场为对外服务窗口，通过"1+1+N"的模式（一个产教融合基地、一个产教融合公共服务平台、若干个专业产业学院），联合打造成为以广州市为核心的产教融合服务基地，以形成统一规划、资源共享、优势互补、合理布局、和谐发展的可持续体系，打造全国一流的优质产教融合示范基地，并成为广州市国家级产教融合型试点城市的重要支撑成果。

（三）开发区科学城产业学院治理体系具体目标

一是教学资源。按照专业群设置与产业链需求对接、课程内容与职业标准对接、教学过程与生产过程对接的要求，完善学校标准设置，制定相关课程标准及行业培训标准，建成一批在线开放课程、够用的实训基地，提升学校教学管理和教学实践能力。二是"双师型"教学团队。建立校企互聘互用、共建共享师资团队的机制，支持企业技术和管理人才到产业学院任教，建立由学院、企业、行业协会等专家和技术人才资源组成的产业学院教师库，建成一批大师工作室和技术研发平台，建好有效运行机制体制。三是人才培养质量。坚持知行合一、工学结合，全面试点现代学徒制，强化学生实习实训，促进学生整体素质提升。四是服务能力。整合学院的师资，校企共同进行技术研发，为企业生产创造显著的经济效益。五是质量评价。以学习者的职业道德、技术技能水平和就业质量，以及产教融合、校企合作水平为核心，建立现代产业学院质量评价体系、落实督导报告、公报、约谈、限期整改、奖惩等制度。

二、开发区科学城产业学院治理体系建设内容

围绕国家关于实施创新驱动发展和粤港澳大湾区全面建设的重大战略部署，按照省委、省政府关于提升国际湾区核心竞争力的具体举措，面向粤港澳大湾区经济社会发展特别是支柱产业与新兴产业发展的现实需求，遵循产业发展规律、教育发展规律和科技创新规律，以供给侧结构性改革为引领，以现代产业学院职教联盟建设为抓手，优化校企协同发展环境，促使粤港澳大湾区职业院校"汇聚资源、服务产业"，实施产业学院聚集资源而进行平台建设的外在治理体系建设。以促进校企深度融合为主线，建立校企协同发展运行机制、服务和监督考核机制，提升科技、人才供给质量和水平，推动职业院校、行业企业、科研院所、地方政府各方优势互补，完善现代产业学院理事会机构与制度建设，形成共建共治共享内部治理体系。

（一）外在治理体系建设

为贯彻党的十九大关于"深化产教融合、校企合作"精神，落实《国务院办公厅关于深化产教融合的若干意见》（国办发〔2017〕95号）及《国家产教融合建设试点实施方案》（发改社会〔2019〕1558号）等文件的要求，

推进人力资源供给侧结构性改革工作部署，广州科技贸易职业学院通过建设职业院校、企业、科研院所、地方政府以及其他社会组织等紧密结合的"现代产业学院协同发展联盟"，制定《粤港澳大湾区现代产业学院职教联盟章程》，发挥行业、企业、学校资源集成优势，优化资源配置和共建共享，深化联盟办学体制机制和人才培养模式改革，更好推动区域经济社会发展步伐，促进校企深度合作，助力粤港澳大湾区经济社会更好更快发展，学院形成联盟工作方案，牵头制定联盟章程，聚集粤港澳大湾区上百家行业企业及职业院校成立"粤港澳大湾区现代产业学院职教联盟"，发挥搭平台聚资源的作用，以促进行业产业转型升级，提升人才培养质量，为粤港澳大湾区经济社会发展做出更大贡献。

1. 三个坚持实现产业学院可持续创新发展

一是坚持产业对接。依托粤港澳大湾区内各职业院校优势专业，突出现代产业学院联盟各成员科技创新和人才集聚优势，强化"产学研培用"体系化设计，推动经济转型升级、培育经济发展新动能，增强服务产业发展的支撑作用，切实增强人才对产业高质量发展的适应性。二是坚持改革驱动。充分发挥政校行企各方办学主体作用，职业院校对照行业企业需求落实"关停并转拓"专业调整，行业企业面向职业院校构建"人才吸引、技术吸纳、成果转化"的需求导向，政府相关部门深入推进"简政放权、放管结合、优化服务"改革，建立健全分类指导、分类评估、绩效激励制度，加强区域产业、教育、科技资源的统筹和部门之间的协调，推进共同建设、共同管理、共享资源。三是坚持机制创新。创新联盟科学决策机制推动育训结合产业人才队伍培养创新发展，创新利益机制形成产学研用多元合作利益保障生态，创新组织运行机制助推联盟逐步走上自我完善良性发展轨道，创新激励机制支持和鼓励联盟成员在共享共担机制等方面先行先试，创新保障机制促进联盟创新、协调、开放、共享、发展，逐步形成联盟各方主动对接、彼此支持、相互依存、共赢共生的产业学院良好发展态势。

2. 明确目标保障产业学院高质量发展

以粤港澳大湾区产教融合建设成果为基础，借鉴和总结成功产教融合联盟的经验，补齐传统联盟组织松散、机制缺失、管理失效、内容单一、融合不强的短板，补齐现有各产业学院人才培养零散、科技创新能力弱、产业对接不全面、企业与产业服务能力不强等方面的短板，全力打造融合型、创新型、利益机制长效型的产业学院新型联盟，使联盟成为协同创新的探索地、协同育人的实践营、协同发展的示范区。到 2023 年，联盟建立产业人才数据平台，可发布产业人才需求报告，促进粤港澳大湾区职业教育和产业人才需求精准对接；联盟研制职业教育产教对接谱系图，指导优化职业院校和专业布局，重点服务粤港澳大湾区先进制造业、现代服务业和科技创新产业，将"粤港澳大湾区现代产业学院职教联盟"打造成为全国示范性产教融合型联盟，助力建设广州市、深圳市成为国家级产教融合型城市，推动试点城市建设国家级开放型、共享型、智慧型产教融合实训基地，对粤港澳大湾区内职业院校、大中型企业实现服务全覆盖。

3. 优化联盟架构提升联盟效率

按"政校行企多元主体，共建共治共享共赢"的联盟建设宗旨，地方教育行政管理部门是主导与推进联盟建设的顶层规划主体，联盟决策执行的供给侧具体落地的职业院校是联盟人才培养及产业服务供给主体，联盟决策执行的需求侧具体落实的行业企业是联盟的人才技术及产业服务需求主体。对接区域产业发展需要，结合职业院校、行业企业实力和联盟建设需要，政府相关部门会同职业院校、行业企业等单位，在行业产业发展中推选具有领军地位、在人才培养方面具有优势地位，能够带动联盟向更高层次发展的单位作为联盟责任单位，按照行业特征和产业建设需要遴选符合要求的政校行企各方单位为联盟成员。建立产教融合信息管理系统，为校企双方优势资源搭建信息共享平台，为教师到企业进行技术开发、企业产品转型升级、学校开展生产性教学实践不断积累双方优势资源、促进成果转换、搭建创新创业服务平台开展"1 + X"证书合作等提供一站式服务，创新职业教育培养模式。联盟责任单位负责召集和主持由成员单位主要负责人组成相关工作会议，具体负责制定和修改联盟章程，吸收和罢免联盟成员，审议联盟发展规划、工作报告以及相关组织管理制度，决定联盟发展建设的其他事项。联盟设秘书处负责制定和实施联盟发展规划，组织管理制度，编发联盟工作进展信息，建立和维护联盟信息平台，推动联盟工作开展。设立所在领域专家学者组成联盟专家委员会为联盟建设提供决策咨询。广州科技贸易职业学院于 2020 年 12 月 25 日牵头成立"粤港澳大湾区现代产业学院职教联盟"，来自粤港澳大湾区的本科、高职、中职院校代表，行业企业代表等 126 名联盟成员代表参加了会议。"粤港澳大湾区现代产业学院职教联盟"为助力现代产业学院治理体系建设及粤港澳大湾区经济社会发展奠定了基础。

（二）内部治理体系建设

立足广州开发区经济发展，面向粤港澳大湾区产业建设，促进职业教育人才培养模式创新，建立教育链、产业链与人才链、创新链紧密结合的可持续发展的新型教学体制机制，广州科技贸易职业学院主动融入广州开发区开创性建设开发区科学城产业学院。开发区科学城产业学院以产教深度融合为目标，以专业发展为纽带，以高素质、高技能人才培养为核心，积极探索教育和教学改革，充分发挥职业院校、开发区产业园区及行业企业各自的优势，按照利益相关者理论创造性地建立理事会管理模式，充分发挥理事单位各自的优势，优化职业教育资源配置，提高办学水平，实现资源互补、政策共享、连锁培养、科学发展。

1. 产业学院理事会管理机构

本着平等、合作、诚信、共赢准则，遵守国家相关法律和地方有关规定，在政策与发展战略框架内，以平等协商、互惠互利、诚实守信、交流合作、共谋发展为原则制定产业学院理事会章程，明确理事会的指导单位地方政府相关机构，负责产业学院理事会的政策及理论指导。理事会的共建成员单位为开发区相关企业、高职院校，理事会成员由学校及合作企业等成员单位推荐，经理事会相关会议确定，其主要由广州市相关政府机构成员、开发区企业成员、相关高职院校成员及高职教育社会专家构成。产业学院建立理事会领导下的院长负责制，理事会为产业学院的决策管理机构，院长在理事会的领导下全权管理并有效运行产业学院。产业学院理事会领导下的机构有：秘书处（负责理事会日常事务的组织管理）、教产组（负责教学组织、运行与管理及产教融合工作中生产组织与管理）、学工组（负责学生管理工作）、综合组（负责综合协调与管理工作）、创新工作室（负责创新创业项目的组织与管理工作）、创业基地（负责创业的实施与运行管理工作）、活动中心（负责校企优秀文化的融合与活动管理工作）、研发车间（负责技术研究及产品开发等管理工作）。以上机构分工合作，实现产业学院的统筹资源、制定规划、产教实施及人才培养质量诊断等工作的有效开展。理事会成员单位应将扶持产业学院并以培养产业人才作为重要的工作目标；学校应确保产业学院办学所需的基本设施和相关办学资源并能够按照理事会审定的教学计划执行确保教学质量；合作企业应按照协议内容、深化产教融合各项工作，确保产业学院人才培养有效果。合作企业与学校有责任与义务多渠道筹集产业学院办学资源，在产业学院秘书处的统一安排下有序进行产业学院的建设工作，同时也负有利用其自身的学识、资源、社会影响力等为产业学院的发展做出贡献的义务。

2. 理事会的利益及长效机制建设

产业学院理事会着力建设保障本机构有效运行的长效机制，理事会成员应根据上章中的权利与义务，本着平等公正的原则，协商并明确成员间的责权利关系，建立责权利对称的长效机制。在产业学院建设过程中，理事会成员以产教融合、校企合作协议为依据，合法合规地进行产教融合各类项目的合作与建设，学校可通过购买企业产教融合项目服务及各类教学资源等方式加强产业学院建设资源，企业可以通过产教融合项目进行员工培训及产业学院学生顶岗实习等安排，使各成员有明确的利益机制。理事会成员通过产业学院的建设工作，积累各项育训成果，并以此为基础，协助企业成员完成产教融合型企业的申报与建设工作，使企业成员享受政府各类政策支持，在理事会成员中学校应实现社会利益，体现教育的社会性，企业可实现经济利益，体现资源的经济性；产业学院各理事成员在合作中各类资源的产权及利益分配，按照合作协议的相应规定执行，实现产业学院体制机制创新，推进产业学院有效运行及可持续发展。广州市开发区科学城产业学院围绕区域经济和产业发展战略，开展"政校行企"协同创新的产业学院理事会长效机制探索，建立了由政校行企多方共同组成的"产业学院理事会"管理制度，制定理事会章程，构建"产业学院理事会领导下的院长负责制"，充分发挥理事单位各自的优势，积极探索教育和教学改革，建立教育链、产业链与人才链、创新链紧密结合的可持续发展新型人才培养机制，形成人才共育、过程共管、责任共担的产业学院管理体制机制改革模式。（见图2-6）

3. 完善机制激发产业学院创新性

保障产业学院成员可持续发展需要以与时俱进的产业学院章程为依托，坚持"政校行企多元主体，共建共治共享共赢"的建设原则，通过章程明确产业学院建设指导思想、名称、性质、宗旨、任务、组织机构与议事决议执行程序等，明确各成员在协同创新、协同育人、协同发展等方面的合作方式以及事关发展建设的其他重大事项，促进"校园融合"，实现现代产业学院融合发展、创新发展，推动成员自身规范、有序、健康发展。依据供需产教融合信息管理平台，解决由于信息不对称导致的供需失衡问题，实时发布国家及行业企业产业升级、科技创新、人才供需等信息，举办产业学院内成员合作对接会，召开行业产业发展趋势、职业院校办学体制改革、人才培养模式改革、科技创

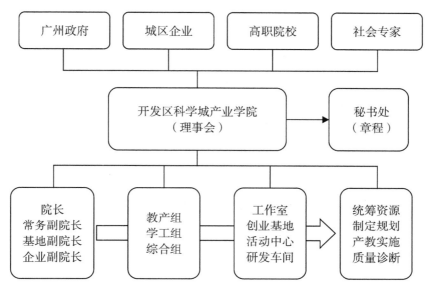

图2-6 产业学院理事会组成架构

新和组织管理模式改革论坛，形成的成果及时应用于发展建设，实现产业学院更高层次、更高质量的供需平衡、融合发展。基于共建共治共享共赢原则，校企成员根据产业及企业需求，合作共建现代产业学院，共同研发专业标准、岗位规范、质量标准等，合作制定人才培养或职工培训方案，构建产业学院的育训体系，促进人员相互兼职，相互为成员单位提供支持。

三、开发区科学城产业学院治理体系建设成效

开发区科学城产业学院治理体系建设预期成效为：提升产业学院专业群建设水平和人才培养质量，推动产业学院中每个专业开展"1+X"证书立项试点，校企合作开发教材20部，校企合作共建课程60门，申请并获知识产权30件，推动产出产教融合专著2部，申报并获立项省级课题40项；精准服务区域产业，提升区域经济与产业服务能力，年培养产业学院学生3000名，年提供产业人员与社会人员培训6000人次；实现现代产业学院体制与机制创新，为广州市建设国家级产教融合型试点城市提供有力支撑，在全国现代产业学院建设工作中起示范作用。

（一）体制机制创新成效

建立由政校行企多方共同组成的以"理事会"为核心的决策和管理机构，负责创新平台的资源整合、建设和运营决策。指导校企合作开展各项工作，兼顾各方利益，实现体制机制创新，推进平台建设有效运行及可持续发展。理事会由学院领导担任理事长，下设若干名常务理事及副理事长，各企业安排一名高级管理人员出任副理事长或常务理事。面向职业教育创新人才培养模式，充分发挥理事单位各自的优势，积极探索教育和教学改革，建立教育链、产业链与人才链、创新链紧密结合的可持续发展的新型教学机制，形成人才共育、过程共管、责任共担的校企合作体制机制改革模式。

（二）人才培养模式创新成果

1. 协同育人成效

依托广州市教育局与广州市开发区共建"产教融合示范区"的契机，积极开展"政校行企"共同参与的产业学院理事会管理体制探索与实践，推动"产教融合、校企合作"人才培养模式体制改革创新。以体制创新为引领，通过"理事会领导下院长负责制"改革，充分发挥由企业和学校有关人员共同参与组成的院务委员会的日常管理功能，调动多方力量，形成校企"共设专业、共建基地、共培团队、共享资源、共创成果、共育人才"的"校企双主体"协同育人运行机制。

2. 校企合作人才培养模式创新和突破

深入贯彻"将学校建在工业园区，将专业建在产业链上"的产业学院办学理念，以匹配广州市开发区产业发展与企业需求为建设前提，大胆探索实践，融入开发区产业园区打造开发区科学城现代产业学院，依链建院、以链成院，形成同步运转、相互支撑的运行机制，实现教育链、产业链与人才链、创新链有机衔接。构建"技能＋创新"人才培养模式，项目以试点专业为依托，基于教学企业和工作室平台，以项目为载体，培养创新型高技能人才，包括创新课程体系、教学模式、学分制改革，教学运行管理、教学场所建设模式等。

3. 融入产业园区的技能大赛创新和突破

校企合作共同承办技能大赛，竞赛地点设在开发区相关产业园区，竞赛项目、竞赛规程和竞赛相关技术指标由校企共同制定，竞赛的相关安排和宣传发动由双方共同实施，竞赛组织有序、安排周密，获得了参赛院校高度评价，取得了巨大的成功。

（三）校企科学研究及产业服务成效

1. 对接行业企业需求，开展高端应用技术研究

对接行业企业实际需求，以校企、校行合作项目为依托，开展高端应用技术研究，成为该领域前沿技术研究与推广的高地，实现"产、教、研"有机结合，成为行业企业技术的"助推器"和"孵化器"；计划出版专著 2 本、校企合作开发教材 10 本、发表论文 5 篇、产出发明专利 1 件、产出软件著作 3 项；与合作企业开展现代学徒制等人才培养及产业人员社会培训，精准服务区域产业，提升区域经济与产业服务能力，年培养产业学院学生 3000 名，年提供产业人员与社会人员培训 6000 人次。

2. 对接粤港澳大湾区建设，助力三地职业教育融合发展

建设粤港澳大湾区是习近平总书记亲自谋划、亲自部署、亲自推动的国家战略，《粤港澳大湾区发展规划纲要》强调"推动教育合作发展"。以广州开发区科学城产业学院为基础和平台，对接粤港澳大湾区的产业推进广州开发区科学城产业学院建设，促进粤港澳三地职业教育融合发展具有重要的意义。一方面，推进粤港澳大湾区职业教育合作项目，对标澳门旅游学院旅游专业的人才培养体系，探索共建广州南沙国际旅游学院，建设特色职业教育园区，培养服务于粤港澳大湾区旅游业发展的复合型技术技能型人才。另一方面吸纳更多的港澳地区的企业和院校，共建广州开发区科学城产业学院，共同开展产业学院治理体系、"1＋X"证书制度、现代学徒制、学分互认、大学生创新创业项目对接研究与实践，促进粤港澳大湾区职业教育融合发展。

3. 产业学院社会及经济效益

通过产业学院的建设实践，促进政府、学校、行业协会和企业多方的紧密合作，形成校企"共设专业、共建基地、共培团队、共享资源、共创成果、共育人才"的"校企双主体"协同育人运行机制，提高了各方资源的利用效率，改革探索全新的"产教融合、校企合作"人才培养模式，提高了技术技能人才培养质量，为区域企业培养大量急需对口的专业技术人才。同时，校企合作共同进行技术研发，共同承办技能大赛，即将大量企业真实项目融入教学，提高了人才培养质量，同时充分发挥师生团队和企业技术人员共同攻关的作用，为企业生产创造了显著的经济效益，其中学院与企业依托共同研发成果申报并获得广东省科技进步奖一等奖就是校企合作成果共享的典型案例。

附录　产业学院"四实"治理体系建设研究成果*
——产教融合视域下产业学院治理体系建设研究

[摘　要] 基于利益相关者理论建设的产业学院是职业院校深化产教融合、提升服务区域产业转型发展的有效路径。融入产业园区协同龙头企业共建产业学院，实施理事会领导下院长负责制，落实四类院长岗位、三个教学与生产工作组、四种实训与服务基地的治理机构，围绕产业学院夯实建设、研究、激励、组织、管理等"五创"制度建设，强化产业学院以学生为中心的治理能力，构建新时代高职院校有利于深化产教融合的产业学院"四实"治理体系，提升职业院校技术技能人才培养质量，为高等职业技术教育增强社会服务能力提供有益经验。

[关键词] 产教融合　产业学院　治理结构　治理能力

一、引言

2017 年，党的十九大报告提出了职业教育"深化产教融合、校企合作"的发展战略；同年 12 月，国务院办公厅发布落实十九大报告的具体文件《关于深化产教融合的若干意见》（国办发〔2017〕95 号），指出"深化产教融合，促进教育链、人才链与产业链、创新链有机衔接，……引导职业教育资源逐步向产业和人口集聚区集中，校企合作设立产业学院"，明确了职业教育对接产业需求、校企合作提升人才培养质量的目标和方向。在党中央、国务院的指引下，各省为深化产教融合、校企合作，纷纷出台系列落实政策和举措。广

---

　　* 本文发表于《职业技术教育》2020 年第 24 期，30－34 页。广东省教育科学规划 2020 年度项目"粤港澳大湾区职业教育产业学院建设的研究"（2020WQYB35）。本文作者蒋新革（1967—　），男，江苏泰兴人，广州科技贸易职业学院院长、教授、硕士研究生导师，研究方向为高等职业教育、计算机应用技术。

东省人民政府办公厅 2018 年 8 月发布《关于深化产教融合的实施意见》（粤府办〔2018〕40 号）文件，要求深化全日制职业院校办学体制改革，推进职业院校与企业、行业、园区联合，出台支持产业学院建设的政策措施，根据行业产业需求整合相关学科专业，组建跨学科、跨专业的产业学院。进一步确定了深化产教融合为现代职业技术教育的必由之路，产业学院建设是实现产教融合的重要载体，是中国进入新时代推动产业转型升级的新举措。开展融入产业聚集开发区、实施职业教育产业学院治理体系建设，是推动产教融合促进职业教育、提高人才培养质量、社会服务水平、走高质量发展之路的根本保障。

产业学院是以提升高校服务特定产业能力为目标，整合高校、政府、行业、企业资源，建立以应用型人才培养为主，兼有学生创业就业、技术创新、科技服务、继续教育等多功能的、多主体深度融合的新型实体性办学机构。调查显示，广东高职院校的产业学院已经投入运行，通过产业学院把生产链和专业群结合在一起，校企共同开发课程、共同育人。[1]从产业学院功能定位上看，其具有服务区域产业、汇聚各方资源，促进产业园区产业转型升级以实现高质量发展，促进教育链、人才链与产业链、创新链有机衔接的重要价值。广东高职院校在政府的主导下，借助地域优势，对接经济开发区产业发展需求与地方政府、行业、大型企业等共建产业学院，兼顾学校、企业、学生、教师以及企业投资方、家长、政府、行业等各方利益，开展产业学院治理体系的研究与实践，对推动粤港澳大湾区职业教育融合发展、落实《粤港澳大湾区发展规划纲要》具有重要的现实意义。

二、产业学院治理体系的现实意义

治理（governance）源于拉丁文和古希腊语，原意是控制、引导和操纵。[2]教育治理体系是教育治理主体、教育治理客体、教育治理过程、教育治理方式、教育治理制度等要素构建的完整系统，教育治理能力是公共教育治理中不同主体（政府、学校、社团、公民、中介和民间组织）依照法律，运用制度管理教育各方面事务的能力。[3]党的十八届三中全会于 2013 年 11 月 12 日通过《中共中央关于全面深化改革若干重大问题的决定》公告首次提出，全面深化改革要推进国家治理体系和治理能力现代化，开启了我国教育管理向教育治理转变的进程。2014 年教育部《关于进一步落实和扩大高校办学自主权完善高校内部治理结构的意见》文件指出：进一步下放学校招生、专业建设、教学组织、人员聘用、科技服务、办学经费、国际化交流 7 个方面权力给高校，以此进一步激发高等院校办学活力。党的十九届四中全会 2019 年 10 月通过《中共中央关于坚持和完善中国特色社会主义制度，推进国家治理体系和治理能力现代化若干问题的决定》确定"到 2035 年各方面制度更加完善，基本实现国家治理体系和治理能力现代化，本世纪中叶全面实现国家治理体系和治理能力现代化"战略目标，明确必须加强和创新社会治理，完善党委领导、政府负责、民主协商、公众参与、法制保障、科技支撑的社会治理体系，要求各级各类组织按照中央部署勇于探索、积极落实。在此背景下，作为新型办学基层组织的产业学院，承载职业教育深化产教融合、校企合作重任，急需开展产业学院治理体系建设，激发政校行企及社会各界参与产业学院建设的积极性，进而促进职业教育高质量发展。

随着国家对职业教育的进一步重视，2018 年广东省先后出台了《广东省职业教育条例》《广东省人民政府办公厅关于深化产教融合的实施意见》《中共广东省委广东省人民政府关于全面深化新时代教师队伍建设改革的实施意见》等系列推进职业教育改革发展的法规和政策文件，预示着广东省高等职业教育在新时代下迎来了新的历史发展机遇。至 2018 年年底广东高职院校数量与全国其他省份相比，已成为名副其实的教育大省，有高等职业院校 88 所，其中珠江三角洲地区有 71 所，占 81%，其分布于广东经济产业集群高度聚集相一致，仅广州地区有 46 所，占 52%。职业教育在国家战略、强力政策等利好下得到充分的发展，职业教育治理体系建设成为新时代职业教育发展的重要内容。[4] 截至 2020 年，广东各高职院积极借鉴英国"产业大学"建设模式，全省建成切合中国国情、独具特色的产业学院超过 200 个，覆盖 20 多个产业领域。但是，产业学院的发展面临着不少困难和问题，其常规管理亟待规范，基于理论层面开展的研究较多，缺乏针对产业学院治理体系建设成功案例的提炼，特别是在内部管理方面与现在职业院校治理体系要求相比差距较大，成为产业学院良性发展的瓶颈，正如张艳芳指出的：产业学院以服务产业经济发展提升职业教育为旨归，产业学院的运营契合市场经济的需要，有企业参与治理的诉求，体现民主治理的特点，在产业学院发展中因为企业逐利性价值取向和院校教育公益性价值取向的矛盾会始终存在，最终将演变为产业学院设计治理模式的两难，已成为困扰产业学院发展、影响其合作办学效益的重大阻力。[5] 产业学院是一个典型的利益相关者组织，急需完善与提升产业学院治理体系与治理能力，创新产业学院管理体制和运行机制，建立理事会领导下的院长负责制，构建政校行企协同育人机制，充分发挥产业学院各利益相关者的作用，共生共赢，才能实现产业学院的有效运行，提高职业院校技术技能人才培养质量、提升职业教育服务区域产业发展的能力和水平。

三、产教融合视域下产业学院"四实"治理体系

高等职业教育治理主体的职责定位更多地表现出社会对各主体的治理期待，只有明确各主体在高等职业教育治理中的角色定位，才能更好地协调各个治理主体的关系，保障多元治理体制发挥出更大作用。[6]产业学院治理是在国家深化产教融合校企合作、大力发展职业教育的总体要求下，在政府的主导下，在政府、企业、学校、教师、家长、社会专家、媒体工作者等利益相关主体参与下，兼顾各利益相关者权益的基层教育组织体系。

2019 年 10 月，国家发展改革委、教育部等 6 部门印发《国家产教融合建设试点实施方案》，指出"通过 5 年左右的努力，试点布局 50 个左右产教融合型城市"。广州未雨绸缪，2018 年广州市教育局和广州开发区管委会印发《"广州市产教融合示范区"建设方案（2018—2020 年)》，在广州开发区率先共建全国首个产教融合示范区——"广州市产教融合示范区"，强调"将建设产业学院作为示范区建设的首要任务，2018 年由广州市教育局与广州市开发区政府共同组织遴选，对接开发区产业链需求首批组建了 7 个产业学院，到2020 年把'广州市产教融合示范区'基本建成国家一流产教融合示范基地"。对接粤港澳大湾区，围绕装备制造、汽车、石化、家用电器、电子信息等优势产业，以及生物技术、5G 和移动互联、3D 打印、智能机器人等产业项目[7]，广州科技贸易职业学院按照专业群对接产业链方式，由开发区政府、产业园区管委会、支柱行业企业和市属高职院校共建"广州开发区科学城产业学院"，从 2018 年的 11 个专业 700 余名学生起步，到 2020 年的 24 个专业 2400 余名学生进驻。产业学院的探索实践形成以产教融合问题为导向、理事会治理章程为依据、运行制度为关键及建设方案为基本，构建了通过做实产教融合生态环境、夯实治理结构、抓实治理机制和落实治理能力的"四实"治理体系的目标（见图 2 - 7)。

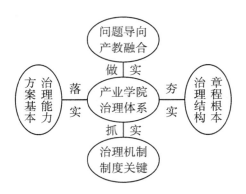

图2-7 产业学院"四实"治理体系

（一）以问题为导向创建产教融合生态环境，做实产业学院治理体系

以人才需求为导向和以产业为纽带以及围绕区域经济发展特色建立产业学院已成为四川、广东等地深入推进高职教育产教融合的重大战略举措。[8]地处国家改革创新先行地的广东在产业学院建设领先呈现起步早、覆盖广、总量大的发展趋势，本科院校以佛山科学技术学院、东莞理工学院为代表，以解决学校服务产业技术创新能力较弱问题为导向，对接区域支柱产业引企入校建设技术研发型产业学院。高职院校以广东轻工职业技术学院、中山职业技术学院为代表，以解决学校精准培养产业一线急需人才问题为导向，对接龙头企业、产业小镇，在产业园区遴选标杆企业建设生产型产业学院，使产业学院成为增强高职教育与区域经济匹配、推动二者紧密互动发展的重要手段，在全国已形成自身的特色品牌。

在国家政策及职业教育理论的引领下，中山职业技术学院依托灯饰设计与工艺专业与古镇镇政府、企业、行业合作兴办古镇灯饰学院，依托服装设计专业与沙溪镇政府及行业合作兴办沙溪纺织服装学院等多所产业学院，实施学校与企业双主体治理，整合政府、学校、行业、企业及社会资源，落实教育链、产业链、创新链与人才链四链衔接，深化产教融合、校企合作，提升学校精准培养产业急需的技术技能型人才的质量。产业学院建设以深化产教融合、校企合作，提升学校服务特定产业能力为目标，遵循利益相关者理论，构建由地方政府、产业园区管委会、支柱行业企业和高职院校相关利益群体共同参与的治理结构。厚植企业承担职业教育责任的社会环境，推动职业院校和产业（行业、企业）形成命运共同体[9]，建立从建设到运行有利于突出企业主体作用、发挥企业实践育人长处、激发企业能工巧匠内在动力、落实人才培养质量制度体系，形成企业积极、院长负责、专家治学、多元评价的适宜产教融合的治理环境与治理能力，促进产业学院健康发展。

（二）以章程为根本共建多元治理基层组织，夯实产业学院治理结构

2018 年，教育部专门发文明确把推进高校章程建设作为体现办学水平和治理能力重要内容，突出对内部治理结构的系统规范，为依法办学与自主管理提供全面依据。产业学院的建设是职业院校依据区域产业发展需求，是主动联合企业"融入产业"深化产教融合的创新之路。产业学院的建设对接市场经济运行模式，由政府、学校、行业、企业及社会代表等方面人员共同组成理事会，以理事会章程为根本明确政校行企各主体方的"责、权、利"，构建"资源共建、责任共担、成果共享"的多元主体的长效机制，形成稳定的产业学院决策体制、管理权力分配机制及管理制度保障体系。广州市属高职院校开发区产业学院，由广州市教育局与广州开发区政府协作，组织市属公办高校主动融入产业园区，按照专业群对接开发区产业园区支柱产业链，联合龙头企业共建区块链产业学院、智能制造产业学院、动漫与游戏产业学院等 7 所产业学院。2018 年，动漫与游戏产业学院率先联合利益各方构建了"理事会领导下的院长负责制"产业学院运行模式。产业学院理事会为产业学院的决策管理机构，院长在理事会的领导下全权负责产业学院的教育教学、社会服务和行政管理，对理事会负责。

良好的机构设置体系是产业学院生产和发展的必要保障。[10]产业学院治理组织依据章程设置 4 类院长岗位、3 个教学与生产工作组、4 种实训与服务基地，实施独立的人、财、物管理。4 类院长岗负责协同政府、产业园区、行业企业各方资源，组织 3 个教学与生产工作组和 4 种实训与服务基地落实理事会制定的发展规划，开展教学质量的诊断与改进，保障产业学院高效运行；教产组、学工组、综合组 3 个工作组分别负责教学运行及生产组织实训、学生管理工作、综合协调与管理工作等事项；工作室、创业基地、活动中心、研发车间 4 种实训与服务基地分别负责大学生实训与创新教育，大学生创新创业实施与运行，校企优秀文化的融合与活动，技术研究及产品开发等管理工作。

（三）以制度为关键组建学生中心运行体系，抓实产业学院治理机制

"以学生为中心"的教育思想是由人本主义者罗杰斯（Carl Ransom Rogers）提出，这一教育理念强调学生是学习的主体，一切教育活动的开展都应以学生的发展为中心。[11]融入产业园区建设的产业学院注重对接产业需求开展学生个体培养，突出学生学习的主体作用，较好实践学生为中心的教学理念。产业学院运作模式让企业人员成为学校人才培养的主体，直接实施专业建设和学校教育从计划、招生、培养到考核的全过程，通过政府指导和市场调节，以产业学院章程为根本构建校企利益共同体，形成稳定互惠的协同育人运行机制[12]，健全制度保障机制，落实产业学院治理机制，保证产业学院的健康运行。广东轻工职业学院立足轻工行业，与行业龙头企业合作，先后成立化妆品学院、雷诺钟表学院、白天鹅学院等多个产业学院，实施人财事权下放，推动产业学院形成校企责权利的统一治理机制。

产业学院是精准对接产业需求开展人才培养的有效途径，需要参与各利益相关者突出"以学生为中心"理念，协同构建产业学院"五创"建设长效运行机制（见图2-8），深化职业教育与区域产业的融合度。"五创"建设其一是创建产业学院联盟，建立教学与生产相协同、学生与员工相统一、基地与车间相一致、教师与工程师相补充的现代学徒制教学模式运行管理制度，保障学生个性化的发展；其二是创办教育链、人才链与产业链、创新链四链衔接的产教融合论坛管理制度，引导学校教师与企业工程师积极参与教材教法研究；其三是创设产业学院建设专项研究课题的管理制度，积极促进产业学院教学资源开发、社会服务、创新创业等建设；其四是创立校企各方主体参与产业学院建设的成果、绩效、评价等组合式激励制度，形成有利于学生全面发展的培养环境；其五是创新产业学院临时党支部，制定学生思想工作相关制度，构建学校教育大思政平台，落实为社会主义事业建设培养接班人和建设者重任。中山火炬职业技术学院二级院系党总支与合作公司党支部深度联合，在校企协同开展现代学徒制人才培养的基础上，以具有学生和企业员工双重身份的学徒的党建工作为切入点，对校企共同制定实施方案、联合开展组织学习、创新党建项目、共建教育资源等方面开展工作，探索校企协同开展组织活动的新模式。

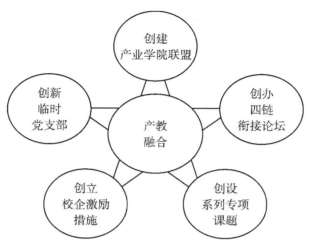

图 2-8 "五创" 建设示意

（四）以方案为基本构建产教融合培养体系，落实产业学院治理能力

治理体系的构建落脚点在于提升治理能力、深化产教融合，落实人才培养、解决产业转型升级人力资源难题。治理能力内容涉及基层管理者在工作过程中体现出来的沟通能力、组织协调能力、学习能力、团队合作能力等各个方面[13]，融入产业园区建设产业学院急需发挥区域企业优质资源助力人才培养、创新人才培养模式，激发多方参与积极性，以特色产业学院为平台，校企共同建设高水平专业、共同开发课程标准、共同开发高端认证证书[14]，共同实施生产性教学活动，在这些具体建设过程中落实产业学院管理者的综合治理能力，完善产教融合人才培养体系。2019 年，广州科技贸易职业学院融入开发区建设的开发区科学城产业学院，在所有遴选进入的专业中开展"两对接两访问三落实"建设方案与实施教育教学创新"两制三育人一体系"改革方案，校企合作完成 85 个课程及专业标准，建成两个职业技术教育研究生培养基地、获得省科技进步奖一项，在院学生数由 2018 年的 11 个专业 700 名学生到 2019 年的 24 个专业 1200 名学生，再到 2020 年的 24 个专业 2400 名学生，实现年年翻番，体现产业学院治理能力适合产教融合的强大生命力。

职业教育发展也应趋向于提供能灵活满足产业订制要求的各种教育课程、

生产实训或项目培训。[15] "两对接两访问三落实" 建设方案要求各专业在人才培养方案中落实课程对接企业生产岗位标准、专业对接行业标准的 "两对接"，要求各专业积极访问区域龙头企业和杰出校友的 "两访问"，进而将优质企业、先进技术项目、岗位技术能手落实在人才培养中的 "三落实"，从而保障产业学院拥有优质教育资源，满足产业订制要求。 "两制三育人一体系" 改革方案则是保障产业学院创新教学组织模式、全面提高产教融合成效，即在教育教学中实施利于发挥校企双主体作用的现代学徒制及利于发挥产学一体的学分制的 "两制" 改革，落实学生专业技能、创新创业能力及综合素质 "三育人" 成效提升，形成理事会中多元主体参与的人才培养质量评价 "体系"，全面提升产业学院治理能力。

四、结束语

高等职业教育是我国职业教育的中坚力量，具有突出的职教性特征。开放、跨界、合作、共治等是职业教育办学的基本理念。[16] 广东高职院校积极对接区域经济开发区产业园建设特色产业学院的探索实践，取得积极成效，在治理体系建设中成立了产业园区人力资源经理、社会专家、企业总工程师及学院教授等各方代表为理事的理事会，形成了 "五创" 建设的长效治理机制，突出了学生中心教育理念巩固，落实定期的产业学院产教融合研讨会保障了职业教育建设路径达成，实施 "两对接两访问三落实" 建设方案与教育教学创新 "两制三育人一体系" 改革方案，形成了教育和产业统筹融合、良性互动的发展格局，在全国、全省产生了较好的示范效应，逐步成为广州创建国家产教融合示范城市的一张闪亮名片，为粤港澳大湾区深化产教融合校企合作打下了坚实基础。

参考文献

[1] 陈子季. 以大改革促进大发展推动职业教育全面振兴 [J]. 中国职业技术教育，2020（1）：5-11.

[2] 俞可平. 经济全球化与治理变迁 [J]. 哲学研究，2000（10）：17-24，79.

[3] 余雅风. 以制度为关键和重点，让教育治理更有水平——推进教育治理体系和治理能力现代化 [J]. 中国电化教育，2020（1）：2-6，16.

［4］刘玉萍，吴南中．职业教育生态治理：价值内蕴与路径选择［J］．教育学术月刊，2019（7）：13－20．

［5］张艳芳．混合所有制产业学院的历史起源、现实困境与未来展望［J］．职业技术教育，2019（13）：40－44．

［6］常丽坤．高等职业教育治理体系的问题表征与对策［J］．职业技术教育，2016（19）：36－40．

［7］曾天山，马建华．加强职业院校专业课教材建设提高技术技能人才培养质量［J］．中国职业技术教育，2020（8）：5－9．

［8］卢坤建，周红莉，李作为．产业学院推进产教深度融合的实践探索——以广东轻工职业技术学院为例［J］．职业技术教育，2017（3）：14－17．

［9］刘锦峰，贺鑫．产业学院：高职院校产教深度融合的新途径——以跨境电商产业学院为例［J］．当代教育论坛，2019（3）：96－104．

［10］刘富才．产教融合背景下高职院校产业学院建设途径探析［J］．高教学刊，2019（23）：64－66．

［11］陈娟莉．以学生为中心的高职创新创业人才培养策略［J］．职业技术教育，2018（14）：69－72．

［12］蒋新革．新时代高职产教融合路径的探索与实践［J］．职教论坛，2020（1）：123－127．

［13］覃昆．基层管理者胜任力模型分析［J］．无锡职业技术学院学报，2011（6）：69－72．

［14］杨欣斌．基于特色产业学院的校企双元育人模式探索［J］．中国职业技术教育，2019（31）：10－13．

［15］张艳芳．混合所有制产业学院的历史缘起、现实困境与未来展望［J］．职业技术教育，2019（13）：40－44．

［16］孙长枬．高职院校治理体系建设的应然与实然比较［J］．职教论坛，2019（5）：149－154．

［17］国务院．关于印发国家职业教育改革实施方案的通知［EB/OL］．［2019－02－13］．http://www.gov.cn/zhengce/content/2019－02/13/content_5365341.htm.

［18］新华社．中共中央关于坚持和完善中国特色社会主义制度推进国家治理体系和治理能力现代化若干重大问题的决定［EB/OL］．［2019－11－05］．http://www.gov.cn/zhengce/2019－11/05/content_5449023.htm.

第三章　现代产业学院师资队伍建设

黄炎培曾指出"随着社会工业化的发展，对职业教育的需求必将激增，对劳动者技术技能重视程度也将达到前所未有的高度"[①]。自 1949 年中华人民共和国成立以来，我国职业教育有了很大的发展，特别是随着我国经济从计划经济向市场经济的转变，我国职业教育先后进行了多项重大改革，为国家培养了各类实用型人才，对经济社会发展做出了巨大贡献。随着中后期工业化时代的到来，我国已经成为世界上名副其实的"制造大国"，迫切需要数以亿计的高素质技术技能型人才，这对我国职业教育提出了严峻的挑战。[②] 纵观中华人民共和国成立以来的职业教育模式，可分为三个重要发展阶段：一是 20 世纪五六十年代，在行业办学时期的职业院校"工学结合、半工半读"的教育模式下，重在引导职业教育教学内容对接产业岗位要求的问题，形成一批标志性校办工厂；二是 20 世纪八九十年代，职业院校纷纷归属教育行政部门办学时期的"校企合作"教育模式，重在引导职业教育开展校企合作办学育人的问题，形成一批校内外实训基地；三是中国进入新时代，职业院校与行业企业融合发展的"产教融合校企合作"的育人模式，重在鼓励和引导行业企业参与职业教育发挥主体育人地位，形成一批产教融合型企业和现代产业学院。现代产业学院的建设成为行业企业发展和职业教育发展的"发动机"，成为人才链、产业链、教育链、创新链的四链有效衔接路径，其根本在于职业院校教师队伍的建设，其落脚点在于建设一支适应职业教育高质量发展的"双师型"团队。

---

① 黄炎培：《黄炎培教育文集》（第三卷），中国文史出版社 1994 年版，第 133 页。
② 杜利：《我国职业教育发展的理论与实证研究》，武汉理工大学 2008 年博士学位论文。

第一节　综　述

现代产业学院的建设需要高职院校探索建立管理机制、完善质量监控体系、解决师资紧缺、建立资源共享机制。其中，建设适应区域经济发展的现代产业学院"双师型"团队是落实职业教育"服务国家现代化、助力区域发展新动能、支撑行业走向产业中高端"历史使命的重要抓手，也是产业学院作为新生事物必须认真研究解决的建设难题。

一、职业教育"双师型"队伍建设政策背景

习近平总书记提出高质量发展是"十四五"乃至更长时期我国经济社会发展的主题，对教育的定位是建立高质量的教育体系，对职业教育的目标定位是增强职业教育的适应性。中国职业技术教育学会会长、教育部原副部长鲁昕在"中国发展高层论坛 2021 年会"上强调职业教育着力培养高素质技术技能人才、提高中等收入者比重、提高劳动力受教育年限，为产业转型升级和高质量发展做出了重要贡献。"十三五"以来，中国建成了世界规模最大的职业教育体系，年均向社会输送 1000 万名毕业生，这些毕业生工作在现代制造业、战略性新兴产业、现代服务业等领域，一线新增从业人员 70% 以上来自职业院校的毕业生。

职业教育教师队伍是发展职业教育的第一资源，是支撑新时代国家职业教育改革的关键力量。为贯彻落实《国家职业教育改革实施方案》（国发〔2019〕4 号）和中共中央、国务院《关于全面深化新时代教师队伍建设改革的意见》要求，2019 年 8 月教育部等 4 部门联合印发了《深化新时代职业教育"双师型"教师队伍建设改革实施方案》（教师〔2019〕6 号），明确把教师队伍建设作为基础性工作来抓，支撑职业教育改革发展，落实立德树人根本任务，加强师德师风建设，突出"双师型"教师个体成长和"双师型"教学团队建设相结合，提高教师教育教学能力和专业实践能力，优化专兼职教师队伍结构，大力提升职业院校"双师型"教师队伍建设水平，为实现我国职业教育现代化、培养大批高素质技术技能人才提供有力的师资保障。

从国内最早提出"双师型"概念的研究者来看，可以追溯到时任上海冶金专科学校仪电系主任的王义澄，他早于1990年就在《中国教育报》发表文章，提出并分析了培养"双师型"教师队伍的做法；此后他又撰文做了实践探索的具体介绍，提出"双师"就是"教师＋工程师"的概念诠释①，该"双师"的概念得到了职业教育界的普遍认同。2020年，中共中央、国务院印发了《深化新时代教育评价改革总体方案》，明确了职业院校教师队伍建设的方向，教育部等14部门联合制定的《职业院校全面开展职业培训 促进就业创业行动计划》《职业教育提质培优行动计划（2020—2023年）》以及广东省人民政府办公厅《关于印发广东省职业教育"扩容、提质、强服务"三年行动计划（2019—2021年）的通知》（粤府办〔2019〕4号）等文件相继出台。从中央到地方、到行业企业、到各级院校高度重视现代产业学院建设，需要构建积极的现代产业学院评价机制，全面加强"双师型"教师队伍建设，同时借助"双师型"教师队伍建设提升现代产业学院高质量发展。

二、职业院校"双师型"教师队伍建设意义

2020年，中共中央、国务院印发了《深化新时代教育评价改革总体方案》，明确了职业院校教师队伍建设的方向，在第七条健全职业学校评价，强调重点评价职业学校德技并修、产教融合、校企合作、育训结合、学生获取职业资格证书、毕业生就业质量、"双师型"教师队伍建设等情况；在第十条突出教育教学实绩，特别提出引导教师上好每一节课、关爱每一个学生；健全"双师型"教师评价标准，突出教师实践技能水平和专业教学能力。依托现代产业学院，建好建强建优"双师型"教师队伍是职业教育承担历史发展重任、实现高质量发展的根本保障。

（一）"双师型"教学团队建设有利于高职教育内涵式发展

2018年5月3日，习近平总书记在北京大学师生座谈会上指出："人才培养，关键在教师。教师队伍素质直接决定着大学办学能力和水平。建设社会主义现代化强国，需要一大批各方面各领域的优秀人才。这对我们教师队伍能力

---

① 王义澄：《适应专科教学需要，建设"双师型"教师队伍》，载《教材通讯》1991年第8期，第14－15页。

和水平提出了新的更高的要求。"对以就业为导向的职业教育，高水平"双师型"教学团队建设是新时代职业教育内涵式发展的重要内容，是提升高职院校人才培养质量的关键。"双师型"教师是高职教育的直接参与者、实施者和研究者，而高职教育侧重培养高端技能型人才，这取决于每名教师的业务能力。"双师型"教师是提高高职教育教学质量的关键，是增强高职院校竞争力的核心，是落实职业教育"服务国家现代化、助力区域发展新动能、支撑行业走向产业中高端"历史使命的重要抓手。

（二）"双师型"教师团队建设有利于解决高职院校师资紧张

职业教育定位与为经济建设一线培养高素质技术技能型人才，需要一支有扎实专业知识、丰富实践经验的"专兼结合"的"双师型"教师队伍，分工合作共同完成知识传授、技能提升。职业院校稳定的高水平兼职教师队伍，通过建立兼职教师师资库、提高待遇、搭建沟通交流平台等吸引兼职教师加入，增加企业生产实践和业务经营一线的技术骨干和工程师比例，通过适当的教学方法、教育心理的培训，提高兼职教师教学水平，增强学生的实践动手能力。[1] 2019 年，广州科技贸易职业学院与多家高中职院校合作开展高职专业学院试点工作，各试点高职院校依托产业学院向社会各界招收退伍军人、企业在职人员、农民工等，积极探索校校、校企协同育人合作机制，有效扩充高职院校师资队伍的容量。

（三）"双师型"教师团队建设有利于职业教育人才培养质量提升

在职业院校中建设一支"双师型"教师队伍，是落实制定理论与实践相结合的教学计划、编写理论与实践相结合的教材、实施理论联系实践的教学、开展产学研相结合、培养学生克服重理论轻实践的陈腐观念、树立重实践的观念和勇于实践的精神、承担专业理论课和实训课教学任务的任课教师。[2] "双师型"教师坚持理论与实践教学的紧密结合，坚持德育与技能教学的紧密结

---

① 张静：《百万扩招背景下高职院校教师队伍建设研究》，载《现代职业教育》2019 年第 36 期，第 288－289 页。

② 崔兰英：《以人的全面发展观为指导的"双师型"型教师队伍建设意义探析》，载《才智》2011 年第 21 期，第 263 页。

合，培养德智体美劳全面发展的学生，是培养高素质技能型人才不可或缺的重要内容。[1] 通过探索现代产业学院高水平"双师型"团队建设途径和策略，推动增强产业学院的教学、管理水平和综合治理能力，是实现"扩容、提质、强服务"的总要求，是提升人才培养质量的不竭动力，也是实现产业学院更高质量发展的必经之路。

三、现代产业学院"双师型"教师队伍特征

现代产业学院的诞生是职业教育和产业发展相融合的结果，是以提升高校服务特定产业能力为目标，融合高校、政府、行业和企业资源，建立以应用型人才培养为主，兼有学生创业就业、技术创新、科技服务、继续教育等多功能、多主体深度融合的新型实体性办学机构。[2] 多元化的办学主体和其独特的管理体系，使得产业学院"双师型"教师队伍具有以下特征。

（一）多元化

现代产业学院是校企深度合作的产物，被定位为合作高校的教学科研与社会服务基地、"双师型"教师培训基地、学生实习实训与创新创业基地，是教师学生授知识、练本领的实践阵地，同时还是校企双方的品牌辐射重镇。[3] 这就要求现代产业学院的师资队伍具有更强的产业技能性和专业实践性，使得包括行业企业的在职员工、产业领域的专业人士和社会各界的专家学者大量补充进师资队伍，丰富产业学院师资队伍的结构。

（二）流动性

受现代产业学院师资来源多元化的影响，加上产业学院的运行主要围绕校企合作项目和任务开展，会因为完成阶段性项目和任务根据"人岗相适"原则有针对性地组合教师团队，使得产业学院教师尤其是兼职教师队伍存在明显

---

① 李梦卿、万娥：《政府统筹下"双师型"教师队伍建设的引领与示范功能》，载《职教论坛》2012 年第 10 期，第 64 - 67 页。

② 蒋新革：《产教融合视域下产业学院治理体系建设研究》，载《职业技术教育》2020 年第 24 期，第 30 - 34 页。

③ 张连绪、韩娟：《产教融合背景下高职院校产业学院的建设路径》，载《广州城市职业学院学报》2019 年第 13 期，第 1 - 4 页。

的流动性。

（三）双重角色

现代产业学院师资队伍建设是在校企合作、产教融合基础上的新探索和新实践，要求"双师型"教师有教学与顶岗双重角色。教学与顶岗的角色转换要求产业学院的教师既要具有高校教师资格，又要具有从事相关行业的工作经历或职业资格，既要充当课堂理论教学者的角色，又是行业企业顶岗者的角色，既能作为"教书人"驾驭课堂履行教师职责，又能以"企业人"的责任感为顶岗企业创造价值。

（四）创新实践性

现代产业学院对"双师型"教师不断提出新要求：不仅要具备教育教学能力、专业实操能力、科研创新能力，还要及时更新掌握所属行业在生产、经营、技术、管理、服务等方面的最新发展趋势；既要有课堂教学的系统理论基础，又要有实践教学的岗位操作能力；既要具备引导学生参与实践的创新思维和教学创新能力，还要具备开设创业实践课程的专业实操技能和创业精神。

《国家中长期教育改革和发展规划纲要（2010—2020年）》自发布以来，国内高职院校都在"双师型"教师队伍建设上不断探索新发展路径、尝试新培养模式，构建适应高职教育长效发展、适合区域经济持续增长的师资队伍建设体系。

第二节　国内外研究与实践经验

随着社会经济发展的转型升级，高等职业教育逐渐与就业教育、创业教育、全民教育相互融合、相互渗透，现阶段我国高等职业教育已经从单纯的规模性扩张过渡到内涵性提升的新阶段。2006年，我国独立设置的高职院校有1147所，招生人数293万，总在校生数796万，超过了同期普通本科年招生人数和总在校生数。① 到 2018 年，广东省共有高等职业院校 88 所，其中珠三角地区 71 所、占 80.7%，广州地区 46 所、占 52.3%，呈现出高职院校与经济产业集群聚集的一致性。截至 2020 年年底，广东省已经建成切合国情、各具特色的产业学院 200 余所，覆盖 20 多个专业领域。② 职业教育质量的高低直接影响经济发展，而决定职业教育质量的根本因素是职业教育教师团队的质量。"百年大计，教育为本。教育大计，教师为本"。在 2018 年 9 月 10 日教师节当天召开的全国教育大会上，习近平总书记发表重要讲话，站在党和国家事业发展全局的战略高度，对建设一支宏大的高素质专业化教师队伍寄予了殷切希望，对加强教师队伍建设提出了明确要求："建设社会主义现代化强国，对教师队伍建设提出新的更高要求，也对全党全社会尊师重教提出新的更高要求。"

一、现代产业学院建设政策支持

20 世纪 90 年代，美国推行《由学校到就业法案》，要求学校在职业教育基础上贯彻企业培训的学习计划。澳大利亚特别重视在职业教育中实施以开办小企业为目标的创业教育，采用模块化课程，通过大量的案例启发学生，教会学生分析研究市场、设计创业方案、开展考核评估，激发学生的创业动机。德国实施"职业英才促进项目"，通过重点辅导、出国学习等方式，培养职业领域和劳动世界的"行家里手"。

国务院《关于加快发展现代化职业教育的决定》（国发〔2014〕19 号）、《国家中长期教育改革和发展规划纲要（2010—2020 年）》提出高等职业院校要主动适应经济和社会发展的需要，高等职业教育发展要坚持走产学研结合之路，要积极探索校企合作背景下人才培养的新途径和新方式，积极推行与生产劳动和社会实践相适应的学习新模式，探索校内校外生产性实训基地建设的校企组合新模式。③ 教育部在《2018 年教育部工作重点》中提出启动有中国特

---

① 易峥英：《产教融合背景下高职院校兼职教师队伍建设研究——基于高职院校兼职教师政策演变视角》，载《顺德职业技术学院院报》2019 年第 17 期，第 54 – 57 页。

② 蒋新革：《产教融合视域下产业学院治理体系建设研究》，载《职业技术教育》2020 年第 24 期，第 30 – 34 页。

③ 蒋新革：《"产教一体、寓学于工"人才培养模式的思与行》，载《教育与职业》2010 年第 35 期，第 26 – 27 页。

色的高水平职业学校建设规划，要求以提高技能人才水平、提升培训质量为主线，培养大国工匠、建设"双师型"团队、深化校企合作、提高信息化水平，引领职业教育向着高质量发展；建设一支以教书育人、立德树人为已任，为社会培养具有"德技双馨、工匠精神"高技能人才的"双师型"教师队伍，在专业教学、课程建设以及专业建设中有着日益突出的重要性。[①] 党的十九大报告将"深化产教融合、校企合作"提升到高质量发展高等职业教育事业、实现中华民族伟大复兴关键举措的重要高度，报告指出：要深化教育改革，加快教育现代化，办好人民满意的教育，完善职业教育和培训体系；推进产教融合、校企合作，加快一流大学和一流学科建设，实现高等教育内涵式发展。[②] 多举并行，我国正行驶在高等职业院校发展的快车道上。

二、现代产业学院"双师型"团队理论探索

高等职业教育培养社会发展需要的高素质技术技能应用型人才，职业教学必须跳出理论知识的框架限制，研究如何在实践中改变理论教学和生产实际相脱节的现实，将理论教学与生产实践紧密结合，培养与现代经济市场接轨的高素质应用型人才。[③] 在这样的背景要求下，市场引领产业、行业引领企业参与到教学活动中是未来我国职业教育体制改革、职业教育现代化发展的必然趋势。

坚持校企合作与产教融合是深化高等职业教育体制机制改革的重要举措，也是高职院校"双师型"教师队伍建设的有效途径。深度的校企合作、产教融合要让企业实实在在地参与高校的人才培养，让"双师型"教师实实在在地服务于产教融合。推行产教融合双主体，企业高校双向发力、双向整合，引企入校、引校入企，形成校企间的共同利益，促使主体双方愿意接受长期成本投入，进而获得长远收益。

---

① 《教育部关于加强高职高专教育人才培养工作的意见》（教高〔2000〕2号）。

② 杨善江：《产业深度转型下现代职业教育发展的必由之路》，载《教育与职业》2014年第33期，第8－10页；顾志祥：《产教融合背景下高职院校"双师型"教师队伍建设路径研究》，载《职教论坛》2019年第2期，第99－102页。

③ 李永荣：《高职院校产教融合现状及存在问题探究》，载《职业技术》2020年第19期，第11－14页。

（一）"校外基地教育化、校内基地生产化"

"双师型"教师与企业共同进行企业技术和项目开发已经成为高等职业院校服务于产教融合的首选方式，如教师挂职锻炼、共同建设实习实践基地、共同承担课程开发、专业建设和访问工程师项目等。

校企共建，有的高等职业院校实行企业法人和学院领导共同担任二级学院院长，聘请企业的"名师、名家、名企"进入二级学院学科专业建设委员会，与专业教师一起制定专业培养计划[①]，这能够更好地将企业的生产、需求和理念带进课堂，实现订单式培养。

深化职业院校办学体制改革，推进职业院校与企业、行业、园区联合，以提升高校服务特定产业能力，整合资源，建立以应用型人才培养为主，兼有学生创业就业、技术创新、科技服务、继续教育等多功能的、多主体深度融合的新型实体性办学机构，并根据行业产业需求整合相关学科专业，组建跨学科、跨专业的产业学院。

英国多科技术学院实施"三明治课程"，学生前两年在学院学习，第三年到相关的企业实习，最后一年又回到学院学习，为社会培养了有技术、能适应职业需要的人才；德国梅泽堡应用科技大学（HOME）设立在德国著名的"化工三角区"内，与企业关系密切，企业资助建成的"德国化学博物馆"面向全德国学生开放，激发年轻人对化工、科技等的热情；美国俄克拉荷马州立大学技术学院的汽车专业，与福特汽车、通用汽车、克莱斯勒汽车、丰田汽车等大型汽车公司合作，在校内实训车间配备各类型号的汽车及维修维护设备近200台（套），使师生在教与学的过程中直临企业生产一线。

广东惠州某职业学院财经系与银丰有限公司共同创办汇达有限公司，院（系）主任作为公司法人，汇达公司为财经系学生提供实训基地，实现学生100%参加企业实操培训；广西某职业技术学院与上海教育集团合作创办汽车学院，学校负责教学、学生管理，企业负责设备、主干课程教学和学生就业，实现优势互补、互利互惠、风险共担、共同发展。[②]

---

① 宋超先：《高职"校中厂"产教结合长效机制研究与实践》，载《探索与实践》2012 年第 8 期，第 185 页。

② 万玉文：《校企合作长效运行机制的研究与实践》，载《轻工科技》2016 年第 6 期，第 162－163 页。

（二）校企合作、产教融合的三个层面

一是产业与教育的融合，产业为高等职业教育提供物质支撑，实现了产业要素与教育要素的协同配合；二是企业与学校的融合，让校企合作成为产教融合的落脚点，企业与学校之间资源互通、人事互补、利益共享；三是生产与教学的融合，企业的生产实践与学校的课堂教学相融合，实现了教学内容与岗位能力对接、生产过程与教学过程对接。

三、现代产业学院"双师型"师资队伍建设标准

世界一流高职院校致力于建设一批具有卓越技术实力和社会声誉的"双高"（即高水平、高知名度）教学大师和教学团队，他们专注于钻研专业技术应用及其教学，具有超前的行业前瞻性和领域发展预见性。这些教师的专业能力和教学水平深受学生和社会认可，在行业领域具有较高的社会知名度和影响力。

1995 年，"双师型"教师队伍建设首次出现在国家职业教育政策文件中。《国家教委关于发展建设示范性职业大学工作的通知》（职教〔1995〕15 号）中要求申报一批具有专业实践能力的专业课教师和实习指导教师，其中 1/3 以上为"双师型"教师。[1] 2018 年，中共中央、国务院印发的《关于全面深化新时代教师队伍建设改革的意见》中明确提出要全面提高职业院校教师质量，建设一支高素质的"双师型"教师队伍。建设高素质"双师型"教师队伍既是高技能人才培养的需要，也是摒除高职教育制约因素的需要，更是高职院校向好发展的需要。[2]

目前"双师型"教师队伍主要以高等职业院校教师为主体，而从普通本科院校转型来的应用型本科院校教师在知识、能力、素质方面都与高职院校的师资定位存在一定的差异。在不同的教育基础、不同的人才需求、不同的校企合作方式背景下，导致"双师型"教师的认定在标准上存在一定差异。

---

[1]　习近平：《决胜全面建成小康社会，夺取新时代中国特色社会主义伟大胜利——在中国共产党第十九次全国代表大会上的报告》，载《人民日报》2017 年 10 月 28 日 01 版。

[2]　徐石交：《高职院校"双师型"教师培养机制研究》，载《陕西青年职业学院学报》2019 年第 2 期，第 12 – 16 页。

（一）"双师型"教师认定标准

1. 国际"双师型"教师界定经验

美国、日本、德国、澳大利亚等是世界公认职业教育较为发达的国家，他们对于"双师型"教师界定标准也较为典型。通过比对研究，可以得出这些国家在"双师型"教师界定方面的共性，具有一定的借鉴价值。（见表 3 - 1）

表 3 - 1　美国、日本、德国、澳大利亚"双师型"教师界定标准

美国	日本	德国	澳大利亚
硕士学位	硕士学位	博士学位	硕士学位 （业内专家放宽）
3 年及以上	6 年及以上	5 年及以上	3 年及以上
授课加 企业工作	企业直接从事 授课内容工作	每周 3.5 天带领学生 接受企业实践	定期参加学术会议加 企业工作

可以得出，世界高等职业教育强国对"双师型"教师的界定均包含学历、企业工作经验等硬性标准，这一标准不仅可以保证"双师型"教师在人才培育过程中的实践性，也可以保障职业教育与企业生产间联系的紧密性。

2. 国内"双师型"教师界定经验

国内对"双师型"教师的界定目前尚未形成统一固定标准，比较具有代表性的有"双证书"标准，即教师同时拥有教师资格证书和职业技能证书；"双素质"标准，即教师同时符合教师基本素质和技师基本素质；"双职称"标准，即教师同时具备教师系列职称和工程师系列职称；"双层次"标准，即第一层次"教师＋技师"，第二层次"人师＋事师"（见表 3 - 2）。①

---

① 李丹：《产教融合背景下"双师型"师资队伍建设研究》，载《前沿》2018 年第 5 期，第 39 - 45 页。

表 3 - 2　国内"双师型"教师的界定标准

标准	双证书	双素质	双职称	双层次
条件	教师资格证 + 职业技能证	教师基本素质 + 技师基本素质	教师系列职称 + 工程师系列职称	第一层次"教师 + 技师" 第二层次"人师 + 事师"
特点	硬性指标	综合素质	双系列职称考核	硬性指标和综合素质

广东某高校《"双师型"教师认定与管理暂行办法（试行）》指出：参与"双师型"教师资格认定需具有良好的职业道德素质，身心健康，年龄在 60 周岁以下，且满足"取得国家承认的本专业中级及以上专业技术职称；近 5 年有两年以上在企业一线从事本专业实际工作的经历；近 5 年主持（或主要参与）两项应用技术研究；近 5 年参加学校组织的企业（行业）培训、进企业实践锻炼、指导学生技能竞赛等活动累计 1 个月及以上，经企业、学校考核合格"条件之一。

清远某职业技术学校同样将教师道德素质评价、专业技术中级以上职称作为"双师型"教师认定标准的同时，也要求企业背景的教师要有两年以上的专业课教学经验，进一步加强了对教师主体授课能力方面的要求。

（二）"双师型"教师应具备的素质

随着一批普通本科高等院校转型为应用型本科院校、高职院校的职能定位要求进一步提高，"双师型"教师作为人才培养、校企协同直接参与者，国家、企业、学校、学生各方对"双师型"教师的素质也提出了更高的要求。

在产教融合背景下，"双师型"教师需要具备如下能力：一是扎实的专业基础，专业知识的掌握是教师能力最重要的体现，也是对教师能力最基本的要求；二是优秀的教学能力，能把最先进的技术带入课堂，传授给学生，提高学生的实践能力；三是出众的社交能力，教师是学校与企业联系的纽带，出众的社交能力使得教师能更好地承接学校、学生和企业间信息交流的重任；四是非凡的创新能力。①

---

① 王晓刚、冯玮：《高职院校"双师型"教师队伍建设存在的问题与对策》，载《教育探索》2013 年第 5 期，第 96 - 97 页。

（三）"双师型"教师的培养

"双师型"教师队伍是高职院校实现内涵式发展的主要力量，是提升人才培养质量的根本保证，也是高职院校核心竞争力的重要表现。建设一支熟悉产业状况、服务产业转型、支持产业发展的高素质专业化的"双师型"教师队伍，是提高技术技能型人才质量和推动应用型高校发展的根本保证。《国家中长期教育改革和发展规划纲要（2010—2020 年）》指出以"双师型"教师为重点，加大职业教师培训力度①；《教育部财政部关于实施职业院校教师素质提高计划（2017—2020 年）的意见》提出"双师型"师资建设应与产业转型升级衔接配套，推进产业企业参与人才培养全过程，实现校企、产教协同育人。广东某高校提出"双师型"教师培养三阶段方案：第一阶段联合社会企业和校内师生创建公司；第二阶段在公司发展和扩充过程中对专业教师进行轮训，反哺"双师型"教师培养；第三阶段固化成果，将公司创办经验和教师轮训成果整理总结，形成资料，并应用到教学实践中。

"双师型"教师培养的重点要从"增量"过渡到"提质"的思路和行动上来。高等职业院校在将"学赛研培"融入"双师型"教师队伍建设过程中，取得了一定的经验，如设立"双师型"工作室，实现学校有工、教师能工、教学融工、学生会工的"四有工"格局。② 以骨干教师国家级培训为媒介，促进"双师型"师资队伍素质提升，建立"双师型"教师的终身培训体系；以技能大赛为载体，通过竞赛项目立项、指导、执裁，倒逼高职院校"双师型"师资队伍建设等。广东某职业技术学院按照"培养社会需要的高素质高技能人才"方针，紧跟区域经济发展需求，以学校和企业为双主体，学校依托大中型行业企业，与广东广量测绘信息技术有限公司、蓝盾信息安全技术股份有限公司等企业共建"双师型"培训示范基地。

建设一支高水平、高素质的"双师型"教师队伍是职业教育发展的关键，是高职院校生存和发展的基石，也是提高高职院校人才培养质量的根本保证。高等职业院校应在发展中努力优化"双师型"师资队伍结构，更好地为经济

---

① 金霁、魏影：《新时代高职院校"双师型"教师队伍建设的路径》，载《职教通讯》2018 年第 16 期，第 71－75 页。

② 蒋新革：《"学赛研培"四位一体的双师工作室协同育人模式研究》，载《中国职业技术教育》2016 年第 26 期，第 44－48 页。

发展和科技进步培养合格的应用型技术人才。

（四）"双师型"教师队伍建设现状

德国的"双元制"职业教育体系，要求教师需同时兼顾学习与工作、学校培训与企业实践。日本则将"双师型"教师定义为"职业训练指导员"，特指完成技术专业即机械、电工、家电维修等技能和教育专业学习而获取双学士学位的教师，持有教师资格证书的教师需要先进入企业环境积累实践经验，将理论知识与实际操作相结合后再传授给学生。

《国家中长期教育改革和发展规划纲要（2010—2020年）》自发布以来，国内外众多学者就校企合作、产教融合背景下"双师型"教师队伍建设的发展路径、培养模式、体系构建等方面进行探析。国内学术界普遍认为"双师型"教师需要同时掌握扎实的理论专业知识和大量实践经验，且能将二者融会贯通。"双师型"教师首先需要通过"轮训制"深入企业一线岗位进行实践，其次还需要带领学生进入校外企业进行实习，同时在校内指导学生参与设计课程与各类社会活动。[1]目前，我国高职学院"双师型"教师队伍建设现状可以从三个方面进行分析：一是学校层面。职业院校教师普遍来自高校毕业的研究生，很少有教学经验丰富的企事业单位教师，存在教学经验不足、科研能力较弱、缺乏社会服务能力等情况；高职院校引进人才市场中的"双师型"教师，虽具备着专业技术职称和技术技能，但缺乏专业的教育教学素质能力，需要接受专业培训和考核。二是企业层面。企业与职业院校之间缺乏对现有教师队伍进行"双师型"人才培育和交流的机制，导致企业提出的技能培养课程体系和教学标准针对性不强或者难以实施；企业处于提高经营效益的考虑，优秀的一线人才将更多地固定在工作岗位上，很少让他们连续、系统地参与师生技能的培养。[2]三是教师层面。高职院校教师的教学、科研具有封闭性，与社会、企业、单位的联系不紧密，现实条件和客观环境影响和制约着"双师型"教师队伍建设。

---

① 王晓刚：《高职院校"双师型"教师队伍建设存在的问题与对策》，载《教育探索》2013年第5期。

② 张瑞英：《现代学徒制双师团队建设》，载《教育管理》2019年第12期。

四、现代产业学院师资队伍建设困境与启示

2019 年，国务院发布的《国家职业教育改革实施方案》指出，我国职业教育现今仍然存在着教师评价管理体系建设不完善、教育理念与实践脱节、企业参与办学的动力不足、人才培养质量水平参差不齐、职业技能实训基地建设尚需加强等诸多问题。同年，教育部等 4 部委发布《深化新时代职业教育"双师型"教师队伍建设改革实施方案》明确指出，与新时代国家职业教育改革的新要求相比，职业教育教师队伍还存在着数量不足、来源单一、校企双向流动不畅、结构性矛盾突出、管理体制机制不灵活、专业化水平偏低的问题，尤其是同时具备理论教学和实践教学能力的"双师型"教师和教学团队短缺，已成为制约职业教育改革发展的瓶颈。

（一）教育管理、人才培养理念与生产实践脱节

重学术、轻技术，重理论、轻实践，重学历、轻能力的教育管理和人才培养理念普遍存在，使得大多数高等职业院校与企业合作仍停留在表面。与国外先进的职业教育校企合作实践相比，国内尚未形成比较系统的产教融合理论，缺乏对生产实践的总结和应用。[①]

企业用人需求与高等职业院校制式化的"生产"模式存在相互矛盾。企业实际经营生产流程、员工考核方式等与高职院校学生教育管理模式存在差异，高等职业院校实训资源不能满足学生的需求，导致企业对毕业生的愿求与毕业生自身能力素养存在差距。

学生缺乏企业职场场景的职业规划、职业素养训练。一项针对重庆交通职业学院物流管理专业 2018 届毕业生培养质量评价的调查显示：毕业生就业对口率仅为 41%，1 年内的离职率高达 40%；究其原因是学生毕业进入就业市场时非常迷茫，对专业认识不够，对岗位知之甚少，找不准就业方向。[②]

---

① 李丹：《产教融合背景下"双师型"师资队伍建设研究》，载《前沿》2018 年第 5 期，第 39 - 45 页。

② 李永荣：《高职院校产教融合现状及存在问题探究》，载《职业技术》2020 年第 19 期，第 11 - 14 页。

（二）"双师型"教师认定缺乏统一标准

国内高职院校对"双师型"教师的认证虽然有"双证书"标准、"双职称"标准、"双素质"标准和"双层次"标准等，但各级政府、教育主管部门以及各高职院校仍然没有制定专门的评聘细则，也没有规范的认定标准，"双师型"认定工作各自为政，降低了"双师型"教师身份的认同度，阻碍了师资队伍的建设与流动。

（三）高校教师引进渠道单一

目前高校教师聘任方式主要来自高校硕博毕业生，或者是从高校到高校，实际行业从业经验教师比例小，而从企业引进的人才由于学历等"硬条件"的约束而逐渐减少，就必然导致部分教师欠缺专业的实践能力、缺乏行业的执行能力。课堂教学内容也多以理论教学为主，实践技能教学为辅，理论教学与企业实践相脱离。

（四）培训、激励、评价机制不完善

"双师型"教师队伍培训体系建设有待完善。缺乏"双师型"教师工作权威的评价标准和对应的奖励措施，未把"双师"培训纳入课时计算工作量等，使"双师型"教师疲于课时量压力，疏于生产实践的教学，导致高等职业教育无"高""职"特色。

（五）兼职教师积极性有待激发

各高职院校虽然都聘有兼职教师，但仅将其作为"双师型"教师队伍的补充，而对于兼职教师的定位、管理和使用还仅停留在专业实践课的授课教师层面，而其在人才培养方案调整和对全职教师素质和能力培养层面上的积极作用却没有得到很好的发挥。

第三节 职业教育"双师型"教师队伍建设策略

培养一批能够实现"深化产教融合、校企合作，培养数以亿计的高素质

劳动者和技术技能人才"的教师团队，是高职教育本质特色的内在要求，是高职院校产业学院发展的关键因素。培养"双师型"高质量的职业教育教师队伍，需要以协同育人为宗旨，以现代产业学院为统领，以"双师型"教师培训基地为依托，充分发挥教师发展中心、工作室、创新创业基地的平台作用，不断提升教师队伍的专业教学与技术实践能力，并以现代学徒制试点、学分制改革为契机构建产教融合的教师队伍成长生态环境，促进"双师型"团队的培育，建立高质量师资队伍。

一、以教师发展中心为平台，提升教师专业教学能力

19世纪末，美国教育联合会提出了教师发展的内涵概念，包括个人发展、教学发展、专业发展和组织发展四个方面。近年来，国务院、教育部相继颁布多项文件要求高校推进设立教师教学发展中心，为教师提升专业水平和教学能力构建资源平台。

（一）教师发展中心是高职教育产教深度融合的内在需求

轻职教、重普教，轻技能、重研究的观念一直是制约职业教育发展的社会消极因素。而社会经济产业结构的调整，使得高素质应用型人才供不应求。对高职教师而言，不再是只在课室内简单地承担教书育人的职责，还要在课堂外面向产业，进行技术创新、产品研发和科技攻关等实践，同时还要掌握前沿性的行业信息。然而，一些长期在教育第一线工作的教师在面对新教育理念和教育技术时存在接受缓慢、知识更新滞后等问题，制约了人才培养质量。建立教师发展中心，可以为教师搭建教学资源共享平台，提供专业指导、教学素材、行业信息等资源。

（二）教师发展中心是提升高职教师素质的外在驱动

教育部《关于中央部门所属高校深化教育教学改革的指导意见》（2016年）提出，要实现教师培训体系的制度化、专业化、网络化，各地各高校要建立教师教学发展中心，开展教师培训、教学咨询服务、教学改革研究、教学质量评估等业务，助力建设优质教学资源，提升教师教学能力和业务水平。[①]

---

① 《教育部关于中央部门所属高校深化教育教学改革的指导意见》。

　　实践中的教师发展中心建设重点立足于"规划教师发展、教师成长研究、教师培养培训、建设资源平台、推进研讨交流、为教师个性化发展提供咨询服务"六方面内容，同时开展目标明确、特色鲜明、功能完备、形式多样的教师发展促进活动。①

1. 研究教师需求

　　教师发展中心要结合学校教师队伍建设的实际，改变以刚性的行政命令方式开展教师发展活动的方式，根据教学实际，了解教师发展的实际状况、存在困难和发展需求，针对教师发展需求设计有效的教师发展项目，提高教师发展活动的针对性和实效性。② 以教师生涯发展中的各类人员为服务对象，把解决问题作为重要职责，发掘教师职业发展的热点、难点，通过调查、研究，提出对策建议，以科学的研究成果促进高职教师专业发展和内涵发展。③

2. 提供培训交流

　　教师发展中心建立便捷高效的培训交流平台，探索多渠道、分类别的培训方式，同时增加教育技术等相关应用知识的培训，以及具体技能的实操、实训培训内容，使教师真正从"被动接受服务"转变为"主动要求服务"，从而切实提高教师各项素质。④

3. 关注人性化

　　加强对教师内心的关注。从外部激励向内心关注转变，关注教师身体、心理及职业素养，关注教师职称晋升政策咨询与支持问题；增强教师自我的认同感及对教育事业的归属感，给予教师全方位的支持与帮助。⑤

4. 突出学术性

　　在教育部国家级教师教学发展中心工作会议中指出：高校教师教学发展中心应该是服务性的学术机构，并非单纯的管理部门。教师发展中心应该优化配置各种优质资源、教学经验，辅佐教务处、科研处开展学术性服务。明确学校

　　① 《陕西省教育厅关于加强省属高等院校教师发展中心建设的指导意见》（陕教师〔2013〕29 号）。

　　② 别敦荣：《大学教师教学发展中心的性质与功能》，载《复旦教育论坛》2014 年第 12 期，第 41 - 47 页。

　　③ 董玮：《高校教师发展中心价值功能探析——以陕西省高校教师发展中心建设为例》，载《陕西教育（高教）》2016 年第 11 期，第 52 - 53 页。

　　④ 李永、吴昌龙：《高校教师教学发展中心业务职能研究——基于 10 所国家级示范中心 2015 年网站文本的分析》，载《教育与教学研究》2017 年第 6 期，第 62 - 68 页。

　　⑤ 靳于谦：《高校教师发展中心的职能与功能初探》，载《教育时空》2017 年第 5 期，第 144 - 145 页。

职能部门与教师发展中心工作职责的协调与统筹关系，实现教师发展工作的常态化、专业化。配置相关的行政管理人员和教学专家、咨询人员、质量评估专家、现代教育技术专家等。[①] 在深化产教融合、校企合作的背景下，教师发展中心的设立能更好地为教师提供专业指导，构建教学资源共享平台，尊重教师的自主性，为教师提供个性化、专业化发展服务，培养教师的职业认同感，更是实现教师与学校卓越发展的双向互动的实践途径。

（三）教师发展中心建设的典型案例

1. 广东某职业技术学院教师发展中心

广东某职业技术学院依托并充分发挥教师发展中心在教师培养中的核心载体作用，以马克思主义发展观引领教师发展理念，聚焦"双师"素质，设计了立体多维的教师发展平台，围绕教师发展的"三个层面两种关系"，第一层面是教学，教学发展宗旨是提升课堂教学质量，核心是教师教学能力的提升；第二层面是科研，关键是提升教师的科研能力，根本上是要让教师以科研促进教学；第三层面是专业实践，重点是提升教师专业实践能力，加强"双师"素质建设。实施"一中心""三工程""六计划"："一中心"是指：建立教师发展中心并且依托中心在教师培养中的核心载体作用，以激发教师潜能、提高教师能力、追求卓越教学、开展合作交流、服务区域发展为中心目标；"三工程"是指：实施"'双师型'结构教学团队"培育工程，打造名师名课堂，实施"技术服务与科研团队"培育工程，打造应用技术创新发展中心和技术服务团队，实施"创新创业导师团队"培育工程，打造创新创业工作室和多元化的创新创业导师团队；"六计划"是指：实施"师德诚信银行计划""领军拔尖计划""骨干攀登计划""'双师'强基计划""专兼职互助计划"和"'青蓝'计划"。[②] 通过落实"一周一活动"，开展多元化的培训，创建大师工作室，以赛促训，推进教师个人业务档案建设，精准提供个性化的发展服务等措施，有力地推动了教师能力提升和"双师"素质的加强。

2. 河南省某高校教学评价与教师发展中心

河南省某高校于 2016 年年底独立建制教学评价与教师发展中心，设置教

---

① 吴红：《高职院校教师发展中心功能及其实现路径》，载《中国职业技术教育》2017 年第 28 期，第 72 - 74 页。

② 钟斌：《建设立体多维教师发展平台的探索与实践——以广东轻工职业技术学院教师发展中心建设为例》，载《辽宁高职学院》2020 年第 1 期，第 80 - 84 页。

学评价、教学监控、教师发展三个科室，致力于构建常态化、制度化、特色化的教师教学发展体制和机制，围绕服务教师发展、助力学生成长"一个目标"，使教学评价科、教学监控科和教师发展科"三驾马车"协同并进，全面实施教师教学能力提升行动计划。一是建立教师业务档案，开展教师教学技能培训，选派教师外出研修，检查考核教师到企业实践的方案和效果，组织教学竞赛、教学观摩和教学方法研讨等活动，开展师德师风建设工作和提供教学技能咨询服务等。二是系统性规划"教师发展项目"，出台《××师范学院教师教学能力提升行动计划实施方案》，围绕师德师风、信息技术、教学设计、综合素质四个方面，组织开展包括新教师入职培训、青年教师教学过关、教师传帮带、教学竞赛、单科进修、实践锻炼、校本培训、委托培训等系列教学培训，服务教师职业生涯发展。[①]

二、以项目化工作室为平台，提升教师实践技能水平

立足产教融合视域，通过建立健全师资队伍引进和管理机制，以现代产业学院"双师型"团队建设为探索核心，以教师教学创新团队建设为支撑，以专兼结合双向流动机制建设为突破口，吸收更多的青年才俊，打造大师、名师工作室和"双师型"教师培养培训基地，组建全新的工作团队；同时对现有的人才培养模式进行创新，优化课程设计，开发一些更具特色的教材内容。针对年轻教师的实践教学能力进行培养，促使其能够做到理论与实践相结合，以此实现"双师型"的基本目标。另外，还需要建立名师与年轻教师的互动机制，加强两者之间的交流沟通，全面提升年轻教师的实践操作能力。

（一）健全现代产业学院企业兼职教师的信息资源库

对专兼职教师的学历专业、工作履历、任教课程等相关资料进行统计和记录，建立教师数据库。在校企合作过程中，吸收熟悉掌握生产过程以及动手能力强的能工巧匠，将其聘任为学校的兼职教师；在与兄弟院校沟通交流时，吸纳教学经验丰富、专业技能优秀的其他院校教师，将其聘任为兼职教师。这样既拓宽了兼职教师的来源渠道，又增加了学校兼职教师队伍的厚度。

① 孟现志：《略论高校教师教学发展中心的职能定位与运行模式》，载《商丘师范学院学报》2020 年第 11 期，第 101－105 页。

（二）建立专兼结合机制，搭建结构合理的教学团队

建立"专兼结合＋双师素质"的"专业带头人＋骨干教师＋梯队教师"的教学团队建设体系。以专业建设、课程建设、项目建设等为主线，以责任分工为依据，对现有专业师资进行科学优化，补充团队必需人才，组建各类教学团队。搭建教学团队管理平台，运用激励和评价制度，打造与企业联系紧密、规模稳定、特色鲜明、综合能力强的专兼结合的优秀教学团队。每个教学团队聘请1名具有一定行业影响力的校外专家，选拔1名校内专家，分别作为教学团队的专兼职负责人。组织兼职教师参加教育培训、课程建设和教研活动，创新兼职教师聘任和管理机制，提高兼职教师的教学能力，从而提升教学团队的整体实力，实现师生比达1∶18、专业教师企业实践和轮训率达100%、"双师型"教师占专业课教师的比例超过80%的标准。

（三）建立校企合作育人模式长效激励机制

制定《兼职教师聘用管理办法》《外聘专家管理办法》《高层次人才柔性引进管理办法》《师资队伍顶岗实践和进修培训实施办法》等管理文件，联合企业建立校企协同创新育人模式，将企业资源真材实料地转化为教育资源，形成政企校、校企生全过程、全方位培育人才的稳定、长效机制。

（四）工作室平台建设的典型案例

1. 中山某职业学院教师工作室

中山某职业学院推动教师工作室平台建设，成功地将"国家培养要求"转化为"教师内在需求"，有效地实现了从"要我学"向"我要学"的转变，夯实了提高人才培养质量的根基。教师工作室建设的总体目标是在校企合作的基础上，利用实训校区资源，为学院骨干教师、专业带头人、青年教师搭建一个集教学、科研、服务、培训于一体的发展平台，让优秀教师在工作室中将理论与实践、研究与行动相结合，通过传帮带的示范作用，扶持青年教师的专业成长，为学院培养一批"教育家型"高素质专业技术人才。

教师工作室展现了教师个体发展的自主性。其构建基于教师个人兴趣、专业特长及研究方向，具有自愿组合项目小组或研发团队，由工作室负责人统一管理工作室的日常运作。学院只负责审批工作室立项，提供相应的启动资金，并监管资金的使用情况，不干预工作室内部运作。教师可以根据自身优势选择

参与工作室的项目。工作室研发成果产生后，依据在项目推进过程中成员所做的贡献大小，获得不同的奖励和项目成果，并作为工作量的考核依据。

教师工作室促进了教师个体发展的开放性。工作室建设资金也可来源于社会企业、工作室成员集资等，以股份制形式管理教师工作室运作。其中，兼职教师可以与专任教师协同合作，共享项目成果。[①]

2. 苏州某职业学院"双导师制"工作室

苏州某职业学院依托现代学徒制，学校和企业协同共建师资队伍，形成了学校专业教师和企业的专业师傅共同承担教学任务的"双导师制"模式。以酒店管理专业为例，在"双导师制"培养模式下，专任教师与酒店师傅各司其职、各尽所能，专任教师以传授理论知识为主，教授酒店管理理论知识，为学生从事酒店行业打下坚实的理论基础；酒店师傅以传授实践经验为主，学生可以从中学到在课堂无法学到的知识，提升专业实践能力。理论与实践互融，提高人才培养质量，实现人才培养目标。[②]

三、以创新创业基地为平台，提升"双师型"团队创新能力

建设产教融合高水平双师队伍需以提升教师业务水平和教学能力为重点，以"立德树人，创新培养，学教融合，协同育人"为工作思路，现代产业学院秉承将"专业建在产业链上"的指导思想，通过建立健全师资队伍引进和管理机制，吸纳更多优秀人才，通过深化校企合作、产教融合，提升产业学院教师队伍"双师"素质。

广州科技贸易职业学院以政府创新创业政策为引领，以行企为依托，以现代产业学院为载体，将创新创业素养教育与专业教育相融合，打造了一支包括校内教师、企业行业专家在内的创新创业导师队伍，这是一支能胜任指导校内外创客空间、创业苗圃、众创空间等大学生创新创业实践的"双师型"教师队伍，还能针对大一新生全面开展创新与创业导论课程。同时，学院还具备SYB（全称是"Start Your Business"，意为"创办你的企业"）创业讲师资格

---

①　陈小明：《工作室助推青年教师发展探索——以中山火炬职业技术学院为例》，载《职业教育研究》2014 年第 11 期，第 60 – 64 页。

②　许莲：《现代学徒制视角下专、兼职教师团队建设研究——以高职院校酒店管理专业为例》，载《轻工科技》2019 年第 12 期，第 180 – 181 页。

的师资达 33 人，国家职业资格创业咨询师二级 6 人，SYB 实训指导师 5 人，网络创业培训讲师资格 3 人。作为广东省、广州市创业培训定点机构，2020 年广州科技贸易职业学院针对毕业生开展了 3 个班的 SYB 创业培训，培训人数 90 人，通过率达 100%。

广州科技贸易职业学院将创新创业教育与专业教育相融合，以培养具有创新精神与创业素养的技术技能人才为目标，深化课程体系改革，建设"普识化、专业化、精英化"分为三层递进性的创新创业教育课程体系；组建创新创业师生工作室，学院与企业共建众创空间、孵化器与加速器等大学生创新创业成果培育基地，依托政府政策支持与资金资助，通过市场化运作，把具有创意和发展前景的大学生团队与项目推向企业、送进产业，促进大学生团队加速成长，扶持成立能经得起市场考验的大学生创新创业企业。

四、以现代产业学院为依托，提升"双师型"教师团队质量

广州科技贸易职业学院积极依托开发区科学城产业学院，对接广州市开发区产业发展需求，主动融入产业园区，夯实"一院一园"对接工程，大力推进"两对接两访问三落实"建设，全面实施现代学徒制试点、积极开发在岗培训项目，协同开展"我为产业学院做贡献"等活动，坚持在"服务产业发展、精准培育产业人才"中提升"双师型"教师团队质量。

2017 年，广州科技贸易职业学院开始探索现代学徒制教学模式探索。学院出台《现代学徒制导师聘任标准》《现代学徒制企业导师培训管理办法》《现代学徒制教师挂职锻炼管理办法》《关于"工匠之师"和"未来工匠之星"评选办法》《学院兼职教师管理办法》《现代学徒制"双导师"考核办法》《创新工作室管理办法》等管理制度，将现代学徒制教师的聘任、考核管理、课酬标准、教师挂职锻炼、专业技能培训、集中专题培训等内容列入管理办法中，鼓励专业指导教师与企业合作。2018 年，学院获评教育部第三批现代学徒制试点单位，学院在学徒制人才培养中鼓励教师到企业工作，并与企业导师充分沟通，将企业一线生产经验带回课堂，并以此为标准进行专业调整和课程改革。目前，学院开展现代学徒制试点专业共 9 个，其中教育部试点专业 2 个，省级试点专业 7 个。在坚持学院企业双主体育人、学生学徒双重身份基础上，广州科技贸易职业学院坚持在岗培养、在岗成才的培养理念，构建起双主体共同教学的现代学徒制人才培养体系。

学院引导进驻开发区科学城产业学院的各二级学院相关专业要充分发挥科技园区及各对口企业雄厚的企业资源及科研平台优势，推进"两对接两访问三落实"工程，即产业学院各专业的专业标准要精准对接行业标准，各专业的课程标准要对接企业岗位标准；产业学院各专业团队要全方位访问光宝广州科技园区及周边的企业，全方位访问校友；产业学院每个专业都要落实对接企业，落实校企互聘互用、共建共享师资团队，落实师生共同参与并完成校企合作项目，创新人才培养模式改革。夯实产业学院内涵建设、提升"双师型"团队建设。学院结合各个二级学院专项工作开展情况进行审核评分，评选若干优秀合作企业和教师团队，鼓励在"两对接两访问三落实"工作中做出贡献的部门及教职工，以促进产业学院"双师型"教师队伍建设发展。在产教融合、校企合作背景下，在产业学院建设过程中，高职院校"双师型"教师团队的建设关系到职业教育培养目标的实现，是提高职业教育质量的坚实保障，也是落实职业教育"服务国家现代化、助力区域发展新动能、支撑行业走向产业中高端"历史使命的重要抓手。学院组织人事处（教师发展中心）牵头，协同学院工会、各党支部积极开展了"我为产业学院做贡献"等活动，通过走访广州经济开发区产业园区、调研企业需求、访问优秀校友、参加共建活动、聘请企业兼职教师、评选优秀合作企业、举办系列培训班等举措壮大"双师型"教师队伍。学院各部门积极参与组建由学校教师与行业企业专家组成的"双师型"教师团队，协作开展模块化教学，建立导师制、师徒制，强化个性化教学。针对教学研究与实践，定期开展教研活动，研究解决教学组织运行等方面的新情况、新问题，实现教学资源整合、师资共享，促进教师之间的有效配合。针对扩招后教育教学新要求，产业学院加大教师培训力度，助力推动教师转变观念、创新模式、改革方法，增强适应和教学、管理、服务过程中的新情况、新要求的能力。

第四节　产业学院"双师型"团队建设实践

2017年以来，广州科技贸易职业学院采用政府主导、市场运作的方式，秉承"将产业学院建在开发区里，将专业建在产业链上"的建设理念，与光宝集团建新电子有限公司、广东轩辕网络科技股份有限公司等100多家企业合作建设了"开发区科学城产业学院"。形成"政企行校"协同创新，兼顾企业经济效益与学校公益效益的现代产业学院治理体系，已取得"2个连番、2个突破、2个首创"的良好成果：现代产业学院规模从最初11个专业789名学生，到24个专业1200名学生，再到2400多名学生；在开发区就业学生比例由5%到15%，再到30%，实现每年翻番；与开发区企业合作建立研究所实施技术创新获得广东省科技进步一等奖，实现高职院校零的突破，智能制造技术开发与应用获全国高职院校优秀案例20强；与开发区企业首创开展无人机技能竞赛连续两年获得省赛第一名，联合大湾区百家职校与企业首创大湾区现代产业学院联盟。

一、现代产业学院"双师型"教师团队建设实践

师资队伍的建设是现代产业学院建设的基础，更是其可持续性发展的动力。广州科技贸易职业学院立足于整体发展高度，依托现代产业学院建设，充分发挥教师发展中心作用，加强高素质教师队伍建设，有目的、有针对地壮大、补强师资队伍，进一步提升我院教师职业教育能力与水平，推进课程建设与改革，提高人才培养质量；聚集全校力量、统筹内外资源，创新性实施"柔性人才"建设计划，实现广东省职业院校"双师型"教师培训基地及国家"双师型"培训项目双突破；通过国家教育部审核取得广东省智能制造教师实践流动站；依托现代产业学院，探索校企人才双向流动机制，设置灵活的人事制度，建立选聘行业协会、企业业务骨干、优秀技术和管理人才到高校任教的有效路径；探索实施产业教师（导师）特设岗位计划，完善产业兼职教师引进、认证与使用机制；加强教师培训，共建一批教师企业实践岗位，开展师资交流、研讨、培训等业务，将现代产业学院建设成"双师双能型"教师培养培训基地。

（一）强化师德建设工程，夯实"双师型"团队根基

坚持把师德建设放在更加突出的位置，深入落实《中共广东省委教育工委广东省教育厅关于建立健全教师师德长效机制的实施意见》，拓展师德教育载体，多渠道、分层次、有的放矢地创新师德教育内容和方法，增强师德教育的针对性和有效性，将师德教育摆在教师培养培训工作的首位。每年9月按省市要求开展"师德建设主题教育月"活动。加大优秀师德典型宣传力度，组

织开展师德先进报告会、师德建设论坛等活动，表彰师德标兵，在广州科技贸易职业学院内营造重德养德的良好风气。规范教师从教行为，加强学术诚信教育，严肃查处学术不端行为。

广州科技贸易职业学院实行教师师德承诺制度，建立教师诚信体系（见图 3 - 1）。加强师德考核，将师德考核摆在教师考核的首位，建立和完善教师师德规范及其考核评价机制，将师德考核贯穿于日常教育教学、科学研究和社会服务的全过程，将师德表现作为教师绩效考核、职称（职务）评聘、岗位聘用和奖惩的首要内容；实行师德"一票否决"，推行师德考核负面清单制度，建立教师师德档案；教师有师德禁行行为的，师德考核不合格，并依法依规分别给予相应处分；完善师德监督机制，加大师德违规惩处力度，对师德违规行为，按规定给予相应处分，对危害严重、影响恶劣的，坚决清除出教师队伍；完善师德问责机制，对师德建设工作不力、监管不到位的部门，追究相关责任人的责任。

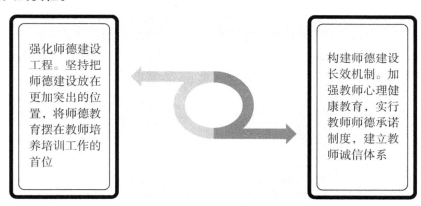

强化师德建设工程。坚持把师德建设放在更加突出的位置，将师德教育摆在教师培养培训工作的首位

构建师德建设长效机制。加强教师心理健康教育，实行教师师德承诺制度，建立教师诚信体系

图 3 - 1　师德工程与诚信体系

（二）政企校行四方联动，筑实"双师型"团队结构

依托现代产业学院的产业业务和师资队伍，充分利用政府政策、企业、行业的有效资源，建立广东省职业院校"双师型"教师培训基地。该基地以打造适应新业态、新技能、新服务的专业技术人员为理念，契合大湾区的产业结构需求，与区域产业发展相融合，深化校企合作，摸索出信息源、技术源、创新源与人才源四源合一的产教融合人才培养模式。广州科技贸易职业学院先后

与广州信息工程职业学校等多所高职院校开展了专项、定制课程和"双师型"培训，培训教师数量约 1700 人次；依托学院骨干专业、职业教育师资、教育教学改革和实践教学的优势，对接企业需求、量身定做，派出教师到企业上门开展培训服务，有针对性地提高了企业员工职业素质和技能水平；借助广州市开发区雄厚的产业集群、企业资源及科研平台，联合企业技术骨干、学者专家构建校企结合的师资团队，将理论与生产相结合、教学与科研相结合，进一步提高了教师业务素质、企业技术水平等；根据各优势专业契合产业发展前沿技术需求构建培训平台，与相关企业建立产教融合校企深度合作模式，面向本校及区域院教师开展"1 + X"区域师资培训，面向社会人员开展岗前培训，面向区域院校学生开展对口区域实习就业服务。

实行 5 年一周期的全员轮训制度，新任教师"先实践、后上岗"并定期进行企业实践。对尚未达到双师素质要求的专业教师安排到企业参加顶岗实践两年以上，专业课教师每 3 年须有 6 个月以上时间到企业或生产服务一线实践，年度到企业实践锻炼专任教师达到 20% 以上。把专业教师到企业实践作为在职教师继续教育的重要形式和教师职务（职称）聘任、晋升的必要条件。近年来，学院"双师型"教师占比逐步提升，正向着"双师型"教师比例达到并保持在 80% 左右的建设目标稳步迈进。（见图 3 - 2）

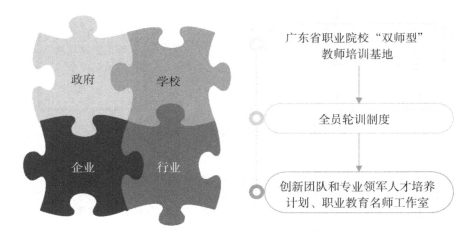

图 3 - 2 政校行企四方联动助力教师培育架构

（三）完善工作机制，优化"双师型"团队结构

制定实施职业教育教师教学创新团队和专业领军人才培养计划、职业教育名师工作室和技能大师工作室建设计划，加强教研室等基层教学组织建设，培养满足企业技能和教学能力需要的教师；通过承担校企合作项目、开展技术服务、指导技能竞赛、参加国内外培训、开发精品课程等，培养一批在国内外具有较大影响的专业带头人，促使其成为省级专业领军人才；分批安排校内所有专业带头人赴国（境）外培训、研修，承担厅（局）级以上教研和科研项目，主持专业建设及核心课程开发，立项项目团队孵化，双带头人共建专业等，拓宽专业带头人视野，提高其在行业企业的影响力，增强其专业总体规划及资源整合力，使其专业水平与国内外先进水平接轨，在专业建设和专业改革中充分发挥领军组织作用。

借力企业优秀人才，聘用与培养兼职专业带头人。加大高层次技能型兼职教师的引进力度，规范行业企业兼职专业带头人的聘用；每个专业聘用1名兼职专业带头人，与校内专业带头人配合，实施校企互动的"双专业带头人"制；制定相应的管理办法，根据不同专业需求设立特聘岗位，制定优惠政策，聘用兼职专业带头人参与专业建设，指导学生顶岗实习、讲授部分专业核心课程、作为项目负责人带领校内教师开展横向项目研究、参与实验实训基地建设、指导青年教师等具体工作，推进专业建设、实训基地建设和师资队伍建设。

加强人才引进工作，拓宽高层次人才引进的渠道，加大从企业引进高层次技能型人才的力度；制定《学院高层次人才引进管理办法》，规范和完善人才引进工作机制，采取直接引进或柔性引进等方式，研究制定年薪制、工作启动经费、安家费、住房补贴、人才公寓等人才引进激励机制，为引进人才营造良好的政策环境；实行特殊人才特殊待遇、重点专业重点引进、紧缺人才破格使用等措施；在人才引进的过程中，合作企业深度融入，为人才引进招聘工作提供企业和行业方面的专业性指导意见（见图3-3）。2012年以来，学院各类人才引进增幅达28%，其中高层次人才占引进总人数的21%。学院通过拓宽和完善各类人才引进机制和准入条件，逐步构建一支结构合理、技艺精良的现代产业学院"双师型"教师队伍，确保师资队伍水平能够契合新时代高职教育的需要。

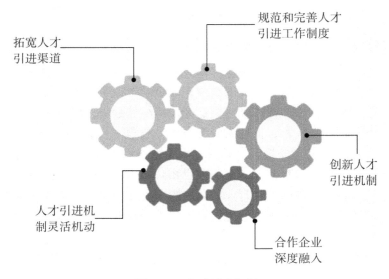

图3-3　人才引进机制

（四）发挥教师发展中心功能，提升"双师型"团队素质

教师发展中心和质量监控办公室共同组织开展职教能力培训测评工作。职教能力培训测评是加强师资队伍建设的重要内容，是学院"创新强校"工程建设的必然要求。通过对二级院院长、副院长、教研室主任、专业带头人、骨干教师、"双师"素质和其他专任教师和其他校外兼课教师、兼职教师分批次进行培训测评，为转变广州科技贸易职业学院教师职业教育教学理念、提升教学实施能力、促进教师教学质量和教学效果的提高奠定了良好的基础，使广州科技贸易职业学院师资队伍整体水平有一定程度的提升，教师职教能力和教学质量得到全面增强，有效地促进广州科技贸易职业学院专业建设、课程建设、校企合作、工学结合，以及服务社会等方面的发展建设，为提高劳动者素质、推动经济社会发展和促进就业创业做出贡献（见图3-4）。

为进一步加强校外兼职兼课教师的聘用管理以及鼓励更多的能工巧匠形和企业专家加到学院的兼职教课教师队伍中，由广州科技贸易职业学院教师发展中心牵头对《兼职教师管理办法》加以完善和修订，进一步规范校外兼职兼课教师聘用和管理的流程及各类企业行业人才的分类评价标准和指标。目前，

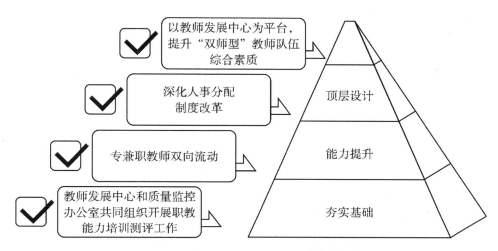

图3-4　依托教师发展中心提升教师素质策略

广州科技贸易职业学院常态化聘请的包括企业专业人才和能工巧匠在内的兼职兼课教师300余人，其中，来自企业行业的兼职教师占67%，一线生产岗位的兼职教师占66.2%，具备高级职称及高级专业技能人才占26.7%，中级职称或中级专业技能人才占40.7%。同时，广州科技贸易职业学院制定和修订了《专业技术人员院外兼职和在岗离岗创业管理办法》《学院教师定岗实践管理办法》《学院业绩认定管理办法》《学院职称评审管理办法》等管理办法，深入贯彻了党的十九大精神和习近平总书记在全国教育大会和2018年"两院"院士大会上的重要讲话精神，破除唯分数、唯升学、唯文凭、唯论文、唯帽子的顽瘴痼疾，改进科技评价体系，破除科技评价中"唯论文"的不良导向，鼓励符合条件的专任教师到企业开展创新创业活动或顶岗挂职锻炼，使广州科技贸易职业学院教师接触最前沿的行业知识技能，激发教师的创新创业意识，为广州科技贸易职业学院师资建设提供"产学研培创"优质平台。

（五）依托校企合作，构建"双师型"团队培养机制

明确专业教师到实训基地和企业锻炼的目标、考核办法及待遇等，激发专任教师深入行业企业一线实践积极性，为教师下企业实践锻炼提供制度保障；提出把具有3年以上专业相关企业工作年限专任教师比例作为部门工作目标，并纳入对各二级学院（部）绩效考核的内容；要求专业教师积极参加企业生

产实践、应用技术研究项目、工程应用项目、开发应用项目、调查与对策研究项目，参加专业技能培训并考取高级技术（技能）等级证书，提高自身实践能力；建立"双师型"专业教师继续教育的培训制度和"教师职业生涯规划"制度，借助校企合作与企业联合培养专业教师，针对教师实际情况实行分类培养（见图 3 – 5）。

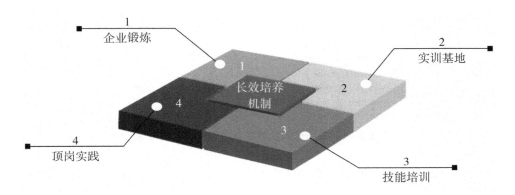

图 3 – 5　"双师型"教师培养长效机制

　　坚持"一流人才、一流业绩、一流待遇"的薪酬分配导向，修改完善学院绩效工资制度，依据管理、技术、技能、服务等工作岗位的特点，突出责任、能力和业绩，坚持薪酬分配向关键岗位、技术岗位和技能岗位倾斜；将岗位聘期考核结果与职务晋升、岗位分级竞聘、薪酬分配挂钩，营造有利于人才脱颖而出、人尽其才的制度环境，切实激发学院优秀拔尖人才、专业领军人才和优秀创新团队活力。根据不同专业教师的岗位职责和工作特点，不断完善教师分类管理的评价办法以及相关配套奖惩制度等，达到"凝聚关键人才，激励骨干队伍，调动全体人员"的目的。

　　（六）优化评价体系，激发"双师型"团队职业潜力

　　广州科技贸易职业学院将岗位聘期考核结果与职务晋升、岗位分级竞聘、薪酬分配挂钩，营造利于人才脱颖而出、人尽其才的制度环境，激发广州科技贸易职业学院优秀拔尖人才、专业领军人才和优秀创新团队潜在活力；建立与绩效改革相适应的薪酬激励机制，坚持"一流人才、一流业绩、一流待遇"的薪酬分配导向，修改完善广州科技贸易职业学院绩效工资制度，依据管理、

技术、技能、服务等工作岗位的特点，突出责任、能力和业绩，坚持薪酬分配向关键岗位、技术岗位和技能岗位倾斜，通过严格的绩效考核，拉开不同岗位的收入差距；根据不同专业教师的岗位职责和工作特点，探索建立督导、学生、同行等多方参与的评价体系，引导教师潜心教书育人；不断完善教师分类管理的评价办法以及相关配套奖惩制度等，开展的职教能力培训与测评工作，3年内实现所有专任教师通过测评达标，持证上岗，50%以上兼职（兼课）教师通过岗位培训。

（七）校企双聘制，推动"双师型"团队升级

广州科技贸易职业学院创新探索"校企双向互聘"机制，即企业向广州科技贸易职业学院派出兼职教师，参与专业课教学，广州科技贸易职业学院向企业派出访问工程师，深入企业生产一线，实现校企融合、协同共建。各二级学院根据专业教学团队建设的需要，选择生产技术、治理水平在本行业中处于先进水平的行业、企业，作为互聘互兼的合作单位，推进产教深度融合，聘请既有实践经验又能胜任教学任务的行业专家或生产一线的技术能手承担学院实践教学任务，对教学效果优秀者给予奖励，建立良好校企合作关系，打造一支具有较强专业素养的专兼职教师队伍（见图3-6）。

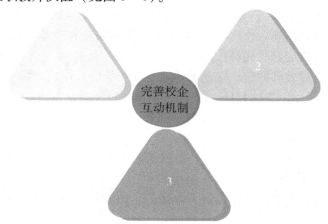

1. 探索"校企双向互聘"机制

2. 强化对兼职教师的培养

3. 完善教学团队建设体系

图3-6 专兼结合教师团队建设

广州科技贸易职业学院注重提升兼职教师的教学水平，常态化对兼职教师开展教育教学能力的专项培训，通过对教师职业道德、高等职业教育核心理念

及教育学、心理学等课程的培训，为兼职教师配备教学经验丰富的教师进行一对一帮带，使兼职教师尽快熟悉教学、提高教学方法和教学技巧；组织开展兼职教师岗前培训；提升教学能力学习，定期组织兼职教师座谈、经验交流、研讨和联谊等活动，鼓励其参与学校建设；选派优秀兼职教师参加国家、省级业务培训，并对长期承担教学工作的企业专业技术人员进行高校教师资格认定和职称评定，调动企业专业人员的积极性；构建教师成长系统，激励专兼结合团队自学、服务企业，不断提升兼职教师教育教学能力，发挥兼职教师在高职教育中的作用。完善"专兼结合＋双师素质"的"专业带头人＋骨干教师＋梯队教师"的教学团队建设体系。

二、现代产业学院"双师型"教师团队建设案例

（一）产教融合背景下教师激励机制和管理模式创新

1. 背景介绍

产教融合的价值导向对师资队伍建设提出了新要求。2013 年 11 月，《中共中央关于全面深化改革若干重大问题的决定》首次提出"深化产教融合、校企合作"；党的十九大报告中指出"完善职业教育和培训体系，深化产教融合、校企合作"。产教融合是推动高职教育改革与发展的有效措施，是高职教育适应新时代科技进步的有效机制，是实施"人才兴校"的战略举措，同时也对教师的理论知识教学能力和产学研合作能力提出更高要求。

2. 工作目标

以培养适应产教融合战略的"双师型"教师队伍为宗旨，以教师激励机制和管理模式改革为切入点，培养适应产教融合战略的"双师型"教师队伍。在原有制度的基础上，将产教融合对教师教学能力和素质的新要求，以及国家最新文件的精神融入制度当中，去除原有制度中不适应新形势、新文件的条款，着重对岗位设置方案做针对性的修改，最终建立完善广州科技贸易职业学院教师激励机制和管理模式，助力广州科技贸易职业学院两级管理制度有效实施。

3. 具体措施

制定印发了《两级管理暂行办法》，建立权责明确、充满活力的管理体制，提高学校管理水平，依照按级负责、分层管理的精神，降低管理重心、强

化激励机制，实行党委领导下的校、院两级管理，各部门在学校的宏观调控下明确责任义务、享有相应权利，充分调动本部门教职工的积极性与创造性，逐步建立人尽其才、物尽其用、科学高效的部门日常工作体制；在实践中充分征求教职工意见，逐步推进人员经费二级管理和建立完善的二级管理绩效考核监督体系。

4. 建设成效

新修订的绩效工资制度、岗位设置方案和两级管理办法在通过教代会和学院党委会审议已在学院范围内实施。2020 年根据《岗位设置实施办法》及《岗位聘用与晋升工作方案》完成广州科技贸易职业学院 356 名教职工获得岗位晋升；2019 年、2020 年学院 3 人晋升正高级职称，23 人晋升副高级职称，激发了教职工干事创业、勇攀高峰的积极性。通过《两级管理办法》推进内部管理体制改革，下放管理权力，降低管理重心，调整资源配置，规范管理行为，充分调动二级教学单位在教学、科研、服务中的积极性、主动性和创造性。绩效工资制度改革使学校层面由过程管理转为目标管理，根据学校的顶层设计对二级学院设定目标，通过事前指导、事中监督、事后考核评价来实现学校层面发展的终极目标。二级管理绩效考核的项目根据学校发展的目标而设定，包括教学、科研、师资、学生管理、财务管理等方面，根据发展的侧重点设置不同的权重。各一级考核项目下设立二级考核项目和具体的考核观察点，考核观察点应尽量细致，考核方案应具有可操作性。

（二）建成"双师型"培训基地，实施师资培训项目

1. 背景介绍

广州科技贸易职业学院于 2016 年 1 月成立了教师发展中心，融合该学院高新技术继续教育培训基地功能，强化职业院校"双师型"教师建设任务，带头探索高素质高技能职业教育教师和产业需求人才的继续教育创新模式，形成了基于产教融合的教师培养和继续教育培训模式。面向职业院校开展师资培训，开展考证培训和技能鉴定、职业技能培训，帮助教师素质和技能的提升；面向企业开展技能培训服务，对接广州市开发区产业发展需求，开展引企入教、送教上企等服务，充分调动企业参与产教融合的积极性和主动性，实现"育训并举"。

2. 工作目标

以打造适应新业态、新技能、新服务的专业技术人员为理念，促进师资建设和社会培训双提升。充分调动企业参与产教融合的积极性和主动性，对接产业发展需求，从而促进"双师型"教师队伍建设提升；构建"产学研培创"五位一体的培育模式，对接区域重点产业设专业，与企业开展现代学徒制人才培养改革，校企协同育人，建设产教融合基地、师生工作室、教产区、校中厂等多个平台，联合企业技术骨干、学者专家构建校企结合的师资团队，将理论与生产相结合、教学与科研相结合；以市场为导向，打造产学融合师资团队；依托自身专业办学资源，与对应的名牌企业开展紧密产学合作。广州科技贸易职业学院作为广州市高新技术专业继续教育基地，联合有关行业，面向广州地区的高新技术园区和企业开办企业创新能力提升、企业创新方法等一系列高研班，可服务地方企业，推动区域经济的发展。

3. 具体措施

共享平台资源，先后与广州信息工程职业学校等多所职业院校开展了专项定制课程、"双师型"培训，解决师资水平低的问题，助力人才培养质量提升；建设"产学研培创"平台，解决"育训并举"不足的问题，依托学院骨干专业，对接企业需求，派出教师到企业上门开展培训服务，有针对性地提高了企业员工职业素质和技能水平；面向本校及区域院教师开展"1＋X"区域师资培训，面向社会人员开展岗前培训，面向区域院校学生开展对口区域实习就业服务，借助广州市开发区雄厚的产业集群、企业资源及科研平台，联合企业技术骨干、学者专家构建校企结合的师资团队，将理论与生产相结合、教学与科研相结合，进一步提高了教师业务素质和企业技术水平。

4. 建设成效

广州科技贸易职业学院联合其他高职院校开展"双师型"教师培训，培训人数达 1200 余人；近 3 年共培养学历继续教育学生 6000 多人，开展职业技能鉴定等 78747 人次；2020 年，广州科技贸易职业学院入选广东省职业院校"双师型"教师培训基地，截至目前，累计培训教师 1700 余人次；引企入教、送教上企，2020 年成立了粤港澳大湾区现代产业学院职教联盟，为职业院校资源共建共享、职教师资建设等方面提供"产学研培创"优质平台；电子信息技术专业与企业共建工程中心，研发项目获得广东省科技进步奖一等奖，广州科技贸易职业学院也是获此殊荣的唯一高职院校；国际经济与贸易专业作为全国报关行业指导委员会"1＋X"证书试点单位，建立了考评中心、实训培训中心、产学研培基地等，近 5 年为社会培训人员近 1000 人次；显示出较好的专业社会服务效果。

（三）强化工作室建设，提升人才培养质量

1．背景介绍

《国家中长期教育改革和发展规划纲要（2010—2020 年）》自发布以来，国内外众多学者就校企合作背景下"双师型"教师队伍建设的发展路径、培养模式、体系构建等方面进行探析。广州科技贸易职业学院以名师工作室为依托，探索实施强师工程，充分利用学校现有的人才优势和优质资源，加大教师队伍培训力度，全面提升教师队伍水平；以产业学院为载体，基于高职教育的基本特点以及产业对高职教师能力方面的实际需求，共享政校行企资源，并以此作为教师发展的重要平台，选择最为合适的方案，培养更多符合"双师型"要求的教师。

2．工作目标

以产业学院为载体，进一步深化高等教育和职业教育改革，密切产学合作，充分发挥开发区行业、企业资源优势，积极开发校企合作项目，依托开发区建设创新创业平台，校企联合，创办各类科技创新、创意设计、创业计划等创新创业工作室，促进企业与孵化项目对接，促进师生创新创业的成果转化。

3．具体措施

以名师工作室为基础，吸收更多的青年才俊组建全新的工作团队；对现有的人才培养模式进行创新，优化课程设计，开发一些更具特色的教材内容；针对年轻教师的实践教学能力进行培养，促使其能够做到理论与实践相结合，以此实现"双师型"的基本目标；另外，建立名师与年轻教师的互动机制，加强两者之间的交流沟通工作，全面提升年轻教师的实践操作能力。

建立校企合作育人模式长效激励机制。研究修订出台《兼职教师聘用管理办法》《外聘专家管理办法》《高层次人才柔性引进管理办法》《师资队伍顶岗实践和进修培训实施办法》等一系列管理文件，通过制度建设形成长效机制；联合企业建立校企协同创新育人模式，将企业资源真材实料的转化为教育资源，形成政企校、校企生全过程全方位培育人才的稳定、长效机制。

4．建设成效

广州科技贸易职业学院构建了一支包括校内教师、企业行业专家在内的30 人创新创业导师队伍，开展创新创业师资培训，推进师资队伍建设；同时，广州科技贸易职业学院具备 SYB 创业讲师资格的师资达33 人，国家职业资格创业咨询师二级6 人，SYB 实训指导师5 人，网络创业培训讲师资格3 人；作

为广东省、广州市创业培训定点机构，2020 年广州科技贸易职业学院针对毕业生开展了 3 个班的 SYB 创业培训，培训人数 90 人，通过率达 100%。

深化产教融合、校企合作，创新工作室模式，构建学校导师、企业导师、学生三结合的工作室模式，集实训、生产、研发、创新创业于一体，提高学生创新创业水平；将工作室建在产业链上，将企业真实的工作情景、真实的工作任务、真实的工作岗位引入工作室，促进教育链、人才链与产业链、创新链衔接，培养创新创业人才。目前，广州科技贸易职业学院在企业建立校外创新创业工作室 5 间，在现代产业学院建立创新工作室 8 间。

（四）建立绩效分配制度，凸显师资贡献

1. 背景介绍

《中国教育现代化 2035》中明确指出："推进教育治理体系和治理能力现代化。"高职院校院系二级管理体制改革是推动高职院校治理能力现代化的重要手段和有效途径。目前国内高职院校二级管理体制改革的推行程度各有不同，由浅至深分为事务型、部分型和完全型，其中绩效工资二级管理是完全型二级管理体制改革的主要内容之一。根据《广州市市属其他事业单位绩效工资实施办法》（穗人社发〔2012〕63 号）、《广州市人力资源和社会保障局 广州市财政局关于调整统一我市事业单位工作人员基础性绩效工资标准等有关事项的通知》（穗人社发〔2017〕42 号）、《关于我市事业单位绩效工资发放有关问题的通知》（穗人社发〔2016〕53 号）等上级文件，学院制定了《广州科技贸易职业学院绩效工资制度（试行)》。

2. 工作目标

通过深化人事分配制度改革，建立科学、规范、合理的绩效工资考核分配机制，在兼顾公平的基础上，引入竞争，拉开差距，调动广大教职员工的工作积极性、主动性和创造性；稳定现有人才，吸引外部人才，促进师资队伍和管理队伍建设。利用绩效工资风向标的导向作用，促进专业建设、课程改革、校企合作、社会服务和教书育人等工作开展；为学院教育教学质量提高、人才培养工作水平提升、实现可持续快速发展提供内在的驱动力。

3. 具体措施

绩效工资核算工作由组织人事处牵头，教务处、科研处、学生工作处、后勤设备处、计划与财务处、各二级学院（部）等部门共同参与。广州科技贸易职业学院成立人事制度改革工作领导小组，对学院绩效考核制度、分配制度

制订等重大问题进行决策和把关；成立绩效工资改革工作小组，负责组织起草绩效考核与分配的相关制度，对开展教职工绩效考核进行组织、协调、指导与监督。院属各部门成立教职工绩效考核工作小组，组织开展本部门教职工绩效考核工作。

　　绩效工资由基础性绩效工资和奖励性绩效工资两部分组成。基础性绩效工资是用于支付受聘入职各类岗位的教职工认真履行岗位职责的薪酬，主要体现地区经济发展和物价水平、岗位职责及完成基本工作量等因素相对稳定，具有一定的保障功能。奖励性绩效工资是用于支付受聘入职各类岗位的教职工承担任务量、业务水平及综合表现的薪酬，主要体现工作业绩和实际贡献等因素，重点向关键岗位、业务骨干和做出突出成绩的工作人员倾斜。

4. 建设成效

　　基础性绩效工资兼顾公平，奖励性绩效工资适当拉开收入差距。奖励性绩效工资体现按劳分配、多劳多得、优劳优酬，发挥激励功能和导向作用。突出教学主体地位，向教学一线、关键岗位、高层次人才以及做出突出成绩和贡献的人员倾斜。绩效工资制度改革在广州市绩效工资政策要求下进行，同时结合广州科技贸易职业学院实际，先由广州科技贸易职业学院对奖励性绩效工资Ⅱ的教学工作奖励性绩效进行统筹，后平稳过渡将该部分奖励性绩效工资全部放权到各二级学院（部），由各二级学院（部）制定实施细则进行分配，确保"先易后难、平稳过渡"。

（五）开展能力测评，构建师资评价体系

1. 背景介绍

　　根据《国家职业教育改革实施方案》《广东省职业教育"扩容、提质、强服务"三年行动计划（2019—2021年）》等文件要求，学院将培养生产、建设、服务、管理第一线的高素质技术技能专门人才作为主要任务，结合广州科技贸易职业学院"创新强校"工程建设、实施教师职教能力测评，为广州科技贸易职业学院教师转变职业教育教学理念、提升教学实施能力、促进教师教学质量和教学效果的提高奠定了良好的基础。

2. 工作目标

　　围绕职业教育人才培养的根本任务，实施强师工程，加强内涵建设，引导学院教师积极投身于职教能力建设，把高职教育人才培养理念融入教学改革和课程建设之中。利用2～3年时间，已完成全部专任教师培训测评工作，逐步

实现所有专任老师达到测评标准，任课教师必须持有广州科技贸易职业学院颁发的"职教能力测评合格证书"。

3. 具体实施

要求全体专任教师分批次接受培训测评，兼职教师可自愿申请接受测评。测评内容包括主讲课程的教学文件制定和说课两个环节。教学文件主要包括课程整体设计方案、课程单元设计方案、课件和教学成果资料，说课包括课程整体设计、单元设计和提问环节。

测评成绩 80 分为合格，80 分及以上由学院颁发"职教能力测评合格证书"，90 分及以上者进入职教能力测评学院测评专家库，另外颁发"学院职教能力测评专家证书"。

4. 建设成效

构建职教能力测评的指标体系，既符合专业特色，又充分考虑学生的可持续发展，实现广州科技贸易职业学院对教师职教能力与实际教学设置的动态匹配，为系统性提升现代产业学院师资队伍素质提供对策和措施。

附录 现代产业学院师资队伍建设研究成果*
——现代产业学院"双师型"教师队伍建设的思考

[摘　要]"双师型"教师队伍建设是现代产业学院建设的重要内容之一。在分析产业学院"双师型"教师队伍内涵、特点的基础上，结合产业学院建设对"双师型"教师的要求，提出了产业学院"双师型"教师队伍建设路径，为高职院校师资队伍建设提供参考。

[关键词] 现代产业学院　"双师型"教师队伍　建设路径

＊ 本文发表在《教育学文摘》2021 年第 2 期。本文作者覃昆（1974—），女，广州科技贸易职业学院组织人事处处长，硕士生，研究方向为高等职业教育及师资管理。

一、背景

党的十八大以来，习近平总书记就职业教育改革发展发表了一系列重要论述，职业教育作为国民教育体系和人力资源开发的重要组成部分，作为广大青年打开通往成功成才大门的重要途径，肩负着培养多样化人才、传承技术技能、促进就业创业的重要职责，承担着努力培养数以亿计的高素质劳动者和技术技能人才的历史重任，前途广阔、大有可为，同时战略显要、刻不容缓。随着《国家职业教育改革实施方案》《关于深化产教融合的若干意见》《职业学校校企合作促进办法》《深化新时代职业教育"双师型"队伍建设改革实施方案》《关于职业院校专业人才培养方案制订与实施工作的指导意见》等一系列文件的相继出台，从顶层设计、产教融合、校企合作、教师队伍、教学改革等方面对职业教育尤其是高职教育提出一系列新目标、新论断、新要求，并通过制定《职业教育提质培优行动计划（2020—2023 年）》贯彻实施，高职教育站在新的历史起点，标志着职业教育发展进入了新时代。

职业教育必须坚持中国特色社会主义教育发展道路，牢牢把握服务发展、促进就业的办学方向，有效对接科技发展趋势和市场需求。纵观我国的职业教育，历经了三个重要阶段：一是职业院校"工学结合、半工半读"教育模式；二是以职业院校为主、企业为辅的"校企合作，双元主体"育人模式；三是职业教育发展到今天，必须深化产教融合、校企合作，育训结合，健全多元化办学格局，推动企业深度参与协同育人，扶持鼓励企业和社会力量参与举办各类职业教育。党的十九大报告将"推行产教融合与校企合作"提升到高质量发展高等职业教育事业、实现中华民族伟大复兴关键举措的重要高度。之后的 2017 年 12 月，国务院印发的《关于深化产教融合的若干意见》明确提出"鼓励企业依托或联合职业学校、高等学校设立产业学院"，为高职院校深化产教融合、提高办学质量指明了方向。2018 年，广东省关于深化产教融合的实施意见要求及时出台支持产业学院建设的政策措施，同年广州市出台产教融合示范区建设方案明确组建若干产业学院的工作任务。[1] 截至 2020 年年底，广东省已经建成的切合国情、各具特色的产业学院 200 余所，覆盖 20 多个领域。[2] 高职院校的迅猛发展和定位转型对高职教育和高职教师在专注专业知识技能传授和思想道德素质培养的同时提出了更高层次的要求。[3] 建设一支德能兼备，具有工匠精神的高质量、专业化"双师型"教师队伍成为高职现代产业学院建设的重要内容。

二、现代产业学院"双师型"教师队伍建设新态势

随着社会经济发展的转型升级，现阶段我国高等职业教育已经从单纯的规模性扩张过渡到内涵性提升的新阶段。产业学院已然成为最"具有中国特色高职办学模式的实现形式"[4]，是具有全方位、立体化、深层次推进高职教育产教融合和校企合作的办学模式，与之相适应的产业学院师资队伍也赋予新内涵、新特点和新要求。

（一）现代产业学院"双师型"教师队伍的内涵

（1）产业学院是"产"和"教"的深度合作，在"双师型"教师的认定标准上，遵循现阶段国内外的认定经验。

一是国际"双师型"教师界定经验。在职业教育较为发达的国家，"双师型"教师的认定均包含学历、企业工作经验等硬性标准，这不仅可以保证"双师型"教师培育人才过程中的实践性，也可以保障职业教育与企业实践间联系的紧密性。以美国、日本、德国、澳大利亚为例，这些国家"双师型"教师界定标准较为典型，通过比对可以得出这些国家在"双师型"教师培养方面的共性，具有一定参考借鉴价值。

二是国内"双师型"教师界定经验。国内对"双师型"教师的界定目前尚未形成统一固定标准，比较具有代表性的有"双证书"标准，即同时拥有教师资格证书和职业技能证书；"双素质"标准，即同时符合教师基本素质和技师基本素质；"双职称"标准，即同时具备教师系列职称和工程师系列职称；"双层次"标准，即第一层次"教师＋技师"，第二层次"人师＋事师"。[5]

（2）产教融合背景下"双师型"教师队伍的构成和承担的主要任务，通常可以分为多个类别和层次：一是"名师、名家、名匠"，主要负责教师团队管理、主持专业课题和技术项目、统筹资源开发和利用等；二是专业带头人或专业负责人，负责团队沟通协调、专业建设及课程开发等；三是企业高层管理人员，负责把握产业和行业发展趋势、做好教学与生产的有效融通；四是企业技术骨干，主要承担新技术的应用与实践，并将实践转化为理论运用到教学中；五是青年教师，主要从事课程教学、教育教学研究、指导实习实践等。

（3）产业学院作为典型的利益相关者组织，校企利益共同体联合建设产业学院"双师型"教师队伍，实现资源互补、利益共享。一方面，"双师型"教师融入企业承担项目研究和技术开发，与企业技术人员组成技术研发团队，对企业需要破解的技术难题和发展瓶颈重点攻关；企业则为研发团队提供资金支持和设备保障。高校专业教师通过企业挂职锻炼、共同建设实习实训基地等，服务于产教融合。另一方面，企业提供名师、名家、名匠融入"双师型"教师团队，组建兼职教师人才库，共同开展以企业发展需求为导向的课程体系，参与制订专业人才培养方案；共同建设校内外实践基地，让校内实训基地仿真模拟，让校外真实生产现场教学，更好地培养满足产业转型升级和企业实际需求的高技能型人才。

（二）现代产业学院"双师型"教师队伍的特点

产业学院是以提升高校服务特定产业能力为目标，融合高校、政府、行业、企业资源，建立以应用型人才培养为主，兼有学生创业就业、技术创新、科技服务、继续教育等多功能的、多主体深度融合的新型实体性办学机构。[2]它的诞生是职业教育和产业发展相互融合的结果。多元化的办学主体和独特的治理体系，使得产业学院中的"双师型"教师队伍具有以下特点。

（1）产业学院是校企深度合作的产物，通常被定位为"合作高校的教学科研与社会服务基地、'双师型'教师培训基地、学生实习实训与创新创业基地、合作企业的人才培养（训）和产品研发中心、营销与推广中心、集团化发展的基础，同时还是校企双方的品牌辐射重镇、社会形象代表"。[6]这就要求产业学院的师资队伍更加具有产业技能性、专业实践性，使得产业学院在原有专任教师队伍的基础上，大量聘请兼职教师。兼职教师主要包括行业企业的在职员工，产业领域的专业人士和社会各界的专家学者，师资来源多元化。

（2）由于师资来源多元化的影响，再者产业学院的运行主要围绕校企合作项目和任务开展，会因为完成阶段性的项目和任务根据"人岗相适"原则有针对性地选择组合教师团队，尤其是兼职教师的不稳定，使得产业学院师资存在明显的流动性。

（三）现代产业学院"双师型"教师队伍的要求

1. 教学与顶岗角色转换

产业学院的"双师型"教师，既应具有高校教师资格，又应具有从事相关行业的工作经历或职业资格；不仅要具备"双证书"标准，更要胜任双重角色，即课堂理论教学的角色和行业企业顶岗的角色；"双师型"教师既要能驾驭课堂和讲台履行好教师职责，又要能以"企业人"的责任感承担好顶岗实践的角色，真正为顶岗企业创造价值；还要成为学校与企业联系的纽带，运用出众的社交能力更好地担当学校、学生和企业间信息交流的重任。

2．理论与实践紧密结合

产业学院的"双师型"教师，需要具备教育教学能力、专业实操能力、科研创新能力，还要及时更新掌握所属行业在生产、经营、技术、管理、服务等方面的最新发展趋势；既要有课堂教学的系统理论基础，又要有实践教学的岗位操作能力；不仅把行业实践的生动案例带进课堂丰富教学内容，同时运用教师理论知识与技术技能相互转化和融合的能力，把新技术、新方法搬上课堂，提高教学质量。

3．创新与创业共同提高

产业学院的"双师型"教师，需要具备引导学生参与实践的创新思维和教学创新能力，还要具备开设创业实践课程的专业实操技能以及创业精神；通过参与企业引入的真实项目，在专业技能应用、技术创新中更新专业知识和教学方法；参与校企合作创业项目，通过创业全过程体验获得专业技术技能创新、项目开发和运营能力、创业知识及实践应用能力全面提高。

三、现代产业学院"双师型"教师队伍建设路径

从教育部、工业和信息化部发布的《现代产业学院建设指南（试行）》中提出的9个基本条件以及七大建设任务的视角分析，基于利益相关者理论建设的现代产业学院是由单一维度侧重到全流程合作的校企合作，师资队伍建设由学校为主转为学校、企业为主的多元主体。以产教融合、校企合作为平台，完善保障机制，以实现产业学院"双师型"教师队伍建设及工匠精神的养成，推进教育链、产业链、人才链、创新链的有效衔接。

（一）发挥政校行企的优势，打造产业学院"双师型"教师培育平台

依托产业学院，整合政府、行业、学校、企业优势资源，把产业学院本身作为产业业务和教师能力共同发展的平台。全面落实职业院校教师到企业实践

和轮训制度，在政府和教育主管理部门统筹指导下建设"双师型"教师培养培训基地，加强骨干教师培训，实施职业教育教师教学创新团队和专业领军人才培养计划、职业教育名师工作室和技能大师工作室建设计划，加强教研室等基层教学组织建设。培养适应"双岗"需要的教师，使教师能驾驭学校、企业"两个讲台"。

（二）拓宽人才引进思路，健全准入机制，优化"双师型"教师队伍结构

高职院校在招聘教师的过程中，不再是单纯地重视学历、职称等硬件，而是要综合考虑应聘者的企业工作经历、实践经验的积累。以政府部门为主导，明确规划高职院校专任教师的准入条件和考核标准，建立科学高效灵活的师资队伍引进管理机制。一方面，科学设定产业学院教师的任职条件和资格，面向区域经济产业人才需求，按"专业建在产业链上"的原则有针对性引进师资；另一方面，打破传统人事管理的制度壁垒，建立柔性人才引进制度，从企业和社会各界吸纳更多的优秀人才、工匠之师，才能更好地打造一支结构合理、技艺精良的产业学院"双师型"教师队伍，确保师资队伍水平能够契合新时代高职教育的需要。

（三）以教师发展中心为平台构建成长体系，提升"双师型"教师素质

教师发展中心的主要功能包含"规划教师发展、教师成长研究、教师培养培训、建设资源平台、推进研讨交流、为教师个性化发展提供咨询服务"六方面内容，同时开展目标明确、特色鲜明、功能完备、形式多样的教师发展促进活动。高职院校的教师发展中心可利用产业学院平台构建教师成长体系，形成资源共享系统（包括专家、校友、工匠、专兼任教师等人力资源，课件、教案、素材、会议材料等教学资源，知识、信息、教科研项目等社会资源）、职教能力提升系统（包括职教能力测评、教学能力提升、学历职称晋升、社会服务指导等专栏）、绩效评价系统（包括人事、教务、科研管理数据共享，绩效考核和评价分析），指导教师做好职业生涯规划，全方位全过程关注教师发展；同时，把"双师型"作为专任教师绩效工资、职称评审、岗位晋升的重要依据和必备条件，并在一定程度上推动建立完善"双师型"教师认证制度，加快高职院校"双师型"教师素养的管理和提升。[7]

（四）以产教融合、校企合作为基础，建立"双师型"教师培养长效机制

高职院校师资队伍建设要树立终身发展理念，构建校、产、研、学相结合的培养机制，以定期的岗位培训、顶岗锻炼等方法提高专业实践能力，引进企业项目和专业导师帮助教师持续更新专业新技能、学习企业新技术、掌握行业新动态；一般5年内专业教师企业顶岗轮训应达100%。在此基础上，校企联合制定专业带头人遴选办法，协同培养院校、企业"双专业带头人"；定期选拔专业骨干教师，大力引进有博士学位的高层次人才，通过组织骨干教师和高层次人才参加专业培训、企业研修和国际交流，提升师资队伍整体水平。有针对性地选取培育内容，采用不同方式对"双师型"教师进行分层分类培养培训（见表3-3）。

表3-3 "双师型"教师分类培养体系

"双师型"教师类别	主要培育内容	主要培训方式
名师、名家、名匠	团队管理、专业课题和技术项目主持、资源开发和利用	集中面授、案例研讨
专业带头人、专业负责人	团队沟通、专业建设、课程设计、资源开发	集中面授、网络研讨
企业高层管理人员	产业和行业发展趋势，基本教学法、沟通技能	问题探讨、案例分析、课题研究
企业技术骨干	新技术的应用与实践，实践教学方法与应用、新技术	案例研讨、集中面授
青年教师	课程设计、专业技能、实习实践技能、岗位工作技能	跟岗培训、顶岗实践

（五）构建多维评价体系，完善"双师型"教师队伍考评和激励机制

评价是激励的基础，构建"双师型"教师考核评价体系，要根据高职院

校人才培养工作的特点，综合评判"双师型"教师的必备素质和教学工作完成的质量，既要重视教育教学成果，也要看重实践技能提升和科研服务能力，构建"双师型"教师多维评价体系。改革"双师型"教师认定、聘用、考核标准，深化教师职称制度，破除"唯文凭、唯论文、唯帽子、唯身份、唯奖项"痼疾。结合实际，将体现技能水平和专业教学能力的"双师"素质标准纳入教师考核评价体系；将师德师风、工匠精神、技术技能和教育教学实绩作为教师考核评价的主要依据；将专业标准作为"双师型"教师队伍建设和教师专业发展的基本依据，规范教师培养培训、资格准入、人才引进、职称评聘、考核评价、薪酬分配等环节，完善"双师型"教师队伍考评和激励机制，建设一支高水平的"双师型"职业教育教师队伍。

（六）创新性开展兼职教师聘任与管理工作，夯实"双师型"教师队伍

源自行业企业的兼职教师是高职院校"双师型"教师队伍的重要组成部分。高职院校针对目前普遍存在的兼职教师数量不多、稳定性不足、难以精准对标的问题，应积极探索"校企双向互聘"机制。高校与行业企业应以利益共同体的姿态共同致力于产业学院兼职教师队伍建设与管理，通过组建职业院校兼职教师资源信息库，建立完善兼职教师聘任、考核、激励机制，加强对兼职教师的培养，开展企业兼职教师的教育教学能力专项培训，发挥行业企业兼职教师在职业教育中的积极作用。同时，积极推动政府对企业参与职业教育予以扶持和奖补的相关政策落实，为企业兼职教师参与职业教育，协同推行现代学徒制、订单培养、"1+X"证书等"校企精准对接、精准育人"的人才培养模式增加动力。

参考文献

[1] 蒋新革. 新时代高职产教融合路径的探索与实践 [J]. 职教论坛, 2020 (1): 123－127.

[2] 蒋新革. 产教融合视域下产业学院治理体系建设研究 [J]. 职业技术教育, 2020 (24): 30－34.

[3] 翟建, 俞迪佳, 向敏, 等. 江苏高职院校"双师型"师资队伍现状与建设途径研究 [J]. 教育教学论坛, 2016 (49): 33－34.

[4] 邵庆祥. 具有中国特色的产业学院办学模式理论及实践研究 [J]. 职业

技术教育, 2009 (4): 44 - 47.

[5] [9] 李丹. 产教融合背景下"双师型"师资队伍建设研究 [J]. 前沿, 2018 (5): 39 - 45.

[6] 张连绪, 韩娟. 产教融合背景下高职院校产业学院的建设路径 [J]. 广州城市职业学院学报, 2019 (13): 1 - 4.

[7] 赵薇. 产教融合校企合作背景下高职院校"双师型"师资队伍建设的研究 [J]. 人力资源管理, 2019 (12): 99 - 100.

第四章　现代产业学院人才培养模式探索

高水平教学是建设高水平高职院校的重要支撑和核心基础，是持续保证并不断提高教育质量的立本强基工程。高水平教学必须有高水平的育人理念、高水平的教育环境和教学条件、高水平的师资、高水平的专业和课程，还要有高水平的人才培养模式。在全面推进产教融合校企合作的背景下，探索现代产业学院人才培养模式，有利于深化高等职业教育改革、有利于探索应用型人才培养规律、有利于实现高职院校人才培养与企业需求的无缝对接。以现代产业学院建设为平台，推动学分制、"1＋X"证书、创新创业、现代学徒制等方面改革，对提高人才培养水平、促进科技服务和成果转化、增强高校服务地方和产业的能力具有重要意义。

第一节　概　述

产业学院是以提升院校服务特定产业能力为目标，整合政府、高校、行业和企业资源，建立以应用型人才培养为主，兼有学生创业就业、技术创新、科技服务、继续教育等多功能、多主体深度融合的新型实体性办学机构。建设现代产业学院具有服务区域产业、汇聚各方资源、促进高等教育发展的重要价值。当前，我国经济已经步入"新常态"，经济转型升级和产业结构调整优化需要大量的高层次应用技术型人才。因此，政校行企共建产业学院培养产业人才，推进人才培养模式改革显得尤为必要。

一、现代产业学院人才培养模式改革背景

近年来，国家对新时期应用型人才培养提出了新要求，特别是对产教融

合、校企合作工作提出了新目标、新任务，先后出台了系列深化产教融合的政策文件，这些政策的出台和推行，对产业学院等新型教育平台的建设发展起到了很好的促进作用。2017年，党的十九大提出实施"产教融合、校企合作"，同年12月，国务院办公厅印发《关于深化产教融合的若干意见》（国办发〔2017〕95号），指出"鼓励企业依托或联合职业学校、高等学校设立产业学院"。产业学院建设成为促进产教融合的国家策略。为贯彻落实产教融合国家策略，推进现代产业学院建设工作，2020年教育部办公厅、工业和信息化部办公厅下发了《关于印发现代产业学院建设指南的通知》，明确了现代产业学院建设要坚持育人为本，坚持产业为要，突出高校科技创新和人才集聚优势，强化"产学研用"体系化设计，增强服务产业发展的支撑作用，推动经济转型升级、培育经济发展新动能；坚持产教融合，将人才培养、教师专业化发展、实训实习实践、学生创新创业、企业服务科技创新功能有机结合，促进产教融合、科教融合，打造集"产、学、研、转、创、用"于一体的互补、互利、互动、多赢实体性人才培养创新平台；坚持创新发展，充分发挥高校与地方政府、行业协会、企业机构等双方或多方办学主体作用，加强区域产业、教育、科技资源的统筹和部门之间的协调，推进共同建设、共同管理、共享资源，探索"校企联合""校园联合"等多种合作办学模式，实现现代产业学院可持续、内涵式创新发展。①

人才培养是高职院校的首要任务。教育部和财政部《关于实施中国特色高水平高职学校和专业建设计划的意见》（教职成〔2019〕5号）提出，"吸引企业联合建设产业学院，推动专业建设与产业发展相适应，实质推进协同育人"，明确了产教融合建设途径和人才培养模式改革方向。《现代产业学院建设指南（试行）》指出，现代产业学院建设要以创新人才培养模式为首要任务，面向产业转型发展和区域经济社会需求，以强化学生职业胜任力和持续发展能力为目标，以提高学生实践和创新能力为重点，深化产教深度融合、校企合作，创新人才培养模式，调整人才培养方案、课程体系、方式方法、保障机制等；积极鼓励各专业打破常规，对课程体系进行大胆革新，探索构建符合人才培养定位的课程新体系和专业建设新标准；推进"引企入教"，推进启发式、探究式等教学方法改革和合作式、任务式、项目式、企业实操教学等培养

---

① 教育部办公厅、工业和信息化部办公厅关于印发《现代产业学院建设指南（试行）》的通知（教高厅函〔2020〕16号）。

模式综合改革，促进课程内容与技术发展衔接、教学过程与生产过程对接、人才培养与产业需求融合；协调推进多主体之间开放合作，整合多主体创新要素和资源，凝练产教深度融合、多方协同育人的应用型人才培养模式。

二、现代产业学院人才培养模式改革实践

　　产业学院人才培养模式是以学校为主，按照参与市场竞争的企业形式组建具有产业功能和教学功能的现代企业，在真实企业环境中学校与企业、教师与师傅联手实施能力素质人才培养的模式。其主要内容有：依据人才培养目标构建产业学院性质的企业学院与企业合作制定人才培养计划，与企业合作并为企业"真刀实枪"的服务是产业学院人才培养的特点，企业是评价考核实践教学成果的主体。[1] 近年来，加强产业学院建设，推动产业学院人才培养模式改革，成为广东高等教育特色发展的重要内容，成为提升教育教学质量的重要抓手，逐步形成高校与政府、高校与产业园区、高校与企业、高校与行业协会等多种产业学院建设的广东模式，彰显深度融合、功能复合、多元共建、贴近产业的产业学院建设的广东特点，体现现代产业学院人才培养模式改革的广东特色。如东莞理工学院先进制造学院（长安）"多学科交叉融合与跨界整合的工程教育"人才培养模式，面向地方经济发展，以"市场"需求来制定人才培养模式，建设集教育、培训、研发于一体的共享型协同育人实践平台，打通了学校到企业的"最后一公里"。中山职业技术学院"四双融合"人才培养模式，依托产业学院建设，将教师的"双导师融合"、学生的"双身份融合"、课堂的"双场景融合"、平台的"双平台融合"结合起来，从教育理念、培养目标、教育内容和教育方式等方面予以创新。广东轻工职业技术学院"校企联合招生、招工、订单培养、现代学徒制多元化"人才培养模式，围绕真需求、真项目以加强教学做一体化实训条件建设，打造特色校中厂、厂中校。[2]

　　广州科技贸易职业学院主动服务粤港澳大湾区及广州市经济发展技术创新、产业变革，依托广州市教育局与广州市开发区共建"产教融合示范区"的契机，融入开发区产业园区，实时开展开发区科学城产业学院建设，充分利

---

　　① 刘育峰：《产业学院背景下人才培养模式研究》，载《成人教育》2010 年第 3 期，第 56－57 页。

　　② 卢坤建、周红莉、李作为：《产业学院推进产教深度融合的实践探索——以广东轻工职业技术学院为例》，载《职业技术教育》2017 年第 23 期，第 14－17 页。

用广州市开发区丰富的科技创新企业资源，按照"优势互补，互利共赢"的理念，与行业龙头企业、产业园区、高校、科研机构等多元主体合作，整合优质资源，为区域经济发展培养高素质技术创新型人才，开启产教融合探索实践新途径。

按照"将产业学院建在产业园区，将专业建在产业链上"的建设理念，广州科技贸易职业学院联合政校行企等不同主体，多元协同，引入企业先进技术体系、先进生产设备、先进培训模式，共建"教学与生产相协同、学生与员工相统一、基地与车间相一致、教师与工程师相补充、技术与创新相融合"的实践平台，校企共同制定人才培养方案、共同开发课程标准、共同组建"双师型"团队、共同搭建实践教学平台、共同创办技术创新平台，以创立产业学院联盟、创办"产业链、创新链、教育链、人才链"四链衔接论坛、创设系列专项课题、创新校企激励措施、创建临时党支部的"五创并举"措施为抓手，大力推行各专业"两对接两访问三落实"（即各专业的专业标准对接行业标准、"1+X"证书标准、课程标准对接企业岗位标准，全方位访问产业园企业及校友，落实对接企业、项目及"双师型"团队），通过学分制和现代学徒制"两制"改革，强化学生综合素质、创新创业、专业技能"三育"，建设多元评价体系的"两制三育一体系"，推动学生技术技能、技术创新和技术管理水平的不断提升，形成"四元协同、五创并举的'1+X'育训结合"人才培养模式（见图4-1）。

开发区科学城产业学院建设按照政校行企的多跨度合作模式，与开发区多个高新技术企业共同建设产教融合基地，形成统一规划、资源共享、优势互补、合理布局、和谐发展的可持续体系；面向产业转型发展和区域经济社会需求，以强化学生多元素质、专业技能、创新创业能力培养为目标，以提高学生创新创业实践能力为重点，深化产教深度融合，改革人才培养方案，重构课程体系，完善保障机制；"引企入教"，推动启发式、探究式等教学方法与项目式、任务式、合作式、企业实操等教学模式的融合，促进人才培养与产业需求相融合、教学过程与生产过程相对接、课程内容与技术发展相衔接；以"信息技术、'人工智能+'"升级传统专业，强化智能化、数字化企业管理技能和项目实战流程，加深学生实战技能；开展"赛学研培创"现代学徒制人才培养，整合多主体创新要素和资源，深化产教融合，推动学分制、"1+X"证书制度、创新创业、现代学徒制人才培养改革。

自2017年以来，广州科技贸易职业学院依托产业学院建设，深入推进人

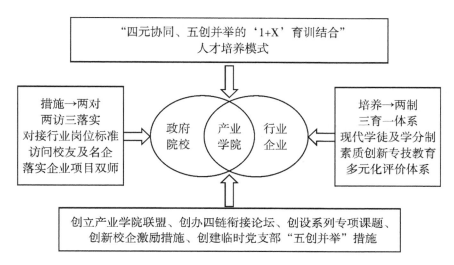

图 4-1　"四元协同、五创并举的'1+X'育训结合"人才培养模式

才培养模式改革，取得明显成效。其先后设立产业学院路径研究委托项目、产业学院综合治理研究项目、产业学院教学质量工程研究项目等 120 余项，投入专项研究资金超过 200 万元。同时，以产业学院建设为平台，全面推行体现学生个性化学习需求和国家对创新人才需求引导的学分制综合改革；17 个专业开展 19 个"1+X"证书试点，形成突出创新能力的"1+X"育训结合产业学院人才培养模式；依托开发区科学城丰富的企业资源，积极开展教育部现代学徒制试点，获得省级实训基地、省级工程中心、省级协同创新中心、省级专业领军人才、广州市南山创新奖等标志性成果 20 余项，其中，"轨道交通大功率高可靠供电系统的关键技术及工程应用"科技成果于 2019 年获得广东省科技进步一等奖。

第二节　学分制改革

学分制是选课制、导师制和弹性学制相结合的教学管理制度。学分制改革是人才培养机制改革的重要组成部分。学分制能充分发挥学生主观能动性，激发学生学习兴趣，体现"因材施教"和"以人为本"教育思想，是公认较好的教学管理制度，目前学分制在我国高校已经得到了广泛运用。追根究源，学分制起源于选课制，18 世纪末的美国哈佛大学校长查尔斯·埃里奥提出主张让学生"学习自由"，即让学生拥有"选择学习的自由，在学业上追求卓越的机会，对自己行为习惯负责的训练"。[①] 他试图通过选课制，给予学生学习的自由。选课制一方面通过开设高阶段、跨学科、跨专业的课程供学生选修，实现学生素质能力水平和知识面的提升，促进学生全面成长；另一方面学生通过自主选课，学会思考和建构自己感兴趣的知识体系和能力素质，提早学会对自己的行为负责，增强自主意识。选课制打破了学年制的边界和束缚，随着选课制的出现，学分制逐渐产生并得到认可和推广。

一、国外学分制改革概况

美国是最早提出学分制教学管理思想的国家之一，学分制的大力实施，对美国高等教育开放式教育体制和大众化教育机制起到了关键的促进作用。美国学分制特点主要体现在以下几方面：第一，弹性学制。美国高校学生自主性很强，可根据学位要求自行选择全日制学习和部分制学习，达到学分要求即可顺利毕业。第二，主辅修制或者双主修制。为了满足学生个性化的学习需求，美国部分高校实行了主辅修制或者双主修制，使学生可在学有余力之时跨学科进行课程学习。第三，选择专业自由度高。美国高校学生允许自由选择专业，选择专业范围可在本校也可在校外的其他高校，一般采用学分互认的办法来管理转专业学生。第四，通识教育占有重要位置。美国高校非常重视通识教育，各类专业都有共同的基础课，有些高校的基础课甚至达到 50%。第五，学生选课自由度的空间很大，如麻省理工学院，学生自由选课的余地达到 80% 左右，此外还允许跨系别修习必修课，促进学科间的联系与交叉渗透，既注重学生的基础知识，又不断拓宽学生的知识面，培养学生的兴趣爱好，促进其全面发展。第六，统一课程学分。美国大部分高校统一了课程学时、学分，如美国高校规定，学生须修完 120～180 学分方可毕业，每学分的课时至少达到 16 学

---

① 陈鲁雁、刘睿：《论深化学分制改革的关键性问题》，载《云南民族大学学报》2020 年第 9 期，第 126 – 130 页。

时/学分。①

　　日本学分制是在美国学分制优点的基础上进行改革，为了确保学生能够学到扎实的基础知识，日本高校普遍实行学年学分制，其学分制系统细致、张弛有度，确保学生能在规定的时间内获得相应知识。具体体现在以下几方面：第一，统一规定了学习年限及学分要求。日本高校对学生的修业年限、学分要求、毕业标准和升级条件等均作详细要求，学生只有达到规定的学习期限和学分才能拿到毕业文凭。第二，统一规定学分标准。日本高校对学分管理较严格，制定了《大学设置基准》，规定学生的学分要求，并规定了相应的学期和周数，学分的计算标准也统一。第三，注重外语学习。为了实现振兴科技、与世界接轨，适应国际化的社会需求，日本高校对外语的学习尤其注重，一般将英语作为必修的外语学科，另外学生还可以自选一门外语修习。第四，实行"学分互换制"。即多家高校进行合作协定，互相承认对方高校中所修的学分，学生在国内各大高校，甚至是在国外学校进行学习和研究均能认可，一方面使学生在学习实践和空间上都有很大的自主性，另一方面促进了各高校之间的学习交流。这种方式不仅有效提高了学校的教学质量，也让学生吸取了不同层次、不同类型的知识，获得全面提高。②

　　德国引入和推行"欧洲学分积累和转换体系"，将课程模块化，即将某个专业的所有教学内容按照一定的体系和架构分为不同的模块，每个模块的学习时间一般不超过两个学期，而且至少要通过一门考试或取得对应的成绩证明才能得到这一模块的学分。德国推行的 ECTS（全称是"European Credit Transfer and Accumulation Sustem"，指欧洲学分转移和累积系统）体系有助于简化各高校的管理程序，提高学生的流动性。据统计，德国每年有一半以上的大学生就读期间以交换学习、实习、读语言班等形式在国外学习过至少一个学期，ECTS 方便透明的学分转换功能保证了学生在其他学校或其他国家取得的学分都能够得到认可，大大提高了学生参与交流项目的积极性。其次，学分制的实施有助于学生更好地规划和完成学业，帮助学生缩短学习时间，降低中途退学率。由于 ECTS 的计算方法全面考虑了学生取得学分需要花费的时间和精力，使学习从以"教师为中心"转向"以学生为中心"，让学生可以更加合理、有

---

　　①　桂文龙、苏治国、胡新岗：《国外学分制发展对我国高职教育改革的启示》，载《新课程研究》2017 年第 5 期，第 6 - 8 页。

　　②　李晓丽：《国外学分制的经验及启示》，载《教育与职业》2012 年第 4 期，第 52 - 57 页。

计划地规划自己的学习，有效降低了学生对考试的恐惧心理，也改变了由期末考试等大考来决定毕业总成绩的状况，从而提高了学习的整体效率。ECTS 使学生的流动性大大增加，其教学计划、教学过程和教学管理更加灵活，让学生在学习上拥有更多的自主权和选择权，允许学生根据个人需要和社会需求来构建合理的知识结构，对提升德国高等教育的竞争力有着积极的意义。①

国外学分制改革的启示：第一，当今社会是竞争的社会，学校要培养出具有社会竞争力的学生，必然要结合社会实际，重视学生的全面发展，促进学生自主学习。学分制的实施充分体现了其因材施教、灵活性强的特点，学生可根据自己的能力自主选择教师、课程、学习时间和学习进程，优秀的学生可提前修完学分，参加社会实践，这一过程使学生的自主、竞争和参与意识得到极大的培养，从而推动人才培养质量的提高。第二，学分制实施同样重视学生基础知识与素质的培养，加强专业知识迁移与转换，达到全面发展的培养目标。第三，学分制实施在加强基础课程学习的基础上，加大选修课程的种类及比例，给学生足够的自由选择空间，允许学生跨专业进行选修。有条件的学校还实行辅修制，在学生学有余力的情况下实行辅修，发掘学生个性和特长，实现对学校教学资源的充分有效利用。第四，高校之间因独立性较强，校与校之间、学生与学生之间的沟通交流较少，学分制的实施可以促进各高校间的合作与联系，制定出学生在不同高职院校之间的学分"互换""转移""认定"等制度，既有利于学生的交流发展，也有利于学校之间互助发展。第五，学分制实施中要注重终结性评价与过程性评价的结合，学分的取得不仅仅只是期末考试的终结性评价，要将平时表现等过程性评价与终结性评价相结合，设计更为灵活的考试制度，提高学生的学习效果。

二、国内学分制改革状况

我国最早引进学分制思想的是蔡元培先生，他出任北京大学校长时，在各高校中大力提倡以选课制代替学年制，这就是我国早期学分制的雏形。中华人民共和国成立后，高等院校普遍采用学年制代替了学分制，直到 1978 年，教育部提出有条件的学校可以试行学分制，学分制再次登上舞台。进入 21 世纪，

① 林璐：《欧洲学分转换与积累体系在德国的实施经验及其借鉴意义》，载《高教探索》2018 年第 12 期，第 60 - 65 页。

学分制越来越受到国家重视。2001 年，教育部办公厅在《关于在职业学校进行学分制试点工作的意见》中强调了职业学校进行学分制试点的必要性，对学分的认定和取得标准进行了明确规定，即一般课程以 16 ～18 学时为 1 学分，实践课程以 1 周为 1 学分。2004 年《教育部关于在职业学校逐步推进学分制的若干意见》指出，逐步推进学分制，建立与实行学分制相适应的职业教育课程体系，进一步建立和完善学分互认机制。2006 年，国家发改委在《关于进一步加强高等学校学分制改革管理的通知》中对高等学校实行学分制收费的程序报批、收费总额上限和监督检查等内容进行了规定。《国家中长期教育改革和发展规划纲要（2010—2020 年)》明确指出，要注重因材施教，要"关注每一个学生的优势潜能，推出分层教学、走班制、学分制、导师制等教学管理制度改革"。2016 年，教育部在《学分认定和转换工作的意见》规定："试行各类高等学校（普通本科院校、高职院校与成人高校）之间学分转换，畅通不同类型学历教育、学历教育与非学历教育、校内教育与校外教育之间转换通道，建立具有中国特色的学习成果认定和转换体系。"教育部印发《高等职业教育创新发展行动计划（2015—2018 年)》提出"高职院校要逐步实行学分制，推进与学分制相配套的课程开发和教学管理制度改革，建立以学分为基本单位的学习成果认定积累制度"。2019 年，《国务院关于印发国家职业教育改革实施方案的通知》提出"从 2019 年开始，探索建立职业教育个人学习账号，实现学习成果可追溯、可查询、可转换"。2020 年，教育部职成司在《关于做好职业教育国家学分银行建设相关工作的通知》指出"建立符合中国国情的职业教育国家学分银行，结合'1＋X'证书制度试点工作，有序开展学历证书和职业技能等级证书所体现的学习成果的认定、积累和转换"。这些文件的出台，为学分制改革提供了政策保障，确保学分制改革有效推进。

国内各高校主动积极探索学分制改革，取得初步改革成效，学分制改革呈现赋予学生更多自主权、实行弹性修业年限、鼓励多途径获得学分、实行学业导师制度、实行学分制收费等特点。但在实际改革过程中由于涉及课程、师资及设施设备等诸多问题，导致改革难度大、推进慢。目前在国内高职院校对学分制仍处于探索和试点阶段，对学分制的开展也没有统一的标准，大多数高校根据本校实际情况，设置不同的选课规定、培养方案、学分计算、毕业条件等，形成了不同的学分制改革模式。有的朝完全学分制方向发展，有的开展学年学分制，有的基于弹性学分制进行改革，有的进行学分置换与互认，有的开展主修辅修，有的进行导师制，等等。学分制的实施需要学校建立深厚强大的资源基础，也对学生素质提出了更高的要求，管理成本及难度增大，这些都为学分制的实施带来了困难。

三、现代产业学院背景下的学分制改革探索

要培养具有创新创业能力的高质量人才，首先要为学生创造一个宽松自由的学习环境，改革人才培养方案，给予学生更多自主选择课程的机会，充分发挥学生探索新学科、新知识、新科技成果的主观能动性，不断优化自身专业知识结构。学分制体系下自由的学习环境有利于学生发挥个人潜力，促进学生的个性化发展，为学生创新能力的培养奠定基础。在现代产业学院的建设背景下，广州科技贸易职业学院精准对接广州市开发区经济社会发展需求，建设了"政校行企"四元主体的产业学院，打造"五创并举，突出创新能力的'1＋X'育训结合"的人才培养模式，以学生的个性化学习需求和国家对创新人才需求引导学分制综合改革。

学分制改革以制度创新为驱动，以全面提高人才培养创新创业能力为目标，尊重学生的兴趣爱好，促进教师指导能力和学生自主学习能力的提高，通过开展弹性学制，改革人才培养方案，实施导师管理制，进行灵活的转专业、选重修制，开展学分互换，建设大量的校企合作课程，改革教学模式，提供足够的创新创业实践训练，最大限度保障学生的个性化发展，提高人才培养质量（见图 4 – 2）。

（一）学分制改革具体举措

1. 实行动态弹性学分制

以建设开发区科学城产业学院为契机，广州科技贸易职业学院不断开展学分制改革创新探索，与时俱进地实施动态弹性学分制，修订了学分制实施细则，目前采取的最长修业年限为 6 年，为个性化培养奠定了坚实的制度基础。此外，为满足学生创新创业的需求，学院规定学生在校期间可申请休学进行创新创业，在修业年限之内，学生可随时进行创业，也可以随时返回学校进行学习，修够规定的学分即可毕业。

2. 深化人才培养方案改革，夯实学分制基础

学分制改革的核心是给予学生更多自主选择和自由发挥的空间，通过修订人才培养方案，有效解决"难以让学生有充分的时间做自我学习和自我发展"

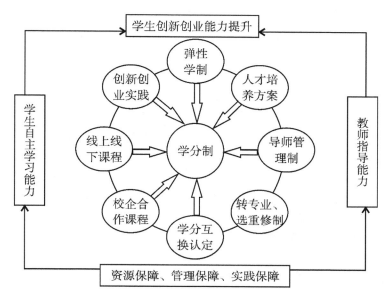

图 4-2 学分制改革示意

的问题。学院通过产业学院建设为契机，对各学分制试点专业人才培养方案作了相应调整，一方面合理调整选修课学分比例，选修课比例高于总学分数的20%；另一方面调整实践教学，使实践教学普遍超过总学时50%，现代学徒制试点专业实践学时超过60%。让学生有充分的时间进行自主学习和实现自我发展，鼓励学生把更多的时间用于创新实践，获得创新创业实践学分。

3. **建立导师管理机制，加强学习过程管理**

各专业建立导师管理制度，由专任教师组成导师队伍，指导学生完成在校期间的课程学习，规避未知风险，从而提高人才培养质量。同时，导师按学生考勤、课堂作业、日常表现等记录学生学习过程成绩，强化学生自主学习意识、提高学生自主学习能力。建立学业预警机制，由教务处、二级学院、导师组成预警信息小组，加强对学生预警的提醒，提升学生学习质量。

4. **实行开放的转专业及辅选重修制度**

充分尊重学生的兴趣和特长，给学生提供更多的自主学习选择权。学生进校一学期后可根据自身情况，按照学校要求提出转专业申请，转到利于自身发展的专业进行学习；学校每学期开设"人文与素养""科学与技术""社会与经济""艺术与审美""运动与健康"五大类100余门通识教育公共选修课，供学生进行选修，促进学生个性化成长；鼓励学生开展"1＋X"证书试点学习，辅修多个证书课程，置换其他课程；支持学生自主学习，对已修读过的课程，只需随班修读1/3的课程，其他采用自学完成，缓解学生学习时间上的压力。

5. 以生为本，建立学分互换认定管理制度

学院制定了《学分制管理办法》《学分互换认定管理办法》，在全校范围内全面推进学分认定与互换、学分绩点改革，学生通过选修相关课程、开展技能竞赛、社会实践、职业技能证书、"1＋X"证书等取得的成绩可以认定转换为相应学分。同时，以高职扩招退役军人班、现代学徒制班为试点，探索并实施了校企课程学分互认、成果学分互认等试点，学生在合作企业中所修的课程，在一定范围内学分可以互换、成绩可以互认。这项制度扩大了学生选课的自主权，有利于培养学生的技术创新能力。

6. 建立个性化校企合作课程

利用产业学院丰富的产教融合基地，各专业开发了大量的校企合作课程，学生根据自己的专业兴趣和专业特长进行个性化的课程选课。部分理论课和实践能力培养类的课程可以互认；学生根据自己的意愿，还可以进入校企合作实践基地修读相关课程，获取相应学分，也可根据自己的学习能力和时间安排，提前修读专业课程。

7. 为学生提供线上线下学习课程

学院顺应"互联网＋"的时代要求和职业教育发展趋势，在选修课中积极推行使用在线开放课程学习，为学生提供更多的学习形式。校企合作共建一批精品在线开放课程，既考虑学校各类精品课程、全校通识课程、专业基础课程及资源积累丰富的优质课程，也关注到体现学科优势、适合在线教学的课程，并在MOOC、超星等平台提供线上学生选修；同时，加大对外部优质在线教学资源的引入，积极引入"超星尔雅"公共课平台，包含国家精品在线开放课程等资源，使学生享受优质教学资源，也为教师教学方法的创新提供示范引领作用。通过课程学习，可以拓展学生知识和技能，提高人才培养质量。

8. 设置创新创业实践学分

加快创新创业教育与专业教育的深度融合，努力提升创新创业教育水平。完善创新创业实践学分管理，在培养方案中设置创新创业实践学分，鼓励学生积极开展创新创业实践。学生参加的创新创业大赛、获得专利或软件著作权、发表学术论文、参与教科研项目、参与创新创业训练计划项目等，均能获得相关的创新创业实践学分，并可在一定范围内进行学分互换。该举措极大地调动

了学生参与创新创业活动的主动性和积极性，每年学生到省、市、校级创新创业比赛及项目的参与率达 90% 以上，培育了更多具有创新意识及创业能力的人才。

（二）学分制实施的保障举措

1. 资源保障

学分制的顺利实施必须依靠丰富的教学资源，开发区科学城产业学院建设了大量丰富产教融合基地、创新工作室和协同创新中心，校企合作试点专业开发了大量的校企合作课程。同时，学校建设了一批精品在线开放课程与精品资源共享课程资源，引入"超星尔雅"公共课平台，包含国家精品在线开放课程等优质教学资源，为学生选修奠定了坚实的基础。学生可以根据自己的专业兴趣和专业特长进行个性化的课程选课。

2. 管理保障

在教学管理中，对人才培养方案、课程结构进行了重新设计，给学生更多选择和自由发挥的空间；制定和完善《学分制管理办法》《学生转专业管理办法》《学分互换认定管理办法》《重修管理办法》等制度，加强了对学分制实施的管理；对现有的教学管理平台进行升级改造，以适应学分制改革条件下的教学管理、成绩管理和学分互换等；建立学分制教育成本分担机制，促进复合型人才培养。

3. 实践保障

产业学院中企业真实的项目、各级各类创新创业大赛和技能大赛、教科研项目等均为学生的实践参与提供了大量的机会，在培养方案中设置创新创业实践学分，鼓励并组织学生积极开展企业真实项目、创新创业实践、创新创业大赛、技能大赛、发表学术论文、获得专利或软件著作权、参与教科研项目、参与创新创业训练计划项目等，获得的奖励均可进行学分互换，为学生的创新创业实践提供了有力的保障。

4. 质量保障

建立产教融合的质量保障体系，注重课程教学资源的建设，重视学生学习效果的反馈，加强对学生学习质量的监控，及时反馈学生的学习状况，鼓励教师设计更为灵活的考试制度。学分的取得不仅仅只是期末考试的终结性评价，还将结合学生平时表现、技能竞赛、参与实践等过程性评价，提高学生的学习效果。

第三节 "1+X"证书试点

2019 年，国务院出台《国家职业教育改革实施方案》，提出在职业院校、应用型本科高校实施"学历证书 + 多种职业技能等级证书"（即"1 + X"证书）制度，积极鼓励职业院校学生不仅要获得学历证书，还要努力争取多种类职业技能等级证书；同年，教育部、发改委、财政部、市场监管总局联合出台了《关于在院校实施"学历证书 + 若干职业技能等级证书"制度试点方案》，标志着"1 + X"证书试点正式实施。2019 年、2020 年，教育部先后公布了 4 批"1 + X"证书制度试点院校及职业技能等级证书试点名单，标志着"1 + X"证书试点进入了加速实施阶段。

国务院将"1 + X"证书制度定位于国家职业教育制度建设中的一项基本制度，是构建中国特色职教发展模式的一项制度创新。它与人力资源部门设置的职业资格或等级证书不同，是教育系统内部对职业教育与培训体系的完善，促进了职业院校推行学历教育与培训并举，促进了人才培养模式和评价改革的深化，也对专业人才培养方案的制定和内涵提出了新要求。"1"指的是学历证书，是学习者完成国家学制系统内规定的学习任务后所获得的学历证；"X"为若干职业技能等级证书。"1 + X"证书制度要求学生在获得学历证书的同时，取得多种职业技能等级证书。学历证书和职业技能等级证书不是两个并行的证书体系，而是两种证书的相互衔接和相互通融。职业技能证书是学生职业技能水平的凭证，也是对学生职业技能学习成果的认定。证书既体现岗位（群）能力要求，又反映职业活动和个人职业发展所需要的综合职业能力。"1 + X"证书制度实质上是为了改革职业教育与培训体系，完善国家职业资格证书制度，促进校企合作、产教融合的一项举措，鼓励职业院校学生在取得学历证书的同时，积极考取多类职业技能等级证书，从而提高学生的就业竞争力，缓解就业压力。

"1"和"X"衔接互通的意义并不只是证书本身，更重要的是转变人才培养质量评价方法，深化职业教育的教学模式改革；特别是要把"1 + X"证书制度和专业建设、课程建设、教师队伍建设紧密结合，促进产教融合、校企合作理念下的人才培养。坚持育训结合、内外结合、长短结合，促进毕业证书与职业技能等级证的融通，以人才评价模式改革带动职业教育质量提升。要准确把握人才培养关键要素和主要环节，须把"1＋X"证书制度落实到深化教师、教材、教法的"三教"改革上，进而改进学习过程的管理与评价。

一、国外职业资格证书制

在全球产业飞速发展的背景下，职业教育的发展与国家的经济紧密相连。在历史发展进程中，职业教育较发达的德国、英国、澳大利亚、美国等国家逐渐建立了较为完善的国家职业资格证书框架、制度和证书体系，并在国家层面统一认证标准，便于各类（包括学徒制在内）学生的升学及管理。如：英国建立了职业资格证书制度（National Vocational Qualification，NVQ），按照国家职业标准分为八个等级，学生通过考核即可获得相应的资格证书。① 澳大利亚建立了学历资格框架（The Australian Qualifications Framework，AQF），融通了普通教育与职业教育，职业教育的学生取得相应的资格证书后可以升入普通大学继续就读，普通教育的学生通过资格框架考试后也可以进入职业教育开展系统学习。职业资格证书制度和资格框架设计，使澳大利亚学生可以实现教育形式的灵活转换，达到升学目标。美国学生在中学毕业后可进入社区学院学习，社区学院可同时提供普通大学的前两年课程教学和职业技术课程及证书，学生通过学习获得相应学分后，可通过学分互认直接升入承认该学分的本科院校，转换灵活，升学方便。② 德国强调职业教育学历证书与多类职业技能证书并重，重视立法，制定了包括《职业教育法》《职业教育条例》《培训条例》《考试条例》与各州制定的《框架教学计划》《培训框架计划》等相互衔接，形成完备丰富的职业资格法律制度体系，强调社会工作的互相协调，从政策拟定到具体施行均有雇主企业、学员和政府的协同参与，使工作过程中的实际能力需求直接体现到教育培训课程和职业资格考核中去，保障教育培训和职业资格证书的紧密联系；严格的质量管理控制体系，德国政府发布300多个具体的职业标准，强制规定职业资格证书是走上工作岗位的必备条件之一，获得职业

---

① 陆奕丞：《英国职业教育体系结构及毕业生升学路径与机制的启示》，载《江苏教育》2018年第60期，第39－42页。

② 吴佳星、付雪凌：《美国职业教育体系结构及毕业生升学途径与机制探究》，载《江苏教育》2018年第3期，第41－46页。

资格证书前必须参加该行业组织的相关培训和考核，切实保障了国家职业资格证书的权威性、科学性及可靠性，从而提高职业资格证书的社会认可度。

国外职业资格证书制对我国的启示：第一，学历教育、专业教育与职业资格证书的衔接是必然趋势，有利于专业教育依据行业准入标准对其课程设置、教学方式等进行改革与完善，促进人才培养质量的提高；第二，职业资格证书与学历教育的衔接须加强顶层设计，在政策上促进政府、行业、企业、高校的合作，提升职业资格证书的社会认可度和含金量，推动职业资格考试的可持续发展；第三，实行学分互换是在专业领域内实现学历教育与职业资格证书衔接的重要方式，对学生职业资格学习成果予以认可，有效推动学生的积极性，促进职业教育规范化与可持续化发展，提高职业教育质量。

二、国内实施"1+X"证书试点状况及成效

2019 年《国家职业教育改革实施方案》明确提出：职业院校、应用型本科高校启动"学历证书 + 若干职业技能等级证书"的制度试点，鼓励职业院校学生在获得学历证书的同时，积极取得多类职业技能等级证书。[①]

自"1+X"证书试点方案公布以来，教育部发布了 4 批职业技能等级证书，共计 472 个，快速回应了《国家职业教育改革实施方案》的要求。随着人们对"1+X"证书制度认识程度的加深，证书的类型及试点数量也将会越来越多。同时，"1+X"证书制度在受到职业院校和行业企业广泛关注的同时，也出现了如下一些问题。

（一）师生对"1+X"证书认识不准

"1+X"证书一般是指"学历证书 + 若干职业技能等级证书"。大家对学历证书的理解没有异议，均指毕业证书，但对职业技能等级证书的理解却没有清晰而权威的界定，"1+X"证书与已存在多年的职业资格证书，特别是水平评价类的职业资格证书非常相似，难以分辨清楚二者的区别，认为是在原来"双证书"教学、考证基础上，再新增若干证书内容的教学和考证，职业技能

等级证书与职业资格证书混用、并用现象较为普遍。①

（二）社会对"1+X"证书制度认可不高

一直以来社会对职业院校存在认知误区，总认为职业院校培养的是技术型、技能型人才，"1+X"证书对学生个体发展的重要性不大，"1+X"证书制度能否得到大众认可还有待时间检验，"1+X"证书能否成学生高品质就业"敲门砖"的前景不够明朗，实施"1+X"证书制度得不到大众的认可，较难推进。

（三）院校对实施"1+X"证制度动力不足

职业院校在教育教学实施中，多数未能意识到"1+X"证书制度的意义、价值和路径，实施成效不佳。部分职业院校虽然实施了"1+X"证书制度，但由于校企合作力度不强、"双师型"教师缺乏，影响到"1+X"证书制度在职业院校中的实效性落实。

三、现代产业学院建设中"1+X"证书制度的实践探索

实施"1+X"证书制度，要以校企合作为契合点，推进产教融合、工学结合教育的实施。广州科技贸易职业学院以开发区科学城产业学院建设为依托，按照政校行企的多跨度合作模式，引入企业进行技术平台支撑，与开发区多个高新技术企业共同开展产教融合改革实践，构建校企合作长效机制，以"1+X"证书制度实施为导向，深化专业群及课程体系建设，推动学院与社会企业实效性合作，为学生等级证书的获取提供广阔的平台；与企业建立良好的合作关系，根据市场发展趋势，校企共建人才培养方案，推进"1+X"证书制度的实施与运用，达到良好的培养成效；深化"三教"改革，提高专业适应经济社会发展需求的能力；结合职业技能标准和教学标准，不断创新教学方式，构建课证融通的课程教学形态；建立与"1+X"证书制度相适应的学分制改革、成效反馈和评价机制；加大宣传力度，普及"1+X"证书制度的重要性，提升社会认识，转变大众看法，推动"1+X"证书制度落实，提升人

---

① 崔志钰、陈鹏、倪娟：《职业院校1+X证书制度试点的误区解析与实践策略》，载《职教论坛》2020年第12期，第29-37页。

才培养质量。目前，广州科技贸易职业学院有汽车检测与维修技术、动漫制作技术、电子信息工程技术、市场营销、电子商务等 17 个专业开展财务共享服务，业财一体信息化应用、物流管理、研学旅行策划与管理、游戏美术设计、邮轮运营服务、跨境电商 B2B 数据运营、智能网联汽车检测与运维、工业机器人集成应用、5G 基站建设、云服务操作管理、Web 前端开发、网店运营推广等 19 个"1 + X"证书试点，并获得智能网联汽车检测与维修、游戏美术设计、物流管理、Web 前端开发、汽车运用与维修、研学旅行策划与管理、财务共享服务、跨境电商 B2B 数据运营、邮轮运营服务 9 个"1 + X"证书站点。"1 + X"证书实践见图 4 - 3。

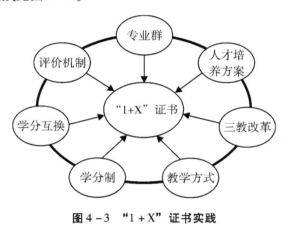

图 4 - 3 "1 + X"证书实践

（一）深化专业群及课程体系建设，为"1 + X"证书制度打好基础

开展"1 + X"证书制度试点，首先要建好专业群，专业群的组建不仅是知识逻辑，更是产业逻辑、岗位逻辑，其中的"X"职业技能证书不仅指向知识素养技能，更指向特定产业和职业岗位，只有将知识、产业、岗位有机结合，才能真正与"X"职业技能证书相衔接。"1 + X"证书制度试点显示了高职人才培养目标由过去的技术技能型人才向复合型技术型人才转变，这就要求其专业群要与产业集群或产业链对接，专业群内的专业要与具体的职业岗位对接，且这一岗位在区域内要隶属于支柱产业、新业产业或高新技术产业；专业群教学标准与"X"职业技能证书教学标准对接，这里的专业群教学标准并非

群内专业教学标准的简单组合，而是根据专业群教学目标，在群内各专业教学标准的基础上结合职业技能证书教学标准后重新制定的教学标准，确保专业群教学标准与"X"职业技能证书教学标准的有机融合。

打破以专业为单位的课程壁垒，构建以专业群为单位的课程体系。遵循"底层共享、中层分立、高层互选"的构建原则，形成拓展能力进阶式课程架构。"底层课程共享"即将公共基础课程和专业群平台课程纳入底层课程，扩大专业群平台课数量；"中层课程分立"即精选专业群内各专业的核心课程，尽可能减少专业核心课程的数量，例如将办公自动化、数据库应用等课程纳入底层的平台课中，减少专业核心课程数量；"高层课程互选"即扩大专业群的专业方向拓展课程数量，形成丰富的拓展课程资源供学生选修。根据"1＋X"证书制度试点要求，为每个专业群选择好若干职业技能等级证书，将职业技能标准与专业群内相应课程教学标准紧密融合，利用专业群内的拓展课程资源，将职业技能证书标准与课程内容基本重合，设计为"课证融通"课程，使课程内容与证书教学内容有机衔接，形成专业群"课程融通"系统。

（二）"1＋X"证书制度与人才培养方案相融合

专业人才培养方案是教学实施的指导性文件，学校是"1＋X"证书制度的实施主体，在制定人才培养时，要与企业紧密合作，深入研究职业技能证书标准与专业标准之间的联系，推进"1"和"X"的有机衔接，将证书教学内容及要求有机融入专业人才培养方案，统筹学历证书与职业技能等级证书、职业技能等级标准与专业教学标准、培训内容与专业教学内容、技能考核与课程考试，及时将新技术、新工艺、新规划、新要求融入专业人才培养，将证书内涵融入相关课程和教学环节，使专业人才培养工作主动适应发展新趋势和就业市场新需求，促进毕业证书与技能等级证书对接、融合，实现产教融合理念下的人才培养。

（三）"1＋X"证书制度与"三教"改革相融合

深化"三教"改革，提高专业适应经济社会发展需求的能力，将"1＋X"证书制度的实施与课程、教材建设相融合，及时将企业新技术、新工艺、新规划、新要求融入课程改革，以企业为中心，参考企业的生产流程、标准、工艺等，实现教学内容的创新，将产业发展的实践案例融入教材，实现教学内容的延伸与拓展，让学生能够学习、了解企业的发展实际，为专业技能等级证书的获取提供学习保障。根据岗位工作要求，推进岗位知识内容与专业知识内容融合，采取有效的教学方法，将岗位重要知识内容传递给学生，提升学生的学习积极性，促进学生对教材及岗位知识内容的认知与掌握，推动课程及教材建设适应发展新趋势和就业市场新需求。建立与"1+X"证书制度相适应的专业教学团队、提升教师开展职业技能等级证书培训的能力。编制"1+X"证书制度下的专业教学标准，将职业技能等级标准、教材和学习资源开发、考核发证交由第三方机构实施，有利于客观评价专业人才培养质量。

（四）构建课证融通的课程教学形态

"1+X"证书制度试点关键还是要落实到教学中，由于"X"证书制度是一种标准体系，不同于日常的知识技能体系，如果采用传统的密集训练、刷题等方式帮助学生快速熟悉考试内容进而通过考试，就会背离"1+X"证书制度试点的初衷。"1+X"证书制度试点应在既有教学内容的基础上，将"X"职业技能标准和教学标准相结合，不断创新教学模式，实现课证融通的教学形态。如将"X"职业技能证书教学与现代学徒制试点专业的教学改革相结合，进一步强化工作过程导向，以企业真实项目作为"X"职业技能证书教学的有效载体，将"X"职业技能证书的教学要求与企业的真实项目相融合，优化"双师"（学校教师与企业师傅）教学，实现"双师"共教共训模式，促进理实一体有机融合。将"X"职业技能证书的职业技能等级标准与教学标准融入课程教学中，融入教学改革过程中，促进教学质量提高。

（五）建立"1+X"证书制度相适应的学分制改革制度

"1+X"证书制度试点推动教育学校管理模式的变革，推进模块化教学、学分制、弹性学制等教学管理制度的改革，促进学分互换的建设，实现学习成果的可追溯、可查询、可转换，规范有序开展学历证书和职业技能等级证书学习成果的认定、积累和转换，为技术技能人才持续成长拓宽通道。积极鼓励学生取得若干职业技能等级证书，支持其根据自身兴趣爱好，辅修其他职业技能等级证书，并根据证书等级和类别兑换部分课程学分，完成相应学分即可取得学历证书。落实职业技能等级证书按一定规则折算为学历教育相应学分，在培养方案中提供更多灵活性的安排，也让学生结合自身情况有更多的学习选择权。学分制改革有效调动了学生学习及报考职业等级证书的积极性，推进"1+X"证书制度的有效实施。

（六）建立"1＋X"证书制度相适应的成效反馈与评价机制

建立"1＋X"证书试点过程性的数据收集、分析、反馈机制。围绕教师与学生两个方面，从教材、教学实施、学习动力、学习状态、学习成效等方面进行数据收集，导入相应的分析软件进行比较，实现对"1＋X"证书制度的不断优化。建立纵向对比、持续追踪和横向对照、全面评估的机制。首先，建立学生档案，分析比较每个学生的纵向学习曲线变化，追踪每个学生的就业情况、职业生涯发展情况，并进行对比，判断X职业技能证书对学生发展的影响；其次，通过开展问卷调查、访谈等，客观评价学生因"1＋X"证书制度试点而产生的变化。

第四节　创新创业

党的十八大以来，党和国家高度重视高校创新创业工作，国务院先后颁发《关于大力推进大众创业万众创新若干政策措施的意见》《关于深化高等学校创新创业教育改革的实施意见》《关于建设大众创业万众创新示范基地的实施意见》等一系列文件。全社会掀起"双创"热潮，"双创"理念正日益深入人心。业界学界纷纷响应，各种新产业新模式新业态不断涌现，有效激发了社会活力，释放了巨大创造力。近年来，广东高校"双创"教育取得了积极进展，各高校成立创新创业学院（中心）、搭建创新创业平台、开设创新创业课程、孵化创新创业项目、弘扬创新创业文化、开展创新创业大赛，积极创建独特的大学生创新创业教育体系，培养学生的创新创业意识和实践能力，促进学生全面发展。

一、国内外创新创业状况

（一）国外创新创业状况

1. 美国斯坦福大学"硅谷"模式

斯坦福大学走创业型大学之路的成功实践已经成为国外大学转向创业型大学的典范。自20世纪30年代以来，斯坦福大学积极与企业开展合作寻求研究资助，1951 年，斯坦福大学工业园区建成（Stanford Research Park，又称为斯坦福研究园，后成为硅谷的发源地），标志着斯坦福大学迈上创业型大学的发展之路①。随着斯坦福研究园的成立，斯坦福大学与工业企业的联系日益紧密，斯坦福大学研究园的创建进一步促进了斯坦福大学创业教育的发展。1970 年，其设立的技术许可办公室实现了学术研究成果的商业化推广，成为全美高校的技术转移典范。20 世纪 90 年代，斯坦福大学与硅谷合作，培养了众多高科技产品的领导者和创业人才，创造了"硅谷奇迹"，在短短的 20 年内迅速成为美国十佳大学之一。斯坦福大学创业型大学发展的主要特色是围绕创业型人才培养目标，形成了以创业课程、技术转移和创业网络为核心的创业保障体系（见图 4 - 4）。

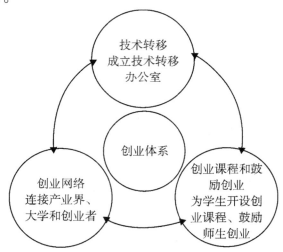

图 4 - 4　斯坦福大学创业体系

2. 德国慕尼黑工业大学 " '管理+' 培养计划" 模式

德国慕尼黑工业大学被公认是研究型大学向创业型大学转型的成功典范，并发展成为欧洲标杆性的创业型大学②。德国慕尼黑工业大学创业中心"管

---

① 朱春奎、李文娟、龚晨、汤天波：《美国斯坦福大学建设创业型大学的经验与启示》，载《科技中国》2018 年第 6 期，第 28 - 30 页。

② 吴亮：《德国创业型大学的改革发展及其启示——以慕尼黑工业大学为例》，载《高教探索》2016 年第 12 期，第 45 - 50 页。

理＋"培养计划是其创新创业教育生态体系的重要组成部分，它将行动学习和实践教育贯穿全程，将职业教育与创业教育有机融合，注重发挥创业教练和实践导师的指导作用，充分挖掘学生的自我教育潜能，突出精英教育和精准培育，在实践中产生了很好的效果。① 德国政府非常重视大学生创新创业生态环境建设，从立法的高度推进大学生创新创业生态环境建设。例如，德国各级政府和各类部门均设有负责为大学生创业提供项目咨询、创业培训、新技术项目建设等服务和为中小企业提供企业注册、生存保护等事务管理的专门机构②，学校主要从教育角度全面加强和构建学校内外的创新创业生态环境建设。企业应提高对大学生培养的社会责任感，积极参与大学生的"双元制"培养。大学生个体应积极融入国内的创新创业生态环境，不断调整自我的创新创业发展策略。③

3. 英国华威大学"产教融合机制模型"模式

英国华威大学是全球百强名校、英国顶尖研究型与创业型大学，也是英国首批将商业运作模式引入高等教育的大学之一。华威大学制造工程学院已经是欧洲最大规模的制造工程教学、科研、工业发展及顾问中心，是英国最著名的科技与创新中心，是世界水平的科研领导机构之一。华威大学将产教融合作为关键驱动因素，从而构建"产教融合意识培育""产教融合实践探索""产教融合能力提升"和"产教融合环境营造"的高校产教融合机制模型。华威大学制造工程学院始终立足于市场需求、与行业企业紧密结合，并获得了政府部门的支持，将所有资源整合起来，确保项目最终的成功。华威大学制造工程学院目前被认为是全世界数一数二的大学与产业紧密结合的工程制造中心，与劳斯莱斯、宝马及路虎等很多知名企业有着良好的合作关系，被欧美一些媒体报道评价为教育与产业结合的楷模。④

---

① 李现平、杜霞、孙奕：《德国高校创新创业教育研究——以慕尼黑工业大学"管理＋"培养计划为例》，载《创新人才教育》2019 年第 4 期，第 83 - 88 页。
② 韩道友：《借鉴德国经验完善应用型本科院校创业教育》，载《合肥学院学报》2011 年第 2 期，第 62 - 84 页。
③ 李建勋、夏建中：《德国 FH 模式对中国创新创业人才培养的启示》，载《创新创业理论研究与实践》2018 年第 14 期，第 72 - 75 页。
④ 刘娟：《浅探杭州城东智造大走廊的研究应用型大学新模式——以英国华威大学制造工程学院为例》，载《杭州科技》2017 年第 6 期，第 27 - 29 页。

（二）国内创新创业状况

1. 清华大学"三位一体、三创融合、开放共享"的创新创业教育模式

清华大学创新创业教育是我国研究型大学创新创业教育典型模式的代表之一，其"三位一体、三创融合、开放共享"的创新创业教育模式构建了完整的高校创新创业人才生态培养系统[①]，是以提升学生综合素质为目标的教育，利用现有的资源与条件，重视实践性教学，将创新创业教育与专业教育相融合，建立跨院（系）、跨学科、跨专业多学科交叉的创新创业教育模式。清华大学将知识传授、能力培养和价值塑造相结合，打造创业者所需的创新精神、团队精神、社会责任等价值观，形成了"三位一体"的人才培养思路。清华大学通过对创新创业教育平台和创新创业教育实践活动的全面设计，构建了全方位的创新创业教育生态系统，其通过院（系）共建联合企业、投资机构、战略合作伙伴等的形式，面向全校学生、校友与教师成立了横向联合机构"x-lab"三创教育平台，2015 年建成了全球最大的校园创客空间——"i. Center"清华创客空间。"i. Center"是服务于创新创业教育的跨学科创客实践平台，是集知识、能力、素质和创新实践为一体的工程训练平台，为学生提供项目指导、技术支持、政策咨询和资金等资源，又将学习训练的成果输出，转化为真实的创业项目，从而提高学生创业收益，提升创业信心。

2. 华南师范大学"分层次""一体化"模式

华南师范大学夯实"四个平台"，融入专业教育打造创新创业教育"升级版"。学校面向全体学生构建"分层次""一体化"的创新创业教育体系[②]，将创新创业教育融入人才培养全过程；探索建立"为学生植入创业基因，服务经济转型升级"的创新创业教育理论和方法，重点夯实"创新平台、创业平台、教学平台和科研平台"四个平台建设，形成"创新学科化、创业整合化、政策系统化、服务社会化、价值市场化"创新创业教育生态系统，实现课程体系本地化、实践平台多样化、师资队伍专业化、人才培养个性化、价值体系社会化、学科发展国际化的"六个化"，实现创新创业教育与专业教育有机融合，走出一条行之有效且独具特色的"双师模式"创新创业教育发展之路。

---

① 李丹、金丹、潘敏、陈君涛：《清华大学创新创业教育模式对高职创新创业教育的启示》，载《湖北开放职业学院学报》2019 年第 17 期，第 3－4、7 页。

② 见：http://es. scnu. edu. cn/a/20170220/152. html。

3. 高职院校"青年创新创业人才培养计划"模式

广东轻工职业技术学院依托突出专业以及产学研优势,打造"创新创业人才培养和项目培育、科技成果孵化和转化、社会资源集聚和对接"三位一体的校级创新创业实践基地①,建成大学生创新教育与创业训练中心。广东轻工职业技术学院与政府部门、社会组织和校友加强联系,为学生创业项目提供全方位孵化服务,帮助他们健康成长;利用行业协会资源,为实践平台提供技术支持,实现学生创业项目与政府资源的无缝对接,为实践平台提供师资保障和资金,为大学生创新创业提供全方位服务。

二、现代产业学院背景下创新创业育人模式实践

广州科技贸易职业学院按照"将产业学院建在产业园区,将专业建在产业链上"建设理念,积极融入开发区产业园区,开展产业学院建设。校企共同创建了"教学与生产相协同、学生与员工相统一、基地与车间相一致、教师与工程师相补充、技术与创新相融合"的实践平台,以政府创新创业政策为引领,以产教融合为契机,以行业企业为依托,以现代产业学院为载体,将创新创业素养教育与专业教育相融合,通过"政校行企"多方联动,聚集创新创业人才的各种要素与资源,协同共建校内外创客空间、创业苗圃、众创空间等大学生创新创业实践场所,着力打造产教融合的大学生创新创业平台,大学生创业公司以企业项目合作、专家指导、接收学生顶岗实习等方式反哺我校创新创业人才培养,形成良好的可持续发展的创新创业人才培养生态体系。②加快推进创新创业孵化基地建设,探索与构建"校、企、孵"三融合,"实践、竞赛、孵化、创业"四贯通的创新创业与就业教育模式,不断促进人才培养质量的提升。

(一) 构建创新创业人才培养生态体系

以现代产业学院为载体,明确"政校行企"多元协同在高职创新创业人

---

① 郑庚:《高职院校"双创"教育机制建设的现状及路径——以广东轻工职业技术学院为例》,载《天津中德应用技术大学学报》2021年第1期,第65-69页。

② 王永祥、朱志坚、林培鹏:《高职创新创业人才培养生态体系探索与构建——以广州科技贸易职业学院为例》,载《教育教学论坛》2018年第18期,第272-274页。

才培养中的作用，政府是高职创新创业教育的推动和引导者，高职创新创业教育的主要承担者，行业是创新创业教育的重要实践平台，企业是创新创业活动的重要参与者，充分发挥政府、高校、行业、企业的各自优势，多元协同，聚集资源、形成合力，全力助推高职创新创业人才培养，为推动创新创业教育教学改革提供支撑，构建以现代产业学院为载体的创新创业人才培养生态体系（见图 4-5）。

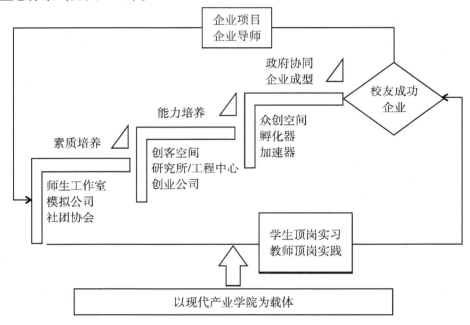

图 4-5　高职创新创业人才培养生态体系

1. 素质培养系统

由创新工作室、模拟公司、学生社团等组成大学生创新创业素质培养系统，通过组建创新创业师生工作室、模拟公司、学生创新创业社团等形式，对一、二年级的大学生进行创新精神、创业意识的培养，从而提高学生创新创业素质与综合素养。

2. 能力提升系统

由创客空间、研究所、工程中心、创业公司等组成大学生创新创业能力提升系统，通过考核、评定、竞赛等形式选拔具有发展前景的学生及项目进入创新创业基地，进行创新创业实战培训，通过开展项目实战、创业实践、模拟公司等活动的开展，促进大学生创新创业能力的提升。

3. 创新创业成果培育系统

由政府主导，校企共建众创空间、孵化器和加速器等大学生创新创业成果培育系统，依托政府政策支持与资金资助，利用创新创业成果培育系统，把具有发展前景的大学生团队与项目推向市场进行运作，促进大学生团队加速成长，培育一批真正能经得起市场考验的大学生创业企业。

4. 回馈反哺系统

由创业成功的校友企业组成回馈反哺系统，孵化与培育一批成功的具有影响力的大学生企业；大学生创业成功后，通过企业项目合作、专家指导、接收学生顶岗实习等方式反哺学校创新创业人才培养工作，从而形成一个通过校友的成功创业进一步反哺创新创业人才培养的生态体系，使得创新创业教育工作与高职人才培养有机结合。

（二）深化创新创业人才培养模式改革

依托创新创业人才培养生态体系，构建"三融合、四贯通"的双创人才培养模式，深化学校、企业、孵化基地的三融合，聚集创新创业人才培养所需的师资、场地、项目、市场、资金、服务等各种要素，促进实践、竞赛、孵化、创业教学环节的四贯通。通过"学校、企业、孵化器"三融合，将企业项目融入教学内容、实训项目，将企业成为认知实习、生产性实习、顶岗实习的重要基地，学生在感知、认知、熟知产品的同时，学习知识、学习技术与技能。以竞赛为抓手，激发创新创业热情，形成创新创业成果。通过企业对师生的双创成果进行检验与转化，对双创项目进行孵化，成立初创公司，通过初创公司提供就业岗位，带动就业，提供实践岗位、反哺教学，形成"实践、竞赛、孵化、创业"四贯通的双创人才培养模式。（见图 4 - 6）

1. "学校、企业、孵化器"三融合，共建双创育人实践基地

广州科技贸易职业学院与广东创电科技有限公司、国家级科技企业孵化器中国科协广州科技园联合发展有限公司（以下简称"广州科技园"）在项目开发、人才培养、技术创新、双创竞赛、特色活动、股权融资、成果转化等方面进行深度合作，共建双创育人实践基地成效明显。其中，与广东创电科技有限公司合作，获得"广东省大功率智能控制电源工程技术研究中心"立项建设，该企业先后捐助价值 200 余万元的设备共建校内双创实践基地，接纳电子信

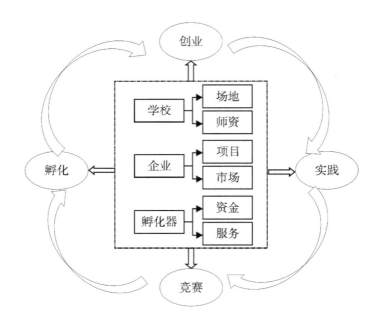

图 4-6 "三元融合、四环贯通"的双创人才培养模式

息、电气自动化相关专业学生实验实训，开展双创活动；与广州科技园合作，设立了"中国科协广州科技园大学生创新创业基金"，成立了大学生创新创业实践基地，引进与借鉴孵化器在项目管理、项目培育、项目孵化、投融服务等方面的宝贵经验，为大学生创新创业提供服务与保障。

2. 聚合创新创业要素，实现实践、竞赛、孵化、创业四贯通

通过"学校、企业、孵化器"三融合，发挥各自的优势，聚合师资、场地、项目、市场、资金、服务等全方位双创要素，营造良好创新创业生态环境，打通学生双创实践、双创竞赛、技术创新与研发、双创成果转化与孵化、创业就业之间的壁垒，使学生初创公司为学校提供实践机会与实习岗位，反哺教学，促使四贯通，促进双创高素质技术技能人才培养质量的提高。

3. 契合企业新技术的发展，促进实训与双创实践融合

充分发挥企业在技术上的引领作用，将认知实习、课程实训、生产性实习与创新感知、创业认知、创新创业实践相对接。在实训环节中融入企业真实项目，植入创新创业要素，以启发式、设计式、策划式进行实训教学，对实训中优秀的项目进行深入研发，实现从实训到双创再到研发的贯通。与广东创电科技有限公司联合进行了"现代电源技术""电力电子技术""LED 照明技术"和"通信电源调试"4 门校企合作开发课程，包括课程实践环节开发、指导学生实践、教学大纲和教学计划联合编写等，结合企业的生产过程、岗位标准，将专业实践与双创实践进行系统性的设计，在实践教学中融入企业真实项目，植入创新创业要素，以启发式、设计式、策划式、项目开发进行实训教学，在实训课程中激发学生创新思维与创业训练，对实训中优秀的创新与创意项目进行收集并进一步深入研发，针对优秀创业计划进行模拟实施，将专业实训与"双创"实践相融合，实现从实训到双创实践再到研发的贯通。

4. 聚集生产、市场、营销、渠道等新产品开发要素，促进师生技术创新成果转化

以企业产品创新为引擎，依托企业的生产、市场、营销、渠道等优势，解决师生科技成果的转化问题。学校师生技术创新、发明专利、创业方案与策划方面具有优势，但众多"双创"成果仍停留在研究开发阶段，无法落地，导致成果废弃与浪费。而在三融合的环境下，依据企业的需要进行产品研发与技术创新，有目的有方向、针对性强，企业将成为"双创"成果转化的推进器，促使"双创"成果有效转化。

（三）现代产业学院建设背景下创新创业育人模式改革实践举措

1. 深化产教融合，加快推进校企合作

在创新创业教育改革中，围绕学生创新创业素养与能力的培养，广州科技贸易职业学院从财税服务、工商服务、法律服务、投融资服务等孵化服务方面与资深咨询公司、孵化器等企业开展深入合作，先后与国家科技企业孵化器广州科技园、相关公司等企业开展深入合作，并设立了"中国科协广州科技园大学生创新创业基金"，实施"实践、培训、竞赛、孵化、服务"五位一体为创新创业孵化基地建设，为双创团队提供技术支持、所需资金、场地、政策与法律咨询、工商与税务等服务，以及提供专业导师团队，开展一对一的帮扶，提供精准服务，促使双创项目孵化成初创公司，实现可持续发展。

2. 建设"普识化、专业化、精英化"三进阶的创新创业教育课程体系，推进创新创业课程建设

将创新创业教育与职业能力培养融入人才培养全过程，以培养学生创新精神、创业意识为宗旨，建设"普识化、专业化、精英化"三进阶的创新创业教育课程体系。

一是面向全体新生开设创新创业导论课程，将"思政教育、专业教育、双创教育、素养教育"四融合，通过精选课程内容，做好"创新与创业导论"课程的网络资源建设工作，完善了课程标准、课程大纲、教学课件，制作教学视频百余个，借助信息技术教学手段，灵活多样地编排微视频、互动教学、在线测试等教学环节，激发学生兴趣，编写具有时代精神的创新创业教育教材《从零到卓越——创新与创业导论》并入选"十三五"职业教育国家规划教材，课程覆盖面达100%。二是将创新创业教育与专业教育相融合，以培养具有创新精神与创业素养的技术技能人才为目标，深化课程体系改革，结合专业构建专创融合的课程体系，建设专业化创新创业特色课程。三是开展精英培养，将有意愿创业的学生，有针对性地进行创业能力培训与训练，使学生在培训学习中深刻体会到创业必须面临的问题，通过创业计划书的撰写，使学生理解创业过程的关键环节与创业的关键要素。SYB 培训是目前较为完善的创业培训体系，我校累计举办了大学生 SYB 创业培训班 10 期，培训人数 300 余人，学生 SYB 资格证通过率达 100%，培训效果良好。

3. 开展"趣味性、互动性、灵活性"丰富多彩的创新创业活动

大力开展创新创业特色活动，举办包括创业实践嘉年华——模拟市场、云梦优创会展创业活动、设计思维训练营、微创业训练营、"燃动青春，创意无限"校园创新创业文化节等特色活动达 40 余场，举办"创新创业孵化基地入驻团队经验交流会""校园创客嘉年华""创新创业项目路演""创新创业就业政策宣传""创新创业成果交流会"等内容的大学生双创活动周，辐射影响全校师生。

4. 积极实施创新创业学分制改革，激发创新创业热情

制定了广州科技贸易职业学院创新创业学分管理办法，学生在校期间参加创新创业实践活动所取得的成效或成果，认定后可获得相应学分。学生参加由政府部门或其委托的行业权威机构组织的创新创业竞赛，以及校内组织的各类创新创业竞赛；学生参加校园创业（非注册）、网上创业实践、SYB 创业培训并获得证书、入驻学校科创谷或创新创业孵化基地；学生主持或参与学校及省市级以上的大学生创新创业训练计划项目、攀登计划项目、科研课题等；学生获得知识产权；学生校内外创业（已注册公司）等均可置换为相应学分，极大地提高了学生参与创新创业实践活动的积极性。

三、现代产业学院背景下创新创业育人模式改革成效

（一）提升了社会服务能力

联合企业、高校，多元打造"产、学、研、创"一体化工程中心，协同华南理工大学、广东创电科技有限公司等高校和企业，发挥学校师资优势，通过企业将研发成果转化为产品，实现科技成果的应用与转化。如电子信息工程技术专业在与广东创电有限公司的共同研发与合作中，承担"油田抽油机专用节能净化电源""基于大功率 UPS 创新平台的港船高效能源利用技术研发"等国家、省级项目十余项，研发的高端电源系统关键技术被用于北京地铁、上海地铁及成都地铁通信电源项目，近 3 年技术成果转化累计实现产值 3.2 亿元。

（二）提升了创新创业孵化能力

通过制度建设、项目孵化、开展创新创业实践与特色活动，激发师生创新精神与创业热情。每年举办创新创业竞赛，选拔优秀的创新项目与团队，在创新创业基地进行培育与孵化，近 3 年孵化基地入驻创新创业项目团队共计 60 个，其中 30 个团队已注册成立公司，初创公司年产值超过 3000 万元，学生初创公司接收学生实习 2000 余人次，实现初创企业反哺教学，接收毕业生 300 余人，实现创业带动就业。

（三）提升了教师的技术创新能力

基于产教融合，引入企业真实项目进行产品研发和技术创新。根据企业的需要进行人才培养、项目（产品）研发和技术创新，有效促进教师的创新创业成果转化为实际生产力。近 3 年来，教师带领学生共同完成并获得"一种 Buck 型变换器拓扑""基于可编程逻辑器件的红外遥控解码器"等 7 项发明专利及"CDD 系列大功率节能型不间断电源的结构""智能家居中控器"等 200 余项实用新型专利，以及"基于双核 DSPTMS320F28377 的大功率逆变控制软件"等 100 件软件著作权，有效地提升了教师和学生的技术创新能力。

（四）获得多项创新创业标志性成果

以技术创新为引领，联合企业、高校，多元打造"产、学、研、创"一

体化工程中心，获得了广东省高校智能电气装备应用技术协同创新中心、广东省普通高校高端电源系统技术工程中心、省高校大功率高可靠电能变换与控制科研创新团队、广东省高职院校开发区科学城产业学院产教融合创新平台等多个省级项目立项。校企共同研发的"轨道交通大功率高可靠供电系统的关键技术及工程应用"项目，在 2019 年荣获广东省科技进步一等奖。

第五节　现代学徒制

"现代学徒制"是教育部提出的一项旨在深化产教融合、校企合作，完善校企合作育人机制，创新技术技能人才培养模式的重要举措，是在校企深度合作前提下，以学生技能培养为目标，以学校和企业"双主体"、以教师和企业师傅"双导师"、以企业和学校"双基地"育人为核心的人才培养模式改革。现代学徒制将传统师傅带徒弟的培训模式与现代高职教育相结合，将教育、培训和就业融为一体，实现行业、企业参与职业教育人才培养全过程，推动专业设置与产业需求对接、课程内容与职业标准对接、教学过程与生产过程对接、毕业证书与职业资格证书对接、职业教育与终身学习对接，提高人才培养质量和针对性。

现代学徒制是西方国家职业教育的主要模式，较具代表性的有德国双元制学徒制模式、美国注册学徒制模式、英国"三明治"学徒制模式、澳大利亚新学徒制模式等，他们采用工学结合的形式来实现全过程的人才培养，在合作机制、培训标准、师资队伍培养、教学资源建设等方面取得了长足的进展，具有很强的规范性和科学性。

一、国外现代学徒制发展状况

（一）德国双元制学徒制模式

"双元制"是德国学徒制的表现形态，堪称现代学徒制及至职业教育的典范。其特点主要体现在：第一，政府立法支持、协会主导、企业高度参与。政府制定了《联邦职业教育法》《职业教育条例》等与职业教育有关法律，从法律上明确了职业教育的重要地位和作用。同时协会不仅仅要确认职业培训的场所和职业培训的人员资格、审查培训合同、对培训的活动还要进行监督，并对结业考试负责。第二，注重实践环节。双元制教育十分重视动手实践，每5天的学习时间中，学员有3～4天时间在企业实习。学生通过企业的实践锻炼，实践能力得到了提高，也提高了学生的人际交往能力、团队合作能力。第三，建设高素质的师资队伍。德国职业教师的学历为本科以上，且须经过2年的实习，实习期间他们还需要通过教育学和心理学的理论考试，取得教师职业资格证书，才能申请签约。第四，完善的考核评价体系。学生在培训期间一共需要参加两次考试：其一是阶段考，一般安排在培训期中；其二是结业考，安排在学习结束时，考试侧重实践考核。①

（二）美国注册学徒制模式

美国的注册学徒制建立了企业雇主（联盟）主导职业培训和社区学院，如跨国合作相互协调的主导理论教学体系。围绕为什么进行合作、如何进行合作以及如何实现合作等方面，逐步形成了"市场主导，政府驱动"的利益驱动机制、"统筹兼顾、联盟平台"的协调沟通机制、"多方协同、标准引领"的课程开发机制、"证书规范、行业认证"的质量保障四个维度的运行机制。在优化顶层设计，充分发挥行业企业主体作用，完善组织机构，构建专司统筹的多元治理格局，加强制度建设，推动学徒制规范化科学化发展等方面均有较丰厚的经验。

（三）英国"三明治"学徒制模式

20世纪初，英国学徒制开始尝试一种校企合作"理论—实践—理论"或"实践—理论—实践"结合的"三明治"学徒制培训及课程设置模式。英国学徒制与国家一般职业资格证书相衔接，实现了与普通教育的衔接。同时，参与现代学徒制的学徒需要完成技术证书和核心技能的考核，就此形成由技术证书课程、关键技能课程和国家职业资格课程（NVQ）共同构成的三维立体课程体系。院校开设关键技能课程和技术证书课程，一般以考试形式进行考核；国家职业资格技能为程序性知识，重点培养学徒工作场所的特定能力，对学徒的

---

① 傅玳：《校企合作开展现代学徒制模式探索——基于德国双元制模式启示》，载《中国市场》2018年第25期，第173－174页。

评估提供了证明能力水平的材料，并定期检查工作场所评估员的反馈。英国"三明治"学徒制的优势主要体现在三个方面：其一，校企深度融合，学徒享有工资收入，能充分调动学生的学习积极主动性。其二，企业认可度高，学徒拥有更好的工作机会。学徒制为学徒知识和技能的提高提供了保障，得到企业充分认可，实现人才培养质量与企业需求的高度契合，学徒职场上升空间更大。其三，社会认可度高，有良好的工作待遇保证。受到国家的政策保证和财政支持的学徒制，与其他行业相比，具有良好的工作待遇，学徒还可以享受免费学习的机会及带薪休假。①

（四）澳大利亚新学徒制模式

澳大利亚联邦政府于 1998 年就已经引入了新学徒制，新学徒制将学徒、培训机构和用人单位联系起来，形成结构合理的培训课程体系，具有层次化、一体化的特点。新学徒制在澳大利亚职业培训法中得到了保障。在澳大利亚，只要是年满 15 岁以上的澳大利亚公民都可以申请参加新学徒制培训（包括岗前培训与在职培训）。新学徒制实施体现如下特点：第一，学徒和雇主到国家注册的新学徒制中心签署培训协议，然后到注册培训机构进行面试，注册培训机构主要由澳大利亚各州和地区内的技术与继续教育（Technical and Further Education，简称 TAFE）学院承担，学徒、雇主和培训机构三方商讨后共同鉴定签署一个培训计划，计划明确三方的权利和义务、培训的目标，以及培训的项目；第二，参与新学徒制培养的培训机构（TAFE 学院）可得到政府的教育经费，承担知识传授和部分技能培训，企业培训是学徒制的主要组成部分，雇主必须在整个培训过程中为学徒提供学习机会，并据此支付工资，同时政府向学徒的雇主提供补贴；第三，学徒可以根据自己的情况，与雇主协商选择不同培训的时间、地点、培训方式、培训老师及学习的技术技能。

二、国内现代学徒制发展现状

2014 年，我国在《国务院关于加快发展现代职业教育的决定》中明确提出"开展校企联合招生、联合培养的现代学徒制试点"的意见，教育部颁布

---

① 陈鹏磊、李郡：《英国职业教育协同育人模式的经验借鉴——基于"三明治"教育模式与现代学徒制模式》，载《职业教育研究》2015 年第 7 期，第 84－87 页。

的《关于开展现代学徒制试点工作的意见》标志着我国现代学徒制进入新的发展时期。之后，人力资源和社会保障部、财政部联合印发《关于开展企业新型学徒制试点工作的通知》，国务院印发《国家职业教育改革实施方案》，教育部办公厅印发《关于全面推进现代学徒制工作的通知》等文件提出了"借鉴他国模式，总结现代学徒制和企业新型学徒制试点经验，全面推广现代学徒制"的任务要求，现代学徒制工作全面推开。截至 2018 年，国家试点了3 批共 562 家现代学徒制单位。我国的现代学徒制尽管起步晚，但发展却很快，目前全国共有 1000 多个现代学徒制专业点，共培养了 9 万余名学生。

全国各地现代学徒制试点单位积极探索，涌现出了一批典型案例和经验。以广东省为例，2015 年广东省教育厅在全国率先成立由来自职业院校、行业企业、教育研究机构等的专家组成的广东省现代学徒制工作指导委员会（以下简称"学徒制工作指委会"），加快推进了广东特色现代学徒制的发展，为全省高职院校现代学徒制试点工作提供培训、指导、监督以及管理与咨询服务；2016 年，广东省出台《关于大力开展职业教育现代学徒制试点工作的实施意见》，进一步明确了试点的要求。随后，广东省不断加强对现代学徒制试点的资金支持力度，每年省级财政资金投入达上千万元，部分试点地市也对参与的企业给予补贴，如中山市对每个试点专业补助 30 万元，并按每培养 1 名学生给予 2000 元标准补助等。现代学徒制探索与实践，为广东省深化职业教育改革开辟了一条新路，促进了校企合作与产教融合的深度，受到政府和教育、产业界的普遍关注。目前，广东省已有 54 所高校 194 个专业点开展现代学徒制，超过 200 家以上企业参与育人，受益学生（学徒）超过万人，校企精准对接，实现了精准育人。尽管如此，我国现代学徒制仍存在以下问题。

（一）缺乏校企合作共赢的长效机制

虽然国家出台了大量的文件支撑，但从目前试点来看，由于企业资源不够、校企合作深入不足、学生培养质量满足不了企业需求等原因，现代学徒制教育主体仍是学校，企业的参与度不高；文件的实施、企业的奖励等未能得到真正解决，因此试点中仍出现学校热情高涨、企业冷淡迎合的尴尬局面，这也是导致在现代学徒制培养中，企业无法尽其义务的原因。如何形成校企双方共赢的长效机制，是我国现代学徒制实施中必须面临的首要问题。

（二）缺乏统一的现代学徒制标准

在德、美、英、澳等现代学徒制发展较早的国家，政府牵头建立了一套相应的标准，用于规范和指导现代学徒制人才培养的质量。而我国虽然积极进行了现代学徒制的探索，但对人才培养的规格和标准、各试点专业教学标准、课程标准等未进行统一，难以保证人才培养的规范性，人才培养质量难以得到行业企业的认可。

（三）缺乏完善的校企师资评聘机制

现代学徒制的教学团队是由学校教师和企业技术能手组成的"双导师"团队，共同承担相应课程的教学任务。但就目前试点来看，普遍存在学校教师缺乏实践能力，技术能手缺乏教学能力的现象。特别是在教学团队的组建初期，校企双方导师缺乏有效沟通，在教学环节往往出现割裂、脱节等问题，不能很好地满足现代学徒制的教学要求。另外，由于企业对学徒师傅的激励机制尚未完善、晋升标准缺失，导致企业导师对教学的热情不高、积极性下降。

（四）缺乏真实的教学生产场所及资源

现代学徒制的培养，要以企业生产一线紧密结合，以岗位典型工作任务和职业能力培养为目标，因此，教学场所往往选择与企业生产场景一致的实训场所，课程资源须与岗位工作任务相对应。但在试点过程中，由于受企业资源、保密条件等限制，教学场所中的实训设备落后于企业的生产状况，开发的课程资源不能做到与企业生产实际相一致。

三、现代产业学院背景下现代学徒制探索

广州科技贸易职业学院自 2016 年以来便积极探索现代学徒制，2018 年依托学院融入开发区产业园区建设的产业学院大力开展现代学徒制试点，构建以学分制、现代学徒制"两制"为核心，以强化学生素质、创新创业、专业技能培育"三育"为目标，建设多元评价体系的"两制三育一体系"，形成"四元协同、五创并举的'1＋X'育训结合"的现代学徒制人才培养模式，获教育部第三批现代学徒制试点单位，助力广州国家级产教融合型城市产业转型升级和创新发展（见图4－7）。

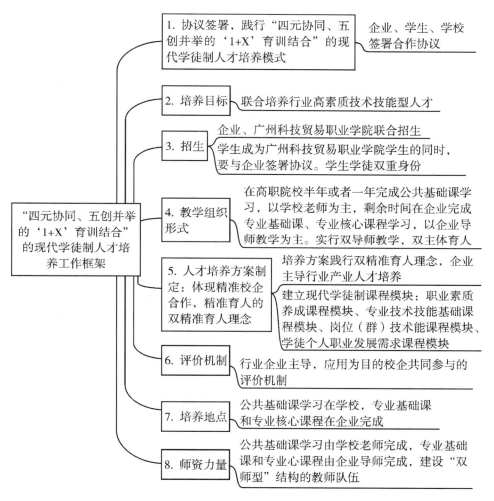

图4-7　现代学徒制人才培养工作框架

（一）现代产业学院背景下现代学徒制试点的特点

1. 推进"政校行企"四方联动协同培养

为了进一步增强现代学徒制人才培养的实效性，广州科技贸易职业学院依托广州市教育局与广州市开发区共建"产教融合示范区"，推进"政校行企"四方联动，主动融入开发区产业园区实时开展"动漫游戏产业学院""开发区科学城产业学院"建设，加强政府指导及行业、企业、学校之间的合作参与，加大现代学徒制的宣传力度，通过正面引导，扩大现代学徒制的影响力。协助企业获得政府财政补贴和税收减免等方面优惠，让企业在现代学徒制培养中获得实实在在的实惠，建立产业学院理事会机制，明确各方责任与义务，消除企业参与的后顾之忧，促进行业、企业参与的积极性。

2. 校企结合、育训结合，构建5S人才培养体系

为实现高职教育产教融合精准育人的目标，广州科技贸易职业学院依托广州市教育局与广州市开发区共建"产教融合示范区"契机，建设广州市开发区科学城产业学院，创建了教学与生产相协同、学生与员工相统一、基地与车间相一致、教师与工程师相补充的实践平台，为现代学徒制人才培养改革奠定了坚实的基础。在产业学院建设中，广州科技贸易职业学院依托产业园区雄厚的企业资源，大量招收杰赛科技有限公司、隆深机器人有限公司、光宝科技有限公司等企业员工、退役军人等生源进入电子信息工程技术、电气自动化技术等现代学徒制试点班学习。针对这类学生技能水平较高、动手能力较强的特点，广州科技贸易职业学院试点专业与合作企业积极探索，基于企业主导现代学徒制"5S"的人才培养理念（见图4-8），以"创立产业学院、创办四链衔接论坛、创设系列专项课题、创新校企激励措施、创建临时党支部"的"五创"并举措施为抓手，强化"双身份、双导师、双场地、学分改革、育训结合"培养，形成了"四元协同、五创并举的'1+X'育训结合"的现代学徒制培养模式，以项目为驱动，以成果为导向，工学交替，校企分5个阶段开展联合培养（基础知识储备阶段—项目分解阶段—项目操练阶段—项目交付阶段—孵化创新研发及创业阶段）。第一、二阶段通过学校学习，掌握岗位需求的理论知识；第三、四、五阶段在企业真实场景下实施项目，让学生身临其境，掌握项目策划、跟踪检测等判断性思考和解决问题的能力，具备创造与革新精神、创业规划与设计的能力。校企结合、育训结合，逐步提升学生技术技能水平及创新创业能力。

3. 完善现代学徒制技能标准，推进"1+X"证书制度

构建现代学徒制技能标准应遵循现代教育理念，体现教育与行业、学校与企业、专业与职业、教学过程与生产过程有机对接的产教联动。广州科技贸易职业学院依托产业学院中的行业企业，校行企协同构建学徒制框架，制定专业教学标准，用于界定教学内容、规范课程体系、指导专业建设、开展课程评价等，实现现代学徒制人才培养的标准化和规范化。构建过程中，基于专业定位，利用大数据技术对网络上的海量招聘数据进行挖掘、清洗及分析，并结合

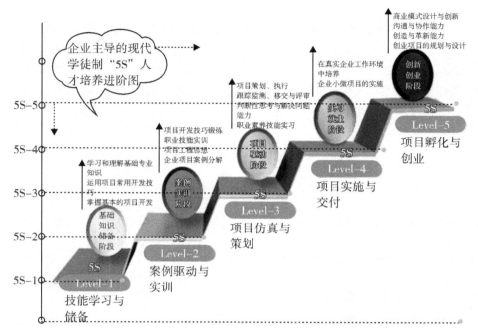

图4-8　现代学徒制"5S"人才培养进阶图

传统问卷调查及实地走访，把握最新的岗位人才需求及特征；采取"二维四步五解"职业能力分析方法，对合作企业培养目标岗位进行工作项目、工作任务、职业能力的逐步分解；最后，以职业生涯发展为导向明确专业定位，以典型工作任务为线索确定课程设置，以职业能力为依据组织课程内容，以工作任务为载体设计教学活动，确定人才培养方案；在专业核心课程中融入国际标准，使教学要求和专业认证与国际标准接轨，同时，与企业合作开展"1+X"证书试点，将行业技术标准和职业资格标准的要求纳入专业教学考核中，规范对学生职业能力的要求。

4. 建立企业主导的课程改革，开发先进教学资源

各试点专业建立以企业为主导的现代学徒制课程改革，强调在过程中，以任务为对象，校企共商共管开课计划与教学内容，规范教学过程管理，以实现对学生能力的培养。教学项目的设计真实复现日常岗位研发过程，学生在师傅（教师）的指导下处理项目的全过程，从中学习工程知识、设计/开发解决方案、现代工具应用、个人与团队工作、项目管理与财务等内容。培养学生的职业岗位能力和技能，将必备的专业理论知识、行业标准融入工作任务，分组、

185

分岗位实施教、学、做一体化教学，充分调动和激发学生的学习兴趣，从而提高学生的真实岗位技能。以电子信息工程技术专业为例，教学项目的案例均按照一线的真实研发过程进行设计（见图4-9）。课程体系设计侧重应用实践，80%课时为实践课；采用"适应性""集中式""模块化"的教学，提升学生学习中的实践能力，培养学生在工程过程中解决复杂故障问题的能力。

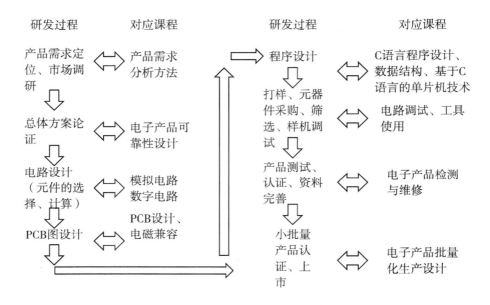

图4-9 基于研发过程的课程体系设计

5. 建设与企业真实工作场景高度契合的实训场室

发挥企业主体作用，利用企业先进的生产设备，校企共同建设工程中心、实训基地、工作室等与企业真实工作场景高度契合的实训场室。如电子信息工程技术专业与开发区高科技企业广东创电科技有限公司合作，校企共同投入600余万元建立了电子信息技术工程中心，进行大功率电源和船舶电力推进变频电源实验室建设，促进校企联合共同开展大功率电源和船舶电力推进变频电源的研发工作。依托电子信息技术工程中心，电子信息工程技术专业廖慧老师与华南理工大学、广东创电科技有限公司研发的"轨道交通大功率高可靠供电系统的关键技术及工程应用"项目大幅度提高了大功率轨道交通供电系统的运行特性，该项目2019年获得广东省科技进步一等奖。电气自动化技术专业与产业学院中隆深机器人有限公司合作，校企共投入 700 余万元，建设了"广州科技贸易职业学院机器人工程技术中心"，充分利用校企资源，优势互补，深入开展校企合作，为制造类企业提供智能制造咨询、升级改造方案、合作研发等服务。拓展针对教师、在校生或社会人员的职业培训，提升受训者的教学能力、研发能力及职业技能，尤其是实际操作能力。依托机器人工程技术中心，校企合作开发了"工业机器人电气维护实训系统""工业机器人机械拆装仿真实训软件"，为工程技术中心更好地开展教学及培训提供支持。

6. 建立科学的教学管理文件及制度

（1）建立校企共同招生及考试管理制度。校企共同完善《现代学徒制自主招生章程》，制定《自主招生考务工作实施方案》《自主招生考务手册》《高职自主招生考试保密工作实施细则》《自主招生考试监考员守则》《自主招生考试面试考官守则》《监考员考务工作流程》《考场守则》《考生守则》《考务工作流程》《命题、抽签及阅卷流程》等管理制度，形成招生招工一体化运行机制。根据企业对专业理论知识、专业技术技能需求，及时修订《现代学徒制文化考试大纲》《专业理论考试大纲》《专业技能考核大纲》，细化招生命题、考试、录取流程，确保考试录取工作公平、公正、公开。

（2）建立校企人才培养一体化的教学管理文件及制度。校企双方联合成立现代学徒制试点专业教学指导委员会，联合制定试点专业人才培养方案，形成校企联合开展教学。指导委员会制定《现代学徒制校企合作项目管理办法》《学分制实施细则》《学分互换若干规定》《现代学徒制课程考核评价方法》《企业实践考核办法》《现代学徒制试点学生（学徒）赴企业见习管理办法》等相应的教学管理制度，完善多元化的育人机制；同时，形成校企联合开发课程、共建教材、"双证"融通的运行机制。

7. 构建校企联合教学过程的 TPRF 质量保障体系

（1）建立专门组织机构，加强对人才培养的质量监控。学校专业负责人、行业协会的教育专家、合作企业专家组成三方专家委员会，共同制定并审核专业的教学标准，将岗位群所需的职业能力及岗位技能融入其中，形成企业主导的现代学徒制培养方案。育人过程由校企双方导师共同参与，校企双方提供满足人才培养的教学条件。学校教务处、质量监控办等教学质量管理监控机构，分别从教学管理、教学监控和学生管理三个方面进行教学管理、质量监控评价和信息处理反馈工作，以保证课程教学质量。校、行、企三方从学生掌握的知识技能和岗位业绩方面进行评价，齐抓共管，及时有效地对教学质量进行反馈，对企业主导的现代学徒制实施过程中的问题进行诊断与改进，定期检查、反馈，形成"TPRF"［目标（target）、过程（process）、结果（results）、反馈（feedback）］质量监控与保证体系（见图 4－10）。

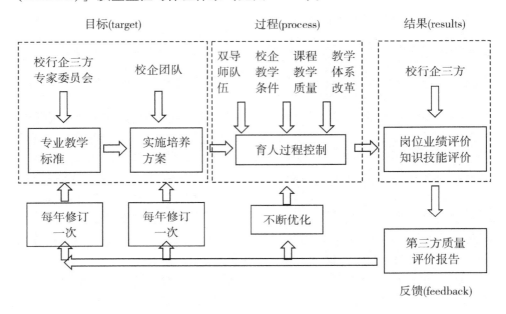

图 4－10　校企行三方共建的"TPRF"教学质量监控与保障体系

（2）建立企业主导的多方参与考核评价机制。创新考核评价和督查制度，建立基于工作岗位的考核评价标准，落实学校和合作企业的主体责任。按照学校学历教育和企业学徒的要求，构建全学程、双向介入的人才培养质量监控和评价体系，评价内容包含课程考核评价、学生能力、教学质量监控等。教学质量监控的措施是否得当，方法是否合理，反馈与评价结果的准确性，能检验专业人才培养方案的实施效果，也能推动和促进专业教师教学业务能力的提升。学校导师承担专业理论课程，部分实践课程由企业导师承担，最终成绩由学校教师和企业导师共同评定，侧重考核学生的实践能力。纯企业实践技能课程，由企业导师承担并进行成绩评定，评定内容包括学员日常出勤情况、纪律情况、职业操守、团队协作精神、社会公德表现等方面，形成校企导师过程共管、成绩共评的评价体系。学校开发校企合作管理平台，学生每天登录记录工作日志，企业导师和学校导师可以随时查看，企业导师每周要对学徒评价一次，作为学徒的平时成绩。学校导师根据工作日志清考，随时同企业导师和学生保持沟通，对学生进行管理、监控、纠正，实现过程共管，对培养中的问题及时调整。（见图 4-11）

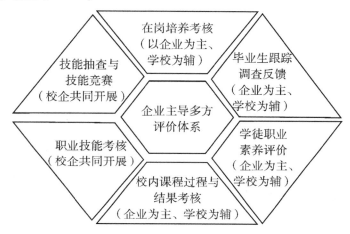

图 4-11 企业主导的多方参与考核评价示意

（3）完善现代学徒制诊断与改进机制。学院制定《现代学徒制教学诊断与改进办法》，完善现代学徒制人才考核及学徒评价机制。在现代学徒制试点实施过程中，通过校企双方深度融合，共同完成任务实施，进一步改革相应的教学内容和合作形式，形成科学合理的教学质量评价标准和学徒考核办法，聚集行业焦点，引领社会对人才评价的变革，实现学校、企业、行业及社会的多元评价机制，推进现代学徒制教学建设及改革深入发展。

四、现代产业学院背景下现代学徒制建设成效

依托开发区科学城产业学院丰厚的企业资源，广州科技贸易职业学院电气自动化技术、电子信息工程技术、动漫制作技术等专业大力开展现代学徒制试点，师生们通过产业学院学习与实践，取得了较好的成效。近 3 年，广州科技贸易职业学院通过现代学徒制试点，获得省级实训基地、省级工程中心、省级协同创新中心、省级专业领军人才、广州市南山创新奖、广州市职业教育金睿奖最佳合作企业等多项荣誉；现代学徒制试点电子信息工程专业与企业深度合作，解决了高端电源系统多项关键技术，获取了原创性的知识产权，实现了大

规模产业化，成果年产值达到 1.2 亿元。以廖慧老师作为第二完成人、广州科技贸易职业学院作为第二完成单位的"轨道交通大功率高可靠供电系统的关键技术及工程应用"科技成果，经中国工程院院士牵头的专家鉴定，整体技术"国际先进"，部分关键技术"国际领先"，于 2019 年获得"广东省科技进步一等奖"，广州科技贸易职业学院也是获此殊荣的唯一高职院校。目前该技术已成功应用于北京、天津、香港、成都等城市的地铁供电系统，大大提升了专业服务产业发展的能力。现代学徒制试点专业近 3 年获省市级以上技能竞赛奖项 100 余项，动漫制作技术专业与产业学院中的企业合作，连续承办了 2019、2020 年的广东省职业院校学生专业技能大赛（高职组）低空无人机技能与应用赛项，并一举获得大赛的五项一等奖，现代学徒制人才培养改革得到了国家发改委和社科院的肯定，并组团到广州科技贸易职业学院开展调研及交流，同时广州科技贸易职业学院领导在广东省、广州市产教融合研讨会上进行案例宣讲，在全国、全省产生了较好的示范效果。

在产教融合的大背景下，广州科技贸易职业学院依托产业学院建设，经过多年探索实践，研究现代学徒制人才培养模式创新改革，不断完善校企合作机制、双主体育人的人才培养模式、现代职业教育课程体系，实现学生和学徒身份、学业标准和学徒标准、学历文凭与职业证书等方面的融合，建设完备的"双师型"结构教学团队，建立了以成果为本的课程设计和质量评价体系，健全了广州科技贸易职业学院的政策体系、政校行企的横向沟通机制、多元参与的质量评价体系、多元参与主体的利益分配机制，实现了校企精准对接、精准育人，提高了就业质量，为人才培养质量的提升奠定了坚实的基础。

附录　现代产业学院人才培养模式研究成果[*]
——现代产业学院建设内涵辨析与实践

[摘　要] 融入产业园区协同龙头企业共建现代产业学院，政校行企"四

---

[*] 本文发表于《广东轻工职业技术学院学报》2021 年第 1 期，第 39－44 页。广东省教育科学规划 2020 年度项目（2020WQYB35），广东省高职院校产教融合创新平台项目（2020CKPT011）。本文作者蒋新革（1967—），男，江苏泰兴人，广州科技贸易职业学院院长、教授、硕士生导师，研究方向为高等职业教育、计算机应用技术。

元"主体协同构建"四实"治理体系，以"五创"并举为抓手建设政校行企"四满意"的现代产业学院，成为职业院校提高人才培养质量的有效路径，促进教育链、人才链与产业链、创新链全方位四链衔接，提升职业院校助力区域产业转型升级、为社会服务的能力。

[**关键词**] 产教融合　现代产业学院　治理体系　校企合作

为贯彻党的十九大报告提出构建职业教育体系、深化产教融合校企合作精神，落实《国务院办公厅关于深化产教融合的若干意见》文件要求，推进学校人才培养供给侧与产业需求侧紧密对接，广东省作为国家改革开放先行区、试验地，实时启动的粤港澳大湾区的国家级产教融合型示范城市试点，指导职业院校深层次开展产教融合、校企合作工作，培养符合产业高质量发展和创新需求的高素质人才。教育部、工业和信息化部结合《国家产教融合建设试点实施方案》，2020年出台的《现代产业学院建设指南（试行）》明确了产教融合型现代产业学院建设关键要素，要形成理念先进顺畅运行的管理体系、共建企业在区域产业链条中居主要地位、主要专业与区域产业发展高度契合、有丰富的教学资源及高水平教学团队。这是国家层面与时俱进、大力推进产业学院的指导文件，其指导思想进一步明确以立德树人为根本任务，发挥企业重要教育主体作用，面向产业需求完善人才培养协同机制，有效整合区域创新资源与校内教育资源，促使政校行企等多主体价值融合、功能互补、资源共享、协同创新[1]，深化产教融合校企合作，实现教育链、创新链、产业链与人才链的深度衔接。

中共中央国务院于2019年2月印发了《粤港澳大湾区发展规划纲要》，明确支持传统产业改造升级，加强产学研深度融合，建立以企业为主体、市场为导向、产学研深度融合的技术创新体系。粤港澳大湾区是继美国纽约湾区和旧金山湾区、日本东京湾区之后的世界第四大湾区，是国家建设世界级城市群和参与全球竞争的重要空间载体。粤港澳大湾区既有发达的高端产业，也有作为高端产业支撑和配套的中低端产业，高中低端产业自成一体，共同构成一条完整的"微笑曲线"。[2]为助力粤港澳大湾区产业发展，促进大湾区产教融合校企合作，推动广州职业教育高质量发展，广州市教育局结合广州市教育资源现状及广州开发区经济和产业发展需求，2017年开始启动与广州市开发区联合共建了"广州市产教融合示范区"，广州科技贸易职业学院"广州市动漫游戏产业学院"被开发区遴选为首批产教融合建设项目,率先进入开发区产教融合示范区;经过三年建设,现代产业学院在建设策略、治理体系、模式创新及其实践成效上取得较好成效。

一、现代产业学院内涵分析

深化产教融合、校企合作成为职业教育人才培养的必由之路,在国家政策及理论研究的引领下,职业院校探索的"双师型"工作室的共育路径、特色学院的特色路径、孵化器基地的生产路径与产业学院的融合路径各有侧重。[3]产业学院是为了服务某个特定行业或企业,与政校行企多方协同共建,采用企业化管理方式、现代化治理结构、市场化运行机制、综合化功能定位的创新型办学模式[4],在建设内涵上发挥行业企业的主体作用、发挥行业企业实践育人长处、提升行业企业高技能人才内在动力、全面提升人才培养质量,重视治理体系与治理能力现代化建设,是政校行企四方资源统筹的平台,是教育链、产业链、创新链与人才链四链衔接的平台,更是实施职业院校全面深化教育综合改革的平台。

从教育部、工业和信息化部发布的《现代产业学院建设指南(试行)》中提出的9个基本条件以及7大建设任务的视角分析,基于利益相关者理论建设的现代产业学院是职业院校提高人才培养质量、提升社会服务能力的有效载体,归纳其办学特征和内涵要素(见表4-1),由单一维度侧重到全流程合作的校企合作,其在治理主体上由学校邀请企业代表参与到组建理事会共建共治、师资队伍上由学校为主转为企业主体、实训基地由校内仿真模式迁移到企业产业园区、专业人才培养质量评价指挥棒由学校教师自己评价改革为多元化市场认可为主体、学习者定位也由"纯学生"身份转变为企业的"准员工"、教学培养模式从校内项目拓展到产业园区的生产基地等。

表4-1 四种产教融合模式与路径对比

类型	治理主体	组织者	师资队伍	实训基地	身份	质量评价	培养模式	规模
工作室	学校教师	教师	教师+工程师	实训室	学生+	教师	项目教学	小组

续表 4-1

类型	治理主体	组织者	师资队伍	实训基地	身份	质量评价	培养模式	规模
特色学院	学校+企业	二级单位	教师+工匠	学校+企业	学生+	学校	混合式	班级
孵化基地	企业	企业	工匠+教师	企业基地	学生+	企业	成果	小组
产业学院	理事会	理事会	工匠+教师	产业园	学生+员工	企业+学校	生产教学	班级

二、创新现代产业学院建设机制，促进四链衔接

深化产教融合、校企合作，积极引导职业院校融入产业园区建设现代产业学院，企业到学校的交流促进产业链与教育链合一，是基于企业人才需求构建学校专业群，明晰人才培养定位；学校到企业的交流是促进人才链、产业链合一，是基于学校人才培养方案反向支撑与促进企业发展。[5] 2019 年在总结"动漫游戏产业学院"经验的基础上，广州科技贸易职业学院围绕广州市开发区"高端产业"和"产业高端"，面向广州市高新技术开发区先进制造业、高端化现代服务业，以依链建院、以链成院为原则，融入广州经济开发区建设产业学院，对接开发区先进制造与信息技术产业链上游创意设计产业建设艺术与动漫设计类专业群、产业链中游建设智能制造类专业群，产业链下游建设现代商贸服务类专业群，落实专业群与产业群对接，形成同步运转、相互支撑的运行机制，促进现代产业学院专业与广州市开发区经济发展、产业集群高度契合。

为更全面服务区域产业升级及经济发展，现代产业学院建设坚持产业为要，坚持"将现代产业学院建在开发区里，将专业建在产业链上"的职业教育理念，按照深化教育链、人才链与产业链、创新链全方位衔接构建专业体系，充分发挥职业院校与地方政府、行业协会、企业机构等四元办学主体作用，加强产业园区产业、职业教育的统筹和部门之间的协调，切实增强人才对经济高质量发展的适应性，增强服务产业发展的支撑作用，推动经济转型升级、培育经济发展新动能。坚持创新发展，探索职业院校、产业园区、龙头企业及开发区政府"校园企区"等合作办学模式，推进机构共建、人才共育、

过程共治、资源共享的校企合作体制机制改革，打造现代产业学院建设内涵辨析与实践创新创业于一体的实体性人才培养创新平台。坚持产教融合，以专业群对接产业链、以产业学院对接产业园区、以课程体系改革对接产业转型升级，积极开展"两对两访三落实、两制三育一体系"工程，大力探索教育教学改革，建立教育链、产业链、创新链与人才链紧密结合的可持续发展的新型教学机制，将人才培养、教师专业化发展、学生创新创业、企业服务科技创新功能有机结合，促进产教融合、推动学校人才培养供给侧与产业需求侧紧密对接，培养造就大批产业需要的高素质人才，为提高产业竞争力和汇聚发展新动能提供人才支持和智力支撑，达成政府、学校、行业、企业四方满意成效，实现现代产业学院可持续、内涵式创新发展。（见图 4 - 12）

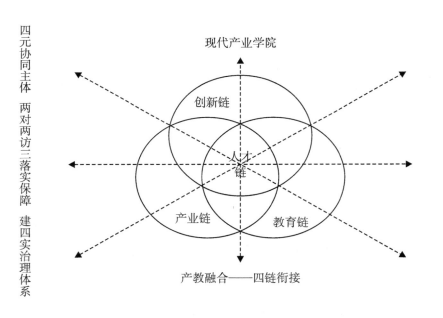

图 4 - 12　现代产业学院策略

三、夯实协同主体与保障工程，构建现代产业学院治理体系

（一）四元协同共建现代产业学院

服务现代产业发展是产业学院各联合主体的共同目标、是产业学院存在的逻辑起点。[6]依据利益相关者理论，充分考虑区域、行业、产业特点，结合高校自身禀赋特征，兼顾职业院校服务社会办学的公益性、地方政府社会发展行政的指令性、行业协会参与的市场性及企业经营生产的经济性四方利益诉求，按照市场化运作规律组建政府、学校、行业、企业四方参与的产教融合型办学机构，构建政校行企四元主体协同组织架构，形成教育资源四方统筹建设、教学生产组织实施四方全程参与治理、机构获益促进四方共享发展的共建、共治、共赢的产教融合示范区。

（二）两对两访三落实工程奠定建设基础

现代产业学院建设基础源于精准对接产业需求，在启动建设的第一时间深入挖掘区域产业链现状，实时制定"两对两访三落实"方案，明确要求进入产业学院各专业深入开展专题调研，调研产业链的"技术应用—技术要求—岗位职责—职业标准"，对应落实专业教育链的"人才需求—人才规格—课程标准—专业标准"。在人才培养方案中落实课程对接产业园区企业生产岗位标准、专业对接产业园区职业标准的"两对接"；要求各专业教师积极访问区域产业链的龙头企业和学校杰出校友的"两访问"，掌握产业链上企业生产现状以及发展规划，明晰企业人才需求规模与质量标准；在"两对接、两访问"的基础上，进而落实将产业园区产业链上优质企业落实为人才培养的实训基地、先进技术项目落实为教学内容、岗位技术能手落实为兼职教师的"三落实"，从而保障产业学院拥有优质教育资源、先进的教学内容、技艺精湛的师资队伍，确保人才培养质量。在近年产业学院实施"两对两访三落实"活动后，共访问企业201家，落实合作项目67个、合作开发课程82门，共同编写教材21部，聘请兼职企业教师122位，23个专业获得"1＋X"证书试点（见表4-2），较好地满足了现代产业学院各对接专业群建设的需要。

表4-2 两对两访三落实活动成效统计

专业群名称	对接企业数	合作项目数	合作课程数	合作教材数	企业教师数	"1+X"证书专业数
商贸服务	110	32	37	10	55	8
信息技术	30	11	13	3	13	3
智能制造	47	14	18	5	49	11
创意设计	14	10	14	2	5	1

（三）构建四实治理体系提升治理能力

全面深化产教融合校企合作，推动职业教育综合改革，关键在治理体系构建与治理能力提升。现代产业学院治理对内需要调节各参与主体之间的利益分配、权力格局、调和冲突以及化解矛盾，对外担负着实现教育服务的公共价值和社会公共利益最大化的重任。[7]对于新型办学基层组织的现代产业学院，需要积极开展资源共享机制、协同育人机制以及联动发展机制的探索，促进产业学院治理体系建设。广州科技贸易职业学院坚持将现代产业学院建设作为推动现代职业教育体系建设、体制机制改革和人才培养模式创新的重要策略，按照专业群对接产业链方式，由开发区政府、产业园区管委会、支柱行业企业和市属高职院校共建"开发区科学城产业学院"，在国家政策及职业教育理论的引领下，整合政府、学校、行业、企业及社会资源，遵循利益相关者理论，建立从建设到运行有利于突出企业主体作用、发挥企业实践育人长处、激发企业能工巧匠内在动力、落实人才培养质量制度体系，形成企业积极、院长负责、专家治学、多元评价的适宜产教融合的治理体系。产业学院的探索实践形成了以产教融合问题为导向创建多元主体培养环境、以章程为根本共建多元治理基层组织、以制度为关键组建学生中心运行系统、以方案为基本创新产教融合培养模式，构建了对接产教融合生态环境"做实"产业学院治理体系、对接共建共治事会模式"夯实"治理结构、对接以学生为中心理念"抓实"治理机制、对接人才培养质量需求"落实"治理能力的产业学院特色"四实"治理体系[8]，实现了现代产业学院的资源统筹、规划制定、产教实施及人才培养质量诊断等各环节工作的有效开展。

四、多措并举创建现代产业学院新模式，落实四方满意目标

（一）五创并举助推建设成效

现代产业学院建设目标是创新办学模式、增强办学活力、打造示范性人才培养实体。然而，目前在产教融合发展方面特别是在合作渠道、合作模式、合作内容、合作机制等方面仍存在诸多问题。[9]因此，需要产业学院建设各方集思广益、各尽其长，协同构建突出"学生中心"理念的产业学院"五创"建设长效运行机制。一是树立政校行企四方共建共治共赢的理念，统筹各方资源"创建"现代产业学院联盟，实施理事会领导下的院长负责制，保障兼顾四方利益诉求。二是现代产业学院理事会依据产业发展趋势，结合产教融合探索实践，定期"创办"四链衔接的论坛，引导参与各方积累丰富的产教融合资源，进行"三教"改革，提高产业学院的育人质量和社会服务能力。三是产业学院管理机构针对建设中难点问题，实施"创设"产业学院建设专项研究课题以及研究型本科大学教育学院重点委托课题，提升教师团队能力、增强人才服务产业作用，促进资源的开发建设。四是坚持改革开放理念构建多元评价的保障体系，"创立"政校行企四方积极参与现代产业学院建设的绩效激励制度，形成有利于产教融合的生态环境。五是兼顾利益相关各方不同属性，加强党的全面领导，"创新"现代产业学院党团组织模式，构建大思政教育平台，结合产业园区特点组建志愿者活动，实现现代产业学院可持续、内涵式创新发展。

（二）"两制三育一体系"模式深化产教融合

坚持育人为本、产业为要、产教融合、创新发展的建设原则，现代产业学院构建了"两制三育一体系"教学组织模式，促进产教融合成效的全面提高。"两制"即现代学徒制和学分制。精准对接区域经济发展需求，充分发挥行业企业育人主体作用，按照现代学徒制"工学交替、岗位成才"人才培养要求，结合人才培养规律和企业人才岗位成才过程，创建"教学与生产相统一、学生与员工相统一、基地与车间相统一、教师与工程师相补充、技术与创新相融合"的实践平台，突出支撑产业发展的现代学徒制人才培养模式；大力开展学分制改革，以产教融合为契机，制定学分互换认定管理办法，通过参加企业项目开发、创新创业训练、社会实践、行业技能竞赛、考取职业资格证书等实

践项目进行学分认定互换，调动了学生的学习积极性和主动性，为人才培养改革奠定了坚实的基础。坚持育人为本，实施现代学徒制及学分制的"两制"改革，其目的就是在现代学徒制组织与学分制的治理中落实培养对接产业发展的专业技能、促进产业转型的创新创业能力及学生长远发展的综合素质"三育人"成效提升。多元主体参与的人才培养质量评价"体系"建设是产业学院保持生命力的保障。建立质量评价机制，改革相应的教学内容和合作形式，形成科学合理的教学质量评价标准和考核办法，引领社会对人才评价的变革，制定学院现代学徒制教学诊断与改进实施办法，落实学校、企业、行业及社会的多元评价机制，还应该本着"公平、公开、公正"的原则，对考核结果进行公布，并根据 PDCA（计划、执行、检查、处理）循环不断优化发展规划和考核方案[10]，推进教学建设及改革深入发展。

（三）现代产业学院达成四方满意成效

依托产业园区建设"政校行企"四元主体协同的现代产业学院，坚持成果为导向、项目为驱动、工学交替的组织模式，对应区域产业链上游、中游、下游的设计、制作及产品服务行业实施专业群的对接建设，达成政府、学校、行业与企业四方满意的聚集成效（见图 4 - 13）。广州科技贸易职业学院积极参与广州市教育局与广州开发区政府共建的"产教融合示范区"建设，融入产业园区合作建设了开发区科学城产业学院，开发区政府发挥其行政作用，支持将学生培养过程与属地经济、社会、社区、志愿者文化相融合，优化了开发区职业教育，参与产业技术创新促进企业发展；开发区政府领导在专题调研后予以广州科技贸易职业学院高度肯定，鼓励该学院在创建国家产教融合城市建设中做示范。作为广州市公办高职院校，广州科技贸易职业学院坚持办学公益性，积极聚合社会、企业、行业各方资源，创新"两制三育一体系"教学组织模式，建成省级协同创新中心和省级科研创新团队，成为职业教育研究生培训基地，3 年来人才培养质量得到稳定提升，就业率连续多年位居全省前列，如在 2020 年克服新型冠状病毒影响保持 98% 的高就业率。现代产业学院建设得到行业协会、科技创新中心等行业组织的支持，组织开展行业技能竞赛、共同研发岗位规范、质量标准，对接行业设置专业，制定培养方案、课程标准等，进驻产业学院学生规模从 2018 年 700 余人到 2019 年 1200 余人，再到 2020 年 2400 余人，实现连续翻番的发展态势，较好地支持区域行业产业发展。现代产业学院与合作企业积极开展现代学徒制的探索与实践及相关产教融合项目合作，2 个专业成为教育部现代学徒制试点专业，12 家合作企业获得广东省建设产教融合型企业认证，其中智能制造企业 4 家、信息技术企业 2 家、商贸服务企业 6 家，电子信息工程专业教师团队与企业合作的项目中荣获广东省高职院校首个省级科技进步一等奖，提升了校企双方品牌与形象，实现校企合作共赢。

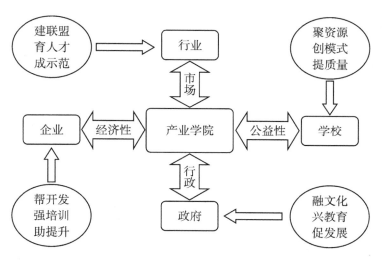

图 4 - 13　"政、校、行、企"共建产业学院职能

（四）结语

高等职业教育是我国职业教育的中坚力量，具有突出的职教性特征，开放、跨界、合作、共治等是职业教育办学的基本理念。[11] 对接现代产业园区建设现代产业学院的研究已经突破经验总结的层面，理论探索多维化，产业学院经历了从理念构建到实体构建、运行与成效检测的发展过程。[12] 在治理体系建设中成立了产业园区人力资源经理、社会专家、企业总工程师及学院教授等各方代表为理事的理事会，形成"五创"建设的长效治理机制，突出了以学生为中心的教育理念，实施"两制三育一体系"改革方案，形成了教育和产业统筹融合、良性互动的发展格局，在全国、全省产生了较好的示范效应。党的十九届五中全会明确了"建设高质量教育体系"，这对职业教育提出了新的更高要求，处于改革开放先行地的高职院校在增强服务产业发展适应性、进行深化产教融合校企合作新的探索实践、大力培养技术技能人才、助力粤港澳大湾区产业建设的道路上任重道远。

参考文献

[1] 黄彬，姚宇华. 新工科现代产业学院：逻辑与路径 [J]. 高等工程教育研究，2019 (6)：37 – 43.

[2] 李海东，黄文伟. 粤港澳大湾区视阈下区域产业学院发展的若干思考 [J]. 高教探索，2020 (3)：23 – 28.

[3] 蒋新革. 新时代高职产教融合路径的探索与实践 [J]. 职教论坛，2020 (1)：123 – 127.

[4] 孙振忠，黄辉宇. 现代产业学院协同共建的新模式——以东莞理工学院先进制造学院（长安）为例 [J]. 高等工程教育研究，2019 (4)：40 – 45.

[5] 季瑶娴. 高职院校产教融合三链合一人才培养模式探索 [J]. 职教论坛，2020 (1)：133 – 138.

[6] 朱艳峰，贺佐成，叶雯，等. 基于产业学院的协同育人模式探索与实践 [J]. 中国职业技术教育，2020 (20)：58 – 63.

[7] 许文静. 整体性视域下产业学院内部结构的治理逻辑研究 [J]. 中国职业技术教育，2018 (29)：12 – 16.

[8] 蒋新革. 产教融合视域下产业学院治理体系建设研究 [J]. 职业技术教育，2020，41 (24)：30 – 34.

[9] 李宝银，汤凤莲，郑细鸣. 产业学院的功能设计与运行模式 [J]. 教育评论，2015 (11)：3 – 6.

[10] 吴新燕，席海涛，顾正刚. 高职产业学院绩效考核体系的构建 [J]. 教育与职业，2020 (3)：27 – 33.

[11] 孙长枰. 高职院校治理体系建设的应然与实然比较 [J]. 职教论坛，2019 (5)：149 – 154.

[12] 李艳，王继水. 我国产业学院研究：进程与趋势——基于 CNKI 近 10 年核心期刊的文献研究 [J]. 中国职业技术教育，2020 (3)：22 – 27.

第五章　现代产业学院建设历程

党的十九大报告明确提出，把深化产教融合作为国家教育改革的一项重大战略。《国家产教融合建设试点实施方案》指出，国家产教融合建设试点坚持统筹部署、协调推进。通过 5 年左右的努力，试点布局 50 个左右产教融合型城市，在试点城市及其所在省域内打造一批区域特色鲜明的产教融合型行业，在全国建设培育 1 万家以上的产教融合型企业，建立产教融合型企业制度和组合式激励政策体系。广州作为首批产教融合型试点城市之一，到 2025 年将建设 5 个以上产教融合型行业和 200 家以上的产教融合型企业，基本形成教育和产业统筹融合、良性互动的发展格局，建成立足国家的重要中心城市、面向粤港澳大湾区的国家级产教融合型示范城市。

为落实产教融合建设目标，广州市高瞻远瞩，结合广州市教育资源现状及广州开发区产业发展需求，自 2017 年开始谋划"广州市产教融合示范区"，实施市区（广州市教育局与广州市开发区管委会）联合共建"广州市产教融合示范区"，推动广州职业教育及开发区产业高质量发展。广州科技贸易职业学院积极参与"广州市产教融合示范区"建设，立足广州市开发区，大力推进产业学院建设并取得明显成效，对接广州市开发区产业链培养产业急需人才，为区域经济社会发展做出应有贡献。产业学院建设历程按照时间轴划分为三个阶段。

第一节　高起点谋划，产业学院建设起步

2017 年谋划筹备，2018 年"广州市动漫游戏产业学院"作为"广州市产教融合示范区"建设项目率先进入示范区，建设规模为 700 余人。广州科技贸易职业学院依据利益相关者理论，对接动漫游戏产业链，实行政校行企

"四元协同"的理事会管理架构，建设广州市动漫游戏产业学院。在开发区政府及广州市教育局的支持下，面向开发区动漫游戏产业链和企业用人需求，以体制机制创新为引领，广州科技贸易职业学院实施"两对接两访问三落实"的筑基工程，出台"五创并举"的建设举措，建成集学历教育、技术研发、生产服务为一体的产教融合联合体，实现双精准育人。

一、凝心聚力，入驻广州开发区孵化器园区

（一）统一思想

2017 年广州科技贸易职业学院先后组织中层干部暑期学习班（见图 5-1）、外出专题调研、开展专题宣讲、组织专家专题论证等方式，深入学习习近平总书记关于教育重要批示精神，确定夯实校企合作、突出特色发展、健全诊断改进系统等三大基础工程，明确"特色引领、需求对接、创新机制、成果共享"的协同发展思路，从产业学院建设意义、原则、内容、实践、评价五个维度，瞄准"特色专业群＋体制机制创新"建设重点，构建协同创新氛围、促进产教深度融合育人环境，帮助职业院校促进教学、提高办学效率，帮助企业促进生产、提高经济效益，全面提升人才培养质量（见图 5-2 至图5-6）。

图 5-1　中层干部学习会研讨校企合作工程　　图 5-2　学院与企业合作开发产品调研

图 5 - 3　产业学院建设规划论证会

图 5 - 4　共商产教融合校企合作

图 5 - 5　喜途—亚马逊校企合作示范学院揭牌彩

图 5 - 6　学院院长蒋新革教授在兄弟院校做产教融合路径建设专题报告

（二）领导支持

2017 年 12 月 23 日，广东省教育厅副巡视员胡振敏来广州科技贸易职业学院专题调研。对该学院重点实施产教融合工程高度肯定，他强调要主动适应区域经济社会发展需求，利用科协群团办学特点，贯彻落实好《国务院深化产教融合的若干意见》，推动人才培养模式改革（见图 5 - 7）。广州市科学技术协会、广州市教育局领导等也来广州科技贸易职业学院开展专题调研。"滴水穿石非一日之功"，为确保产业学院建设健康有序进行，广州市各级领导专程到开发区协调，到该校指导落实。（见图 5 - 8 至图 5 - 10）

图 5 - 7　广东省教育厅领带来学院调研指导　　图 5 - 8　广州市教育局召开产业学院建设推进会

图 5 - 9　广州市科协领导来学院调研指导　　图 5 - 10　学院领导前往广东创电科技有限公司进行调研

（三）学习交流

2017 年 12 月 14 日，广州铁路职业技术学院党委副书记、院长景广军率队来广州科技贸易职业学院交流（见图 5 - 11），同月 23 日，广东省高等职业技术教育研究会 2017 年学术年会在广州科技贸易职业学院隆重举行，时任省教育厅副巡视员胡振敏出席了会议，并强调高职教育的关键是围绕产教深度融合做实做好做细校企合作（见图 5 - 12）。广州市教育局以及学院深入开展产业学院建设调研学习（见图 5 - 13、图 5 - 14）。

图 5 – 11　广州铁路职业技术学院一行来学院交流

图 5 – 12　广东省高职教育研究会年会在学院举行

图 5 – 13　市教育局组织赴中山职业技术学院开展产业学院调研

图 5 – 14　学院组织前往企业调研

二、五创并举，开创产教融合新路径

2018 年 7 月 2 日，广州市教育局高教处领导等到广州科技贸易职业学院开展"产业学院建设工作"专题调研。学院院长蒋新革介绍了学院产业学院建设对接开发区支柱产业，开展"两对接、两访问、三落实"活动情况。政校行企实现强强联合、联动发展，夯实产业学院内涵建设。（见图 5 – 15、图 5 – 16）。

图 5 - 15　7 月 13 日学院领导前往开发区智光公司开展调研

图 5 - 16　10 月 18 日产业学院学生前往南方测绘现场学习

在市教育局的大力支持下，广州科技贸易职业学院成立了产业学院建设工作领导小组，在各部门组织协调下，2018 年 9 月动漫游戏产业学院 11 个专业 700 余名学生顺利入驻产教融合示范区（见图 5 - 17、图 5 - 18）。产业学院建设是深化产教融合校企合作的有效举措，学校实时启动"五创并举"建设，聚力促进职业教育提升内涵、凝练特色、提高质量（见图 5 - 19 至图 5 - 24）。学院参加 2018 年 Education + 世界职业教育大会暨展览会，获得组委会颁发的"最具创新专业共建奖"（见图 5 - 25）。

图 5 - 17　学院领导与产教融合示范区领导合影

图 5 - 18　学院领导现场协调产业学院工作

图 5 - 19　开展"五创"活动

图 5 - 20　学院承办广东省低空无人机职业技能比赛

图 5 - 21　参加产教融合专题研讨会领导专家合影

图 5 – 22　9 月 10 日学院领导前往产业学院进行教学检查

图 5 – 23　11 月 19 日产业学院党支部组织开展专题党课

图 5 – 24　学生参加测绘实训

图 5 – 25　学院获 2018 世界职业教育大会获"最具创新专业共建奖"

三、新篇初启，第一届产教融合研讨会召开

2018 年 11 月 30 日，作为产业学院建设"五创并举"的"创办四链衔接论坛"第一届研讨会在广东省教育厅和广州市教育局的指导下，广州科技贸易职业学院和广州开发区人才工作集团共同主办的"促进产教融合　深化职教改革"——职业教育产教融合专题研讨会在广州萝岗会议中心隆重召开。

会议分开幕、签约、捐赠、专家报告四阶段进行，来自广东省教育厅和广州市教育局的相关领导、产教融合相关学者专家、企业代表以及30多所高职院校领导，共计150余人出席会议（见图5-26至图5-28）。

专家报告对深化产教融合的思路和做法、产业学院的生成逻辑梳理和主要模式、组织形态，以及基于专业镇产业学院和产业园区产业学院建设实践开展深入探讨，对高职院校产业学院的建设具有重要的理论指导和工作示范意义。

图5-26　学院副院长朱志坚教授做主题报告　　图5-27　学院与开发区人才工作集团共建产业学院签约

图5-28　参会人员合影

第二节　高站位推进，产业学院快速壮大

以广州市开发区科学城产业聚焦地为中心，以广州市开发区与广州市教育局共建的产教融合示范区为辐射，2018—2019 年开发区产业园区开展"开发区科学城产业学院"建设。广州科技贸易职业学院响应国家职业教育改革号召，将专业建在产业链上，主动融入广州产业聚集区建设开发区科学城产业学院，学生规模达 1200 人。开发区科学城产业学院坚持"依链建院、院园合一"思路，承接前期动漫游戏产业学院建设的经验，对接科学城"一城四区"现代制造类全产业链，秉持"院在链前、以院强链"做法，根据产业市场的需求，持续推进"两对两访三落实"筑基工程，优化专业结构，以现代制造类专业群为主体、拓展上游创意设计类专业群、延伸下游营销与服务类专业群的建设格局。学院联合企业开展技术研发取得高职院校省级科技进步一等奖的历史性突破（见图 5 - 29、图 5 - 30）。

图 5 - 29　学院获广东省科技进步奖一等奖　　图 5 - 30　学院领导前往合作企业调研

一、院园合一，扎根广州开发区科学城

2019 年，为了深入推进产业学院工作，广州科技贸易职业学院组织开展对产业学院、行业企业、产业园区专题调研（见图 5-31 至图 5-34）。秉持"依链建院、院园合一"理念建立开发区科学城产业学院，2019 年 6 月 18 日，学院与开发区达成进一步拓展合作，立足产业园区全方位实施创新工作室、产业阅览室、共享运动室等产教一体化建设，对接行业标准制定产业学院教学运行制度；同年 10 月 23 日，学院与科学城产业园区，在产业学院空间拓展、建设模式及建设机制、政校行企协同共创全国一流产教融合示范区等方面达成合作共识（见图 5-35、图 5-36）。

图 5-31 4 月 9 日，学院领导率队前往产业学院调研

图 5-32 4 月 24 日，学院领导率队前往广东产教联盟毛织产业学院调研

图 5-33 5 月 6 日，学院领导率队前往海尔工业园调研

图 5-34 学院领导率队前往苏宁华南地区总部广州地区管理中心调研

图 5-35　6 月 18 日，学院领导带队赴开发区洽谈拓展建设

图 5-36　10 月 23 日，学院与科学城产业园达成共识

二、四元协同，深化产业学院内涵建设

产业学院建设是顺应我国产业转型升级，落实"将产业学院建在开发区里，将专业建在产业链上"的高职教育理念，深化校企合作、产教融合的重要举措。其工作的难点在于如何有效地破解与开发区产业园区内各企业联结，实现教育链、产业链与创新链、人才链的合一，开展校企深度合作，开辟新时代学院创新发展路径。2019 年 3 月 20 日，广东省教育研究院组织召开"政校行企协同共建产业园区产业学院的育人实践研究"课题开题会。2019 年 9 月 25 日，共建华南师范大学研究生培养基地及职教师资培养基地挂牌仪式及研讨会在开发区科学城产业学院举行，从产业学院的发展、实施路径及建设，校企深度融合开展人才培养、实训基地建设、学生就业、科技服务等方面建设进行了研讨与咨询（见图 5-37）。2019 年 9 月 9 日，开发区科学城产业学院由 180 位同学参加的"产业学院企业实践训练营"开训典礼在广东软件科学园举行，30 位同学驻苏宁华南总部实践教学顺利开展（见图 5-38）。企业实践训练学习强调理论与实践结合，强调创意活动、创新竞赛与创业实践之间的衔接和转化，为产业学院"两对接、两访问、三落实"工作的开展打开了良好的局面，为各专业开展校企深度合作、深化人才培养内涵、促进创新发展起了很好的示范作用，标志产业学院政校行企四元协同开展产教融合理论与实践探索

得到进一步深化（见图5–39、图5–40）。

图 5–37 研究生培养基地及职教师资培养基地挂牌

图 5–38 与苏宁华南总部实践教学现场的同学进行交流

图 5–39 9 月 2 日，25 名学生前往头狼产业学院现场学习

图 5–40 学院领导与参加电商实训的学生进行交流

三、共谱华章，第二届产教融合研讨会召开

为贯彻落实《国家产教融合建设试点实施方案》精神，2019 年 11 月 20 日，在广东省教育厅、广州市教育局指导下，由广州科技贸易职业学院与企业共同举办的"砥砺奋进新时代，产教融合新探索"研讨会在开发区科学城产业学院国际报告厅隆重召开，来自广东省市区的相关领导及校企代表 300 余人出席了本次会议。

广东省市职教专家围绕新时代中国产教融合的战略定位、基本策略、产业学院建设实践进行了广泛的交流与研讨，就建设中存在的问题进行了剖析，提出意见及建议，为产教融合工作指明方向，为"广州市产教融合示范区"建设奠定了基础。广州科技贸易职业学院将以此次会议为契机，全面开展开发区科学城产业学院改革与创新，力求推动全院产教融合及人才培养工作再上新水平（见图 5 - 41 至图 5 - 45、图 5 - 47）。

广东省市区各级领导对开发区产业学院建设予以高度肯定，同时提出希望要积极探索政校行企协同创新发展模式，要将建设融入粤港澳大湾区建设和产业转型升级的大局中，落实在提高人才培养质量、服务开发区产业发展上，形成新产业蓬勃发展、新动能持续壮大、新人才不断涌现的可示范可推广的经验。会议现场还进行了校企共建签约仪式及为"两对两访三落实"活动中优秀单位和企业颁奖（见图 5 - 46）。

图 5 - 41　中山大学冯增俊教授做报告

图 5 - 42　学院院长蒋新革教授做产业学院建设报告

图 5 - 43　"产教融合校企合作"专家论坛

图 5 - 44　与会领导、嘉宾参观广州科学城产业学院

图 5 - 45　产教融合校企合作签约仪式

图 5 - 46　"产教融合、校企合作"颁奖
仪式（综合奖）

图 5 - 47　与会领导、专家、企业代表合影

第三节　高质量发展，产业学院优化提升

2020 年为"科学城现代产业学院"建设提升阶段。总结前期产业学院建设经验，依据开发区产业发展需求，积极推进广州产教融合型城市建设，产业学院规模实现再翻番，达到 2400 余人。按国家现代产业学院建设指导意见，

全面深化"两对两访三落实"筑基工程、构建产业学院"四实"治理体系，创新了"1＋X"育训结合人才培养模式、完善了"两制三育一体系"运行组织，当年获得企业2000余万元投资建设产教融合基地，实现毕业生在开发区就业率年年翻番目标，2020年在疫情突发状况下就业率获得全省高职院校排名第三的佳绩，政校行企"四方满意"生态环境已经形成。

一、扩容提质，深耕广州开发区科学城

2020年1月19日，广州黄埔开发区管委会党工委委员、管委会副主任黄晓峰带领相关部门负责人到开发区科学城产业学院进行专题调研（见图5－48、图5－49）。他对学院融入产业园区对接产业链建设产业学院富有成效的工作给了予了高度的肯定，要求相关部门主动帮助解决发展面临的难点问题，全力支持将其建设成广州市重要的产教融合基地。同期，1月7日产业学院"四实"治理体系建设专家论证会、"四元协同"理事会成立大会顺利召开，创新工作室及专业产业学院相继挂牌，7月27日开发区科学城产业学院扩容提质工作按期推进，24个专业2400余名学生顺利融入产业园区，实现在园学生规模年年翻番目标（见图5－50至图5－55）。

图5－48　2020年1月19日，黄晓峰带队调研产业学院建设

图5－49　实地考察产业学院配套设施

图 5 – 50　5 月 14 日与中兴及精标共建 5G＋智慧教育签约

图 5 – 51　8 月 29 日，专家组前往华为就 ICT 产业学院建设开展调研

图 5 – 52　赴中山"院园融合"火炬模式调研

图 5 – 53　中国教育科学研究院专家来产业学院调研

图 5 – 54　11 月 5 日，产业学院理事会成立

图 5 – 55　与广州明珞装备公司达成共建基地协议

二、博采众长，提升现代产业学院内涵建设

2020 年 9 月 19 日，广州科技贸易职业学院院长蒋新革教授主持的"粤港澳大湾区产业学院建设研究"广东省"十三五"规划课题专题论证会在开发区科学城产业学院举行。专家组高度赞赏学校积极对接产教融合生态环境做实治理体系、对接共建共治理事会模式夯实治理结构、对接以学生为中心理念抓实治理机制、对接人才培养质量需求落实治理能力，形成学校特色产业学院"四实"治理体系，探索"1＋X"证书制度、现代学徒制、学分互认和创新创业项目等，对推动粤港澳大湾区深化产教融合、校企合作具有重要的理论与实践意义，希望学校进一步加强产业学院治理体系与治理能力现代化建设，为职业教育改革提供可示范、可复制的新模式。

为创新新时代党建引领产教融合校企合作，推进"两对接、两访问、三落实"工程，广州科技贸易职业学院实时启动"我为产业学院做贡献"活动，设立"党员服务岗"、开展"我是党员我带头"、成立"学生党员服务队"，以党建引领"多方联动"，助推专业与行业"同频共振"，促进"开发区科学城产业学院"建设。2020 年 9 月，商贸学院联合开发区金融控股集团探索"现代产业学院＋国企"党建工作模式；同年 10 月，创意学院联合广东优创合影公司产业园区探索培训＋培养实训基地建设，信工学院联合科学城"南方测绘地理信息产业园、锦昊智谷园区（见图 5－56）、广东软件园"等园区探索"园区培训营"模式（见图 5－57）；11 月，智造学院联合粤峰高新科技以"互联网＋智能制造"积极开展课程体系和产学研赋能平台开发（见图5－58）。学院深入企业走访交流形式的主题活动，发挥了基层党组织在人才培养、创新就业工作中的先锋模范作用，激励了党员、教职工为产业学院建设贡献力量，夯实了"学校办进产业园、专业建进产业链、课堂搬进车间、标准融进学习内容"的"四进工程"，促使了产教融合继续走深走实（见图 5－59）。

图 5 - 56　10 月 19 日调研锦昊智谷园

图 5 - 57　产业学院企业实践训练营学生项目开发

图 5 - 58　11 月 12 日在"粤峰高新"研讨项目开发

图 5 - 59　12 月 23 日与广州金控集团签订现代学徒制培养

　　12 月 2 日，中山职业技术学院院长王忠教授到产业学院参观交流，给予高度评价，他认为"四元协同共建两制三育一体系"开发区科学城产业学院运行模式是典型的现代产业学院（见图 5 - 60）。11 月 25 日，河源国家高新区投资促进局局长薛卡带队到开发区科学城产业学院交流（见图 5 - 61），希望借鉴广州科技贸易职业学院"政校行企"四元协同共建产业学院建设经验，推动高新区跨境电商产业发展。广州市技师学院等一批职业院校领导专家莅临产业学院调研考察（见图 5 - 62）。广州市科学技术协会领导多次来院指导工作（见图 5 - 63）。12 月 10 日，学校召开开发区科学城产业学院产教融合工作年度总结会，听取"两对接两访问三落实"专项工作、"我为产业学院作贡献"主题工作、"助力产业学院建设"专项工作成效，明确了"十四五"期间开发区科学城产业学院"万千百十个"工程建设目标，即聚焦培养万名高质量人才、建设千人"双师型"团队、联合百家龙头企业、做强十个产业学院、筑牢北进开发区南拓自贸区两个平台，不断加强思想政治引领，把现代产业学院作为产教融合的重要载体做强、做优，通过不断深化现代产业学院建设，全面提升技术技能人才培养质量。

图5-60　中山职业技术学院院长王忠来产业学院交流

图5-61　河源国家高新区领导来产业学院调研

图5-62　广州市技师学院一行莅临产业学院调研考察

图5-63　广州市科学技术协会党组书记、副主席来产业学院考察"广东省大功率智能控制电源工程技术研究中心"

三、共襄盛举，第三届产教融合研讨会召开

2020 年 11 月 26 日，由全国现代学徒制工作专家指导委员会主办、广州科技贸易职业学院承办的"创新、治理、融合、提质"产教融合专题研讨会在广州开发区召开，来自全国职业院校及企业 200 多位嘉宾齐聚一堂，共同探讨现代产业学院建设工作（见图 5 - 64）。

（一）嘉宾致辞、会议开幕绘蓝彩图

现代产业学院研讨会以"创新治理融合提质"为主题，结合粤港澳大湾区及广东地方经济社会发展特色需要，深化产教融合校企合作，加强综合治理，提高服务指导能力，打造职教品牌，助力广州开发区经济发展，努力为广州建成国家产教融合示范城市做出新的更大贡献。

（二）校企携手、合作共赢谱新篇

6 家企业 2020 年投资 2000 余万元在产业学院共建产教融合基地举行签约仪式（见图 5 - 65），校企合作共建中青旅产业学院、"数字工匠"新华三精英班开班仪式（见图 5 - 66），新道业财一体及正保财务共享服务"1 + X"证书培训考试中心挂牌仪式有序进行，广州科技贸易职业学院产教融合实践探索开启了新篇章（见图 5 - 67）。

图 5 - 64　与会嘉宾合影　　　　图 5 - 65　共建"科学城产教融合基地"签约

图 5 - 66 "数字工匠"新华三精英班开班仪式 图 5 - 67 校企合作共建产教融合平台挂牌

（三）思想碰撞、精彩论坛解疑惑

与会专家报告及两个专题论坛，围绕现代产业学院建设、现代学徒制试点等产教融合热点问题，从国际视野、广东现状、研究进展、企业视角、学校探索、未来趋势等视角分享了各自领域的研究实践成果。会议观点独特、理论研究深厚、实践指导性强，对进一步开展现代产业学院研究与实践带来了启发，谱写了产教融合实践探索的新篇章，取得了良好的效果（见图 5 - 68 至图 5 - 71）。

图 5 - 68 李海东教授做广东产业学院发 图 5 - 69 专家做主题报告
展的背景现状及案例主旨报告

图 5-70　现代产业学院论坛

图 5-71　现代学徒制试点论坛

（四）主动作为、立足湾区结联盟

2020 年 12 月 25 日下午，由广州科技贸易职业学院牵头的"粤港澳大湾区现代产业学院职教联盟"成立大会在开发区科学城产业学院国际报告厅隆重召开，来自本科、高职、中职院校的领导、专家及行业企业代表等 126 名联盟成员代表参加了本次会议（见图 5-72）。会议通过了联盟章程、发布联盟第一批研究课题、缔结联盟倡议：立足大湾区，汇集"政校行企"四方资源，秉持"共建共治共享共赢"原则，促进"产教融合、校园联结"，实现现代产业学院融合发展、创新发展。会上还举行了万人直播北京路主播大赛（科贸站）启动仪式（见图 5-73）。同期 12 月 13 日，蒋新革教授应邀在广东省高等教育学会职业教育研究会 2020 年学术年会上做现代产业学院建设路径探索专题报告，得到与会人员高度评价（见图 5-74）。

图 5-72　粤港澳大湾区现代产业学院职教联盟成立大会

图5-73　万人直播北京路主播大赛启动

图5-74　院长蒋新革教授应邀在学术年会做主题报告